教育类创新融合精品教材
“互联网+”教育改革新理念教材

课程与教学论

主　编◎龚　雪　王　洪　陈轶嵩
副主编◎梁　雪　解婷婷　崔　静
方立群　蒋金宏

湖南大学出版社
·长沙·

图书在版编目(CIP)数据

课程与教学论 / 龚雪,王洪,陈轶嵩主编. --长沙:
湖南大学出版社, 2025.6. --ISBN 978-7-5667-4028-1

Ⅰ. G423

中国国家版本馆 CIP 数据核字第 2025TY3411 号

课程与教学论

KECHENG YU JIAOXUELUN

主　　编:龚　雪　王　洪　陈轶嵩
责任编辑:蔡京声
印　　装:唐山唐文印刷有限公司
开　　本:889 mm×1194 mm　1/16　　印　　张:12　　字　　数:300 千字
版　　次:2025 年 6 月第 1 版　　印　　次:2025 年 6 月第 1 次印刷
书　　号:ISBN 978-7-5667-4028-1
定　　价:48.00 元

出 版 人:李文邦
出版发行:湖南大学出版社
社　　址:湖南·长沙·岳麓山　　邮　　编:410082
电　　话:0731-88822559(营销部)　88821174(编辑部)　88821006(出版部)
传　　真:0731-88822264(总编室)
网　　址:http://press.hnu.edu.cn
电子邮箱:xiaoshulianwenhua@163.com

前　言

“课程与教学论”是教育类专业的一门必修课程，它是在以往课程论与教学论两个学科的基础上整合而来的。本书立足于我国当代基础教育和教师教育的实践，在系统阐述课程与教学基本原理的基础上，紧密结合基础教育课程与教学的实际情况而撰写。

对于小学课程与教学的内容而言，本书不求面面俱到，重点论述当前小学面临的迫切需要解决的突出问题。全书共十章，具体涉及导论、课程与教学设计、课程与教学目标、课程与教学内容、课程与教学组织、课程与教学实施、课程与教学方法、课程与教学评价、课程与教学反思和课程与教学改革等内容。

本书可作为高等院校小学教育专业学生的教材，也可作为其他教育专业学生的拓展阅读教材，还可作为在职教师自学和进修的专业资料。对我国从事课程与教学研究的学者、教育管理者和改革者，亦可以作为其了解课程与教学发展状况、研究课程与教学改革策略的重要参考。

在写作过程中，编者参阅、借鉴和引用了众多学者的观点和成果，采用了许多教师的优秀案例，感谢原作者富有智慧的研究贡献。

限于时间和水平，本书纰漏在所难免，真诚欢迎各位同行、广大读者不吝批评指正。

编　者

2025 年 6 月

前言

目　录

第一章

导 论

学习目标

- 识记课程与教学的概念。
- 了解课程与教学论的研究任务。
- 明确学习课程与教学论的意义。
- 明确课程与教学的关系。
- 掌握课程与教学论的研究方法。

第一节 课程与教学的基本含义

课程与教学论作为教育科学的一个重要研究领域，越来越受到人们的关注。对课程与教学的研究，既是一个理论问题，也是一个实践问题。研究课程与教学问题，首先要明确课程与教学的基本概念。

一、课程概念的界定

不同的人在不同的教学语境里，对课程的理解可能会有很大的不同。事实上，每一门课程定义的背后都隐含着某种哲学假设和价值取向，隐含着某种意识形态以及对教育的理念，从而表明了这门课程最关注的是哪些方面。

（一）几门典型的课程定义

若把多门课程定义加以归类，大致上可分为以下六种类型。

1. 课程即教学科目

把课程等同于教学科目，这种课程定义的历史比较久远。我国古代的课程有“六艺”，即礼、乐、射、御、书、数；欧洲古代的课程有“七艺”，即文法学、修辞学、辩证法、算术、几何、音乐、天文学。事实上，西方的学校是在“七艺”的基础上增加了其他学科，逐渐建立起现代意义上的学校课程体系。最早采用英文“课程”一词的斯宾塞，也是从指导人类活动的各门学科的角度，探讨其知识的价值和训练的价值。这种定义的实质，是强调学校向学生传授学科的知识体系，是一种典型的“教程”。然而，只关注教学科目，往往容易忽视学生的心智、情感、创造性、个性等对学生发展有重大意义的因素。

2. 课程即有计划的教学活动

这一定义把教学的范围、序列和进程，甚至把教学方法和教学设计，即把所有具有计划的教学活动都组合在一起，以图对课程有一个比较全面的看法。例如，我国有学者认为，课程是指一定学科有目的的、有计划的教学进程。这个进程有量、质方面的要求，它也泛指各级各类学校某年级学生应学习的学科总和及其进程和安排。

但是，这一定义本身也存有疑点。首先，什么是“有计划”？人们对此的理解会有很大差别。例如，有人认为这是指计划的书面文件，诸如课程计划（教学计划）、课程标准（教学大纲）、教科书、教学参考书、练习册以及教师备课的教案。但有人通过对教师的教学活动作了仔细观察后认为，许多教学活动是基于非书面计划来安排的。担任过教师的人都知道，计划的含义比书面计划的范围要广得多。但是如果要把非书面计划也包括在内，那么课程的定义似乎又太宽泛了。其次，把有计划的教学活动安排作为课程的主要特征，往往会把重点放在可观察到的教学活动上，而不是放在学生实际的体验效果上。例如，把检查教师是否落实了某些教学活动作为评价的依据，这会导致本末倒置，即把活动本身作为目的，从而忽视这些活动为学生服务的目的。事实上，我们应该注意到教学活动对学生的学习过程和个性品质的影响，而不是教学活动的本身。

3. 课程即预期的学习结果

课程即预期的学习结果，这一定义在北美地区的课程理论中是较为普遍的。有些学者认为，课程不应该指向活动，而应该直接关注预期的学习结果或目标，也就是把课程定义的侧重点从手段直接转向目的。这就要求课程事先制定一套有结构、有序列的学习目标，所有教学活动是为达到这些目标而服务。西方课程理论中比较盛行的课程行为目标便是一个典型的例子。

然而，预期会发生的事情与实际发生的事情之间总是存在着一定的差异。实际课程中，预期的学习目标是由课程决策者制定的，教师作为课程实施者，只能根据自己的理解来组织课堂教学活动。课程目标的制定与实施过程在客观上是分离的，两者不可能完全一致。因此，有人提出，目标制定与目标实施之间的差距应该作为课程研究的基本焦点。另外，把焦点放在预期的学习结果上，容易忽略非预期的学习结果。而事实上，师生互动的性质、学校文化等隐性课程，对学生的成长有很大的影响，但这种结果对不同的学生来说可能意味着不同的东西。

4. 课程即学习经验

如果把课程解释为“学习经验”，是旨在了解学生在课程中实际掌握的知识内容。经验是学生在学习活动中思考形成的。课程是指学生体验到学习积累经验的意义，而不是要学生再现的事实或要学生演示的行为。虽说经验要通过活动才能获得，但活动本身并不是关键，因为每个学生都是独特的学习者，他们从同一活动中获得的经验都不一样。所以，学生的学习积累经验取决于他自己做了些什么，掌握到了什么，而不是教师做了些什么。也就是说，唯有学习积累经验，才是学生实际学习到的课程内容。这种课程定义的核心是把课程的重点从教材转向学生。

从理论上讲，把课程定义为学生个人的经验似乎很有吸引力，但在实践中却很难实行。在实际的教学情境中，一个教师如何同时满足几十个学生的发展需求？如何为每一位学生量身制定发展的课程计划？各级各类学校是否还要制定相对统一的标准？此外，这种课程定义也过于宽泛，它把学生的个人经验都包括在内，导致教师对课程的研究无从入手。

5. 课程即社会文化的再生产

在一些人看来，任何社会文化中的课程实际上都是对这种社会文化的反映。学校教育的职责是再生产对下一代有用的知识和技能。政府有关部门的任务根据国家需要来制定所教的内容，专业教育工作者的任务是要考虑如何把教授的学习内容转化成可以传递给学生的课程。这种对课程定义的实质在于使学生适应现存的社会结构，从而把课程的重点从教材内容、学生角色转向社会需求。

那些认为课程应该不加批判地再生产社会文化的观点，实际上是以社会现状已达到完美状态为基础的，即已不再需要社会文化的变革了。然而，现实的社会文化远非这些人所想象的那样合理。英美国家的一些学者指出了社会中存在的大量偏见、不公正现象，他们认为倘若教育者以为课程无须关注社会文化的变革，那就会使现存的偏见和不公正永久化。

（二）课程定义的不同层次

事实上，不同的课程定义，是指在不同层次上起作用的课程。美国学者约翰·I. 古德莱德（John I. Goodlad）对此做了很精辟的论述。在他看来，人们在谈论课程时，往往谈的是不同层次上的课程。他认为存在着五种不同层次的课程。

层次一：理想的课程，即一些研究机构、学术团体和课程专家提出的应该开设的课程。例如，现在有人提议在中学开设性教育、京剧的相关课程，并从理论和实践的角度论证其必要性，这就属于理想的课程，这种课程的影响取决于是否被官方采纳。

层次二：正式的课程，即由教育行政部门规定的课程计划、课程标准和教材，也就是列入学校课程表中的课程。许多人理解的课程就是这一层次的课程。

层次三：领悟的课程，即任课教师所领会的课程。由于不同的教师对正式课程会有自己认识和理解的方式，所以教师对课程“实际上是什么”或“应该是什么”的领会，与正式课程之间会有一定的差距，从而减弱正式课程的某些预期的影响。

层次四：运作的课程，即在课堂上实际实施的课程。有学者观察和研究表明，教师领会的课程与他们实际实施的课程之间也会有一定的差距，因为教师要根据学生的反应随时调整课程。

层次五：经验的课程，即学生实际体验到的课程。因为每个学生对事物都有自己特定的理解，两个学生听同一门课会有不同的体验或学习经验。

（三）课程的含义

一般来讲，课程是按照一定的社会需要，根据某种文化和社会取向，为培养人所制定和生成的一套有目的、可执行的计划。课程应当规定培养的目标、内容和方法，应当有一套实施的具体策略，也应当具备恰当的评价方法。同时，实施的过程也应看作是课程的一个组成部分，课堂情境中发生的事情、教师和学生在课堂中的表现，都是生成新的课程内容与目标的标志。

二、教学概念的界定

（一）我国传统理解中的教学概念

1. 古代典籍中的教学概念

在中国古代，教学不是一个整体的概念，“教”与“学”是各自分离的。《中庸》中有“修道之谓教”，强调“教”的目的和方式。《学记》中则有“建国君民，教学为先”和“教学相长”的提法，在“教”与“学”相对的意义上强调教学的社会作用和教与学的相互促进。许慎的《说文解字》指出，“教，上所施下所效也”，施与效分别有传授、学习之意。此时，教学的传授、教导、教授之含义以及引导学习之功用，是后世一般性理解的基础。

2. 《辞海》中的教学概念

《辞海》中给“教学”下的定义是“教师传授和学生学习的共同活动”。显然，这一定义关注的是教的“传授”含义以及教与学的共同性，作为一种在我国具有典型意义的理解，教学的这种定义对人们后来的教学研究与实践产生了广泛的影响。

3. 《中国大百科全书（教育卷）》中的教学概念

教学是教师的“教”和学生的“学”的共同活动。学生在教师有目的、有计划的指导下，积极、主动地掌握系统的科学文化基础知识和基本技能，发展能力，增强体质，并形成一定的思想品德。这样的定义，不仅反映出这种教学着重于教师的“教”与学生的“学”的相互依存关系，着重于学生的积极主动和整体性的学习发展任务，而且，这里也表现出，教学概念从此前的主要从“教”的一方来定义向从“学”的一方来定义的转变，显示着时代变化的历史印记。

（二）教学概念的不同定义方式

不同的教学定义方式，会产生不同的教学概念，由此反映出人们对教学在理解上的差异。美国学者史密斯 B O（B. O. Smith）在《简明国际教育百科全书》中，阐述了教学的五种定义的特点。

1. 教学的描述性定义

他对惯用意义的描述以及对词的所指范围的说明，被称为“描述性定义”。教学的描述性定义是：教学就是传授知识或技能。

2. 教学即成功

教学即成功的意思是教学必定涉及、导致学习。根据这样的观点，教学可以定义为这样一种活动，即 X 学习 Y 教的东西。假如，X 没学，Y 就不能算教过。教学不仅意味着双方相互产生某种作用，而且也意味着 X 正在学习掌握 Y 所教的东西。

3. 教学是有意进行的活动

教学是有意识的活动，目的是要引导学习者的学习。这种理解强调教师的意图对于其行为的重要性，同时这意味着要理解教师的行为，就要了解教师的所思所想、信念及其形成过程等。

4. 教学是规范性行为

规范性教学概念规定教学活动必须遵循某些道德准则。在这里，“教学”并非单指某一具体行为，而是一类活动的统称。

5. 科学的教学定义

在教育科学中，教学的含义是由得到经验证实的有关教学效果的命题来界定的。例如，有学者认为，教学必须符合三个条件：一是教师有目的地引导学生的学习意图；二是说明或表达一些要求学生学习的内容；三是选择恰当的学习认知方式。

扫一扫

教学的基本含义

（三）教学的基本含义

一般可以从广义和狭义两个层面来定义教学。

从广义上讲，教学是指教学者指导学习者进行的一切有目的的学习活动。这里的教学者主要是教师，也可以是教师以外的人。学习者主要是学生，也可以是除学生以外一些人。

从狭义上讲，教学是指在学校中，教师引导学生进行的学习活动，虽然，主要表现在课堂的范围之内，但随着课堂范围的扩展和教学组织形式的扩大，教学活动的范围也不只局限在课堂。

三、小学教学的特点

以上我们对什么是教学以及教学活动的基本特性做了解释，这是教学活动的共性，教学活动还具有许多共性和个性的方面，譬如学习阶段不同，教学就会呈现不同的个性和特点，以小学为例，小学教学具有以下特点：

1. 形象性

众所周知，小学生的思维方式以形象思维为主（小学低年级尤为明显），他们对外界事物往往是充满了强烈的兴趣和好奇心，自控力较差，在认识事物的过程中，注意力容易分散。另外，从记忆方式看，小学生以机械记忆为主，意义识记为辅（小学中高年级后逐渐向意义识记转变）。因此，为了激发和维持教学过程中小学生的注意力，小学教学活动从内容选择再到表达和呈现的方式都应该直观形象，这样有利于教学活动的开展。这并非要求教师在教学时不能选择理论性的内容和抽象的表达方式，只是要求教学要充分考虑小学生思维的特点，抓住矛盾的主要方面，即以直观形象为主，以理性抽象为辅。随着小学生身心的发展，尤其是到了小学中高年级，他们的抽象思维随着知识的积累和认知方式的训练，教学活动就应该逐渐由形象直观慢慢地向理性抽象过渡，这既符合小学生认知发展的规律，也是对小学生认知方式的培养和训练，为他们进入下一阶段的学习夯实基础。

2. 综合性

小学生对外界事物的认识不如成人那般精细化，由于知识储备有限，他们的知识结构往往呈现一种笼统化的格局，即不能很好地进行分析、判断和综合。正是基于此，小学的课程设置不如中学及更高学段那般细化分科，而是以综合性、实践性课程为主。具体到教学上，小学教学也要求具有综合性，即教师在对小学生进行知识教学和技能培养的过程中要广泛涉猎，充分利用小学生好奇心重的特点，旁征博引，要激发和训练小学生的想象力和思维方式，使他们养成在联系观察事物时进行综合思考的习惯，教授知识时不用过度强调专业性，对知识点进行细化和精深，要尽量培养小学生在认识事物时能融会贯通的习惯。小学教学的综合性对小学教师提出了较高的要求，教师要达到教学的综合性，自己首先要成为全科式的教师，即教师不仅在自己的从教课程上要非常专业，而且对小学的其他课程，至少是大部分课程要相当熟悉，能把其他课程融入自己的教育教学中，要能在其他课程上为学生提供指导和帮助。

3. 生活性

陶行知先生的生活教育理论揭示了生活与教育关系的本真，生活教育来自生活，植根生活，为生活所必需，又随着生活的发展而发展。小学生的认知和思维方式以直观形象为主，为促进小学生的认识和理解，小学教学应该密切联系小学生的生活，这种联系不仅要求小学教学在内容的选择上应该生活化，即应该选择那些经典的、反映历史发展和社会要求的、具有现实指导意义和知识储备价值的教学内容，而且应该用符合小学生认识到习惯的、生活化的方式来呈现。如对小学生的安全防火教育，既要小学生认识到当今生活中防火的重要性，又要让其知道生活中各类可能的火灾隐患，更要让他们知道面临火灾时该如何正确应对。这要求小学开展教学活动时，教学内容既要与小学生生活密切联系，又要尽量采用小学生生活中的真实案例来呈现和阐释，正如陶行知先生所要求的那样，生活即教育，社会即学校，教、学、做合一。教师最终要让学生的学习与生活有效融合，让教学鲜活而富有生命力。

4. 反复性

总体而言，小学生的认知能力还不完善和成熟，如注意力容易分散、思维方式以形象思维为主、记忆以机械记忆为主等，这种认知特点往往会导致小学教学的反复性，教学任务很难一次完成，需要反复教学才能实现预期的教学目标。当然，这里指的反复教学不是指照搬式的机械重复，而是指教师要通过反复的讲解、复习和巩固等，实现小学生对同一知识点的有效理解。这种情况在小学低年级比较常见，低年级段的小学生的自主学习能力较差，在进行同一教学任务时，常常需要多次反复教学才能完成。到了小学中高年级，这种反复教学的情况会得到较大改善，尤其是到了小学高年级，学生的知识水平达到了一定的高度，特别是其主体性发展水平的提高和良好学习习惯的养成，反复教学的情况会大幅减少。小学教学的反复性要求小学教师在教学的时候要有足够的耐心，同时，教师要结合小学生的认知规律对教学的方法进行改变，尽量避免在教学中出现无效反复的情况，提高教学效率。

5. 情感性

人具有丰富的情感，不同人的情感状态和情感表达方式是有差异的。由于小学生年龄较小的因素，其不仅具有丰富的情感，而且情感表现特征呈现敏感、脆弱、易变和依附性强等特征。教学是师生、学生间的交互性活动，教学主体间的情感对教学有着重要的影响。在小学教学中，教师要高度关注小学生的情感。教师只有在教学中正确处理与学生的情感关系，才能有效促进教学，否则这种教学中的情感关系有可能成为开展小学教学活动的阻碍。教师是小学教学活动中情感关系处理的主导者，大多数小学生信任甚至崇拜教师，在情感上对教师有依附性，渴望得到教师的关注、尊重、理解和爱护，这要求小学教师在教学过程中要关注每一个学生，要多与学生沟通，同时也要积极创造条件，让学生之间建立起良好的情感关系，进而营造良好的教学情感氛围。

第二节 课程与教学的关系

在教育学界，人们不仅在“什么是课程?”“什么是教学?”认识上存在差异和争议，而且，人们对课程与教学两者的关系更是众说纷纭。当前，无论是对课程，还是对教学，在理论研究和实践推动上都存在明显的分野，总体而言，多数学者认为两者具有相对的独立性。课程与教学是教育研究中无法回避的两个重要议题，课程与教学的关系虽然异常复杂且目前尚无定论，但这也正说明了我们要不断探索课程与教学两者关系的必要性。

就目前而言，人们对课程与教学关系的认识主要分为以下几类：

一、彼此独立

持彼此独立观点的人认为课程与教学各有特质，两者彼此独立，互不包含，很少有交集，甚至各执一端，相互平行。如有的学者坚信，“在当代的课程理论中，课程与教学是两个独立的领域，这种观点已经得到广泛的认可”。另外，多伊尔也指出，“在制度水平上，教学与课程很容易是两个分离的领域，两者之间的关系也被认为是线性的”。[①]

二、包含与被包含

有人认为，课程是教学的上级概念，教学包含于课程之中。如美国著名的课程理论学者泰勒就认为教学只是课程的组成部分。顺着这种思路，有学者将这种观点具体化，认为“课程实施实际上也就是教学”。[②] 与课程包含教学的观点截然相反，有人认为，教学是课程的上一级概

① 李子建，尹弘飚．反思课程与教学的关系：从理论到实践［J］．全球教育展望，2005，34（1）：50-56，1009-9670.

② 黄甫全．大课程论初探：兼论课程（论）与教学（论）的关系［J］．课程·教材·教法，2000（5）：1-8，6000-0186.

念，课程包含于教学之中。这种观点可以从一些典型的课程定义里面发现，如有人将课程定义为“指学校教育科目及各科教材，也就是教学内容”。

三、相互交叉

有部分学者认为课程与教学并非彼此独立，也非包含与被包含的关系，而是相互交叉的关系，是你中有我、我中有你的关系。如有学者指出：“课程理论与教学理论之间必然存在着各种联系和交叉重叠部分，课程理论必然会考虑到课程实施问题，而教学理论则肯定会涉及与教学方法相关的教学内容问题。”① 还有的学者进一步指出，课程与教学肯定存在着相互依存的交叉关系，而且这种交叉不局限在平面的、单向的范围内。

四、循环模式

还有学者认为，上述三种关系都不能完全说明课程与教学之间的关系，他们认为课程与教学应该是互为反馈的延续关系。课程与教学虽然相互独立，但都是教育系统循环活动中的组成部分，彼此产生影响，在互动中相互调适和改良，周而复始，循环往复。对此有学者提出了三个隐喻：隐喻一，课程像是一幢建筑的设计图纸，教学则承担具体的施工任务；隐喻二，课程像是一场球赛的方案，教学则是进行球赛的过程；隐喻三，课程可以被认为是一本乐谱，教学则负责演奏作品。

课程与教学的关系的确非常复杂，这种复杂关系的背后蕴含着众多的原因，譬如关于课程、教学本身的定义，人们都远未达成共识，对二者关系的认识自然分歧更多。又如，解读关系时人们在立场上、视角上和方法上的差异，典型的就是学界中“大课程论”和“大教学论”的课程观和教学观。这决定了关于课程与教学关系的争论将长久地存在下去。

我们从实践的角度看，课程与教学相互交叉的观点似乎更值得提倡。从理论研究的角度看，人们对课程与教学各有特质的观点是基本认可的，即课程不等同于教学，反过来同样如此。但认为课程与教学完全独立、彼此无涉的观点明确是站不住脚的，事实上两者的要素和结构中都互有涉及，甚至有许多内容大体相同，只是存在表述的差异而已。至于“大教学论”或者“大课程论”的观点，只不过是不同课程或教学流派的理论倾向的体现，基本不太具有说服力。循环模式看起来挺有道理，但三个隐喻在实践中都面临一些不好解决的问题。对于基础教育实践而言，课程与教学密切联系，但又彼此独立，这种交叉的、联系的、辩证统一的观点可能不仅更容易被教师们接受，而且还有利于推动课程建设与教学改革的实践。

---

① 施良方．试论北美教学理论的形成和发展：兼论教学理论与学习理论 [J]．教育研究，1993，14 (1)：53-60.

第三节

课程与教学论的研究任务

为了学好课程与教学论这门课程，有必要先了解一下课程与教学论的基本情况。课程与教学论作为教育科学的一门重要的分支学科，基本研究任务有：认识课程与教学现象、揭示课程与教学规律、指导课程与教学实践等。

一、认识课程与教学现象

课程与教学论首要的研究任务，就是认识纷繁复杂的课程与教学现象。关于课程论和教学论的研究对象问题，国内有三种常见观点：

第一种观点是，课程论研究的是课程现象，教学论研究的是教学现象；第二种观点是，课程论研究的是课程问题，教学论研究的是教学问题；第三种观点是，课程论研究课程规律，教学论研究教学规律。

关于课程论与教学论的研究对象的各种观点，有差异也有共性。课程现象、课程问题、课程规律以及教学现象、教学问题、教学规律这些提法，虽然在表述方式上有差异，但并不对立。一般来说，科学研究就是发现和解决问题的过程，问题的发现常常源于对多样现象的观察、概括和提炼，问题的解决则需要遵循和运用规律，同时还表现为发现新规律，因而问题和各种具体现象以及事物的一般规律是相互关联的。举例来说，一个班级 40 名学生，有的学生喜欢学语文，有的爱好数学，这是生活中真实存在的教学现象，在教学论中，可以把这类现象归结为一个问题，即学生学习兴趣问题。研究这个问题，一方面是为了寻找学生学习兴趣产生和变化的规律性，如学生年龄、性别与学习兴趣之间的关系，学业成绩与学习兴趣之间的相互影响作用等；另一方面则是利用规律探寻有效提高学生学习兴趣的教学策略。从现象到问题、从问题到规律，是科学研究不断深入的具体表现。事实上，在课程论和教学论的发展历程中，虽然大家对研究对象的表述方式各有侧重，但各种具体研究活动都注重观察现象、提炼问题、探寻和利用规律，因而具有内在一致性。

概括起来，科学研究是发现和解决问题的过程。照此类推，就可以把课程与教学论的研究对象界定为课程和教学的问题。

二、揭示课程与教学规律

规律是事物发展变化过程中最本质的联系和必然的趋势。揭示课程与教学的规律，这是课程与教学论的基本研究任务之一。在我国的教育历史上，教育家们都在努力探求课程与教学的规律，并有诸多精辟的概括。如中国古代的《论语》《礼记・学记》中总结出的因材施教、教学相长、长善救失、启发善喻等教学规律，至今仍发挥着作用。

课程与教学规律具体存在于课程与教学现象之中，反映在课程与教学过程各个因素之间的相互关系中，如在课程目标与课程内容方面，直接经验与间接经验、传授知识与思想品德、传授知识与智力发展的关系，教学过程中的教师与学生、自学与讲授、学习与巩固、接受与发现、作业与批改、备课与上课、集体教学与个别指导、“教学有法，教无定法”等现象和联系。

任何事物的运动、变化和发展都有其规律性，例如，一年四季的更迭、生物界的优胜劣汰，就是自然界的客观规律。教育科学研究表明，课程和教学工作同样有其规律性。例如，教学是学校的中心工作和教育的基本途径，课程内容源自人类社会创造的文明成果，儿童身心发展水平制约课程内容的选择和组织，教学效果受到师生积极性的影响等，都是被人类千百年来的实践证实了的课程与教学规律。应该说，自教育产生以来，人们一直没有中断过对课程与教学规律的探索。最初，这种探索主要是基于个人的经验感悟，到了现代社会，则主要借助于专门学科来进行。依托专门学科的研究探讨，人们对课程与教学规律的认识达到了新的层次，即科学认识的层次。也就是说，课程与教学论体现了人类系统地认识课程与教学规律的追求，它承担着帮助人们突破个人经验的局限性，全面、整体、理性和具体地认识课程与教学问题的历史使命。

三、指导课程与教学实践

课程与教学理论来源于实践，同时反过来作用于课程与教学实践。

（一）课程与教学实践的类型

课程与教学实践，是人们有目的地通过改造课程材料和教育设施来提升课程研制与教学实施质量的特殊感性活动。它往往被分为管理、研制和应用三种实践类型。

管理实践，是指教育行政部门或学校行政部门对课程与教学过程的计划、实施和评估总结的组织行为。在我国主要表现为：对课程与教学改革的行政组织领导，对课程与教学材料的行政管理，对课程开发与教学实施的组织领导。

研制实践，包括课程研制及教学设计，是指教育行政官员、课程与教学专家和教师等专业人员，有组织地编制课程与教学材料以及制定教学计划的实际活动。

应用实践，是指学校里的教师和学生根据课程与教学计划，使用课程与教学材料进行的所有教育活动。

管理、研制和应用这三种实践类型是紧密联系在一起的，随着课程与教学改革的发展，师生逐渐成为课程研制者，推动着这三种实践的一体化。但是，它们之间又有明显区别的，特别是管理与应用之间的区别比较大。

（二）理论指导实践的基本途径

实践与理论在目的、内容和形式上是区分开的，这决定了它们之间的区别是永恒的。理论指导实践有三种途径，主要是在学者、广大教师和教育管理者之间搭建。

第一种途径是学者直接参与课程与教学管理和应用。通过这一途径，课程与教学论学者可以和教育管理者、教师沟通，从而将课程与教学理论应用于具体的教学实践之中。

第二种途径是教育管理者及教师成长为课程与教学专家。通过这一途径，教育管理者及教师可以系统地学习掌握课程与教学理论，将自己的感性经验上升为课程与教学理论，成长为课程与教学专家，把课程与教学理论直接应用于自己的实践之中。

第三种途径是学者与教育管理者、教师联合工作。通过这一途径，以课程与教学改革为契机，学者与教育管理者及教师结成伙伴关系，合作开展专题研究，从而实现理论指导实践的目的。

我们需要认识到，理论与实践结合的前提是掌握和创新理论。所以，学习者首先要认真学习和掌握已有的课程与教学论基础知识和基本原理，在完成认识现象、揭示规律和指导实践的研究任务的过程之中实现理论创新。创新理论的根本目的是提高课程质量、促进有效教学和提升学习结果，使学生获得全面发展。所以，我们不能为理论而“理论”，而要在理论学习和研究的过程中，始终落实课程质量、有效教学、学习过程与结果，以呵护学生的身心健康发展。

思考题

1. 试从不同角度理解教学的概念。
2. 试分析课程概念复杂多样的原因。
3. 如何认识课程与教学论的研究对象？
4. 最需要学习和掌握课程与教学论中哪些方面的知识？

第二章
课程与教学设计

学习目标

- 识记课程设计、教学设计的概念。
- 了解课程设计的层次与取向。
- 掌握课程设计的主要模式。
- 掌握教学设计的内容与方法。

第一节 课程设计

一、课程设计概述

《现代汉语词典》对“设计”的含义界定为：“在正式做某项工作之前，根据一定的目的要求，预先制定方法、图样等。”因此可见，设计是以解决某个问题的实施计划或方案为终点。

课程设计是指按照一定的教育观念、价值取向以及课程内部要素之间的必然联系，对学校课程的整体结构以及一门课程的各构成要素进行的规划与安排，是课程建设系统工程的一个组成部分。

课程设计是课程理论向课程实践转化的桥梁。根据课程设计所承担的任务和产生的结果，我们通常在宏观层面、中观层面和微观层面三个层面上使用课程设计这一概念。

宏观层面的课程设计承担着确立课程设计的基本价值取向，并从整体上勾勒出不同学段的宏观课程结构的任务，其成果主要表现为各学段的课程计划。

中观层面的课程设计是在宏观层面的课程设计所确定的基本理念、基本价值取向的指导下，对构成一门课程的基本要素，如课程目标、课程内容、学习活动、评价程序，有时还包括学习材料、时间、空间和环境、分组情况及教学策略等进行组织与安排，并保持各要素之间的一致性，从而形成某一门课程的课程标准。

微观层面的课程设计是指教师在实施已有课程时，根据教学目的、学生现有水平、课程资源等实际情况对已有课程材料进行重新设计，以利于教学。微观的课程设计类似于教学设计。

二、课程设计的价值取向

课程设计的价值取向涉及课程设计的基本价值选择问题，是人们对课程的总体看法和认识。课程设计的价值取向可以影响课程理论研究工作者如何设计和分析具体的课程，也可以影响教育实践工作者如何在实践中实施一项具体的课程方案。可以说，任何一个从事教育工作的人，无论是理论工作者还是实践工作者，都有自己的课程设计的价值取向，只不过有的人没有清晰地意识到。

（一）学科中心的设计取向

学科中心的设计取向是历史最久、影响最大的一种课程设计取向。它注重教学内容，强调对传统文化的继承与传递，通常以逻辑严密的分科课程的形式出现。学习被视为对学科基础知识和基本技能的掌握。教学上以讲授、练习等方法为主，注重学生对学习内容的记忆和重现，并以此作为学习效果评价的标准。

学科中心的设计取向在课程设计上除传统的分科课程设计之外，为了回应时代发展提出的要求和日益增多的批评，吸收了知识形式划分、结构主义心理学的成果，出现了一些新的课程设计形式。如以布鲁纳为代表的学科结构课程设计，强调学科的基本原理、概念、方法。

学科中心的设计取向的优点是有助于学生系统掌握科学文化知识以及进行文化传统的继承，教师的教学及评价易于管理，并且由于学科中心的设计取向实施的历史长，积累了丰富的经验。缺点是学科的封闭性容易造成知识统一体的割裂、脱离现实。

（二）以认知发展为中心的设计取向

认知发展取向的课程很少涉及课程内容，其焦点在于如何去教，而不是教些什么。持这种取向的学者认为，课程的核心是帮助学生发展能用于更广阔背景下的认知技能。因此，他们的首要任务是辨别最有效的智力过程，再为学习者的智力发展提供有利的环境和条件，使学习者通过与环境及学习材料的互动发展认知技能。

该取向的课程设计强调过程和问题解决。所谓过程，或称“问题解决技能”，指借以解决问题的复杂技能。问题的解决靠技能，而技能的掌握要通过问题解决来实现，两者是同一过程的不同侧面。问题解决包括这样一些步骤：识别问题，使解决方法概念化，回想有关资料，建立假设，组织暂定的解决办法，验证。

认知发展取向的理念比较能满足当今时代发展的需要。在知识量激增的情况下，有效认知技能的掌握能够帮助学生学会学习。但同时，该取向课程的实施对实施者提出了较高的要求，而且对于有效智力过程或认知技能问题恐怕也是仁者见仁、智者见智，实际操作起来有一定困难。

（三）人本主义的设计取向

人本主义的设计取向的理论基础是人本主义心理学。人本主义心理学认为自我是需要发现、建立的，因此，人本主义的设计取向着重于学习者的自主发现能力及成长建立能力，课程应该为学习者进一步发现自我提供内容和工具。所以，人本主义取向关注教学内容，但同时也非常注重过程。

人本主义的设计取向倡导按照情意经验作循序安排：第一，组织安排能够使学生关心并感兴趣的活动，满足学生的心理需要；第二，组织安排一些学生希望学习的课题、科目内容和学习任务，激发学生的好奇心；第三，在学习活动后组织具有奖励意义的活动，让学生享受愉快的学习经验；第四，介绍完成某一学习任务的意义及影响，例如掌握知识能带来学习的满足感等。

人本主义的设计取向比较注意学习者的心理需要和兴趣，但忽略了学习的长期效果，其理论基础比较薄弱，较少关注社会需要。

（四）科技的设计取向

科技的设计取向以行为主义心理学为依据，着眼于学习者在行为上的改变。科技取向重视确立目标，将其视为课程设计的先决条件。科技取向的课程设计又称为行为矫正取向，图的是为学生提供一个以循序渐进的学习活动为本的有效系统，借以改变学生的行为。

科技的设计取向通常依据以下规则来设计课程：争取学习者的注意，告知学习者有关预期成果，提出任务固有的激发功能，提示引发正确反应，提供反馈，评估表现，提供学习的迁移，保证学习的记忆。除上述规则外，科技取向的课程设计还十分注重教学媒介的运用，如电视机、录音机、计算机等。

科技的设计取向的优点是能够通过合理安排学习次序来提高教学效率，易于监察学习者的进展等。但它较少注意教学环境的改善，对难以程序化的学习任务无能为力，并且有学习较为个人化、社会化程度差之弊。

扫一扫

课程设计的模式

三、课程设计的模式

（一）塔巴模式

塔巴是泰勒的学生和助手，曾经参加了“八年研究”，在泰勒的基础上对目标模式做了补充发展，将原有的四个步骤加以扩展，形成包括八个步骤的塔巴模式。

1. 诊断需求

课程设计人员必须了解学生的需求，了解学生的不足、缺陷以及背景上的差异。

2. 形成具体的目标

在确定了学生需求的基础上，建立课程所要达到的目标。

3. 选择内容

依据所建立的目标，选择所应当学习的题材和主题。

4. 组织内容

按照学习者的成熟度和学业成就水平，安排学习题材和主题的恰当顺序。

5. 选择学习经验

选择完成题材或主题所需要的学习活动经验，如阅读、调查、访问、实验、观察、听讲等。

6. 组织学习经验

对选定的学习活动经验加以组织，合理安排其内涵及实施顺序。

7. 确定评价的对象与方法

设计适当的方法和工具，评价学生的学业成就，确定目标达成程度。

8. 检查平衡性和顺序性

上述设计完成之后，应当加以试用，以便考验其效果和可教性。然后依学生的需要和能力、教学资源和教学方式加以修正，使其能够符合各个课堂的需要。在多个单元完成后，还要检视这些单元的范围和顺序，归纳这些单元设计所依据的法则，使教师能有效地付诸实施。

一般认为，塔巴的课程设计模式比较适用于社会、历史等课程领域。国内学者指出，塔巴模式的主要特点在于：首先，明确了目的和目标之间的区别，在形成具体目标这一步骤，主要是将一般目的分析成具体目标；其次，强调把一般内容分为具体的学习经验或活动。可以说，塔巴模式是将泰勒模式更为精致化和详细化了。

（二）施瓦布集体审议模式

集体审议模式是美国课程专家施瓦布于20世纪60年代末提出的。该模式建立在对传统课程探究方式的批判的基础上，提出后在课程理论界引起震动，并对课程实践产生了一定影响。

施瓦布更加强调课程实践的复杂性，认为无论什么样的模式都不可能解决课程的所有问题，课程编制所涉及的多种多样的因素都是互相依存、互相影响的，课程设计应当在实践中进行。

施瓦布认为，研究和制定课程的重点在于以下四个共同要素：

第一，科目内容。科目内容是指作为课程内容的知识。施瓦布提出，作为一般学科的内容与教育上的学科内容是不同的，两者之间不能直接转化，需要通过“审议”才能完成。这对于课程建设是十分重要的一项工作，这一观点实际上与国内学者所说的科学知识与学科知识的区别与转化是同样的意思。

第二，学生。课程审议要从学生实际出发。除了学生的认识水平、知识基础、年龄特征之外，还要考虑他们的情感、兴趣、生活背景以及个别差异等。

第三，背景。背景是可能影响学生学习的各种因素。如课堂、学校、家庭、社区、阶级、种族、宗教等。

第四，教师。课程审议要考虑教师的因素。这是施瓦布的集体审议不同于泰勒目标模式课程设计的一个特点，教师不是在课程目标确定之后实施目标的手段，而是确定目的和解决问题整个过程中应当加以考虑的要素之一。

施瓦布认为，虽然共同要素的重要性从理论上说应当是相等的，但在实践中会随着社会发展的具体状况，导致某些因素受到特别的重视，例如进步主义教育强调儿童的需求，回到基础运动、注重科学知识等。

如何依据共同因素制定课程呢？施瓦布提出集体审议的方式，集体审议就是要对共同要素进行慎重思考并且做出协调。他建议成立由校长、社区代表、教师、学生和课程主席组成的“课程小组”，由课程主席领导，通过小组合作进行集体审议，做出有关课程的各种决定。

从实践取向的立场出发，施瓦布认为，课程问题是极为复杂的，要协调、处理好课程问题不可能靠某种现成的理论或规则，而是要依靠“艺术”。他提出，这样的艺术有两类：实践的艺术和择宜的艺术。实践的艺术是指对于个别、特定的要素和情境做出详尽的了解和充分的考察，这样才有可能真正识别实践中的问题所在。择宜的艺术是指对于可能影响课程决定的各种理论依据，从概念术语、逻辑结构、彼此的联系和区别等方面进行透彻分析。在这样的基础上，对于相近的理论和相异的理论分别加以比较，考察各自的“偏见”，以便做出正确的选择和决定。

施瓦布注意到课程的复杂性，并且强调了关注课程实践的思想，这是十分有价值的。但同时，施瓦布的集体审议模式也存在一定缺陷：首先，集体审议模式过于强调“各种实践情境的独特性”，对是否能够存在一般的、可靠的理论持怀疑态度。其次，集体审议模式提倡的“择宜”实质上是对各种理论的折中调和，而各种理论本身的基本假设和价值取向各不相同，采取各取所需的策略容易造成思路上的混乱。最后，集体审议虽说为教师、学生、家长、社区代表提供了发表自己见解的场所，但由于每个人的背景不同，对课程问题很难取得一致的看法。而集体审议要求在所有成员体验并理解的基础上来解决问题，这只能是一种理想，在现实中很难做到。

（三）斯腾豪斯过程模式

斯腾豪斯反对目标模式，特别重视知识的性质和内在价值，以及学习知识的活动的内在价值。因此，他认为课程开发的主要任务就是要选择知识和活动。什么样的知识和活动是具有内在价值的呢？斯腾豪斯引用了拉思提出的鉴别具有某种内在价值的活动的 12 条鉴别标准作为参考。

①在所有其他条件相同的情况下，如果一项活动允许儿童在活动过程中做出自己的选择，并能对选择所带来的结果做出反思，则这项活动比其他活动更有价值。

②在所有其他条件相同的情况下，如果一项活动在学习情境中允许学生充当主动的角色而不是被动的角色，则这项活动比其他活动更有价值。

③在所有其他条件相同的情况下，如果一项活动要求学生探究各种观念，探究智力过程的应用或探究当前的个人问题或社会问题，则这项活动比其他活动更有价值。

④在所有其他条件相同的情况下，如果一项活动使学生涉及实物教具（即真实的物体、材料与人工制品），则这项活动比其他活动更有价值。

⑤在所有其他条件相同的情况下，如果一项活动能够由处于不同能力水平的儿童成功地完成，则这项活动比其他活动更有价值。

⑥在所有其他条件相同的情况下，如果一项活动要求学生在一个新的背景下审查一种观念、一项对于智力活动的应用或一个以前研究过的现存问题，则这项活动比其他活动更有价值。

⑦在所有其他条件相同的条件下，如果一项活动要求学生审查一些题目或问题，这些题目或问题是我们社会中的人们一般不去审查的，是典型的被国家的大众传播媒介所忽略了的，则这项活动比其他活动更有价值。

⑧在所有其他条件相同的情况下，如果一项活动使儿童与教师共同参与“冒险”——不是冒生命或肢体之险，而是冒成功或失败之险，则这项活动比其他活动更有价值。

⑨在所有其他条件相同的情况下，如果一项活动要求儿童改写、重温及完善他们已经开始的尝试，则这项活动比其他活动更有价值。

⑩在所有其他条件相同的情况下，如果一项活动使学生使用与掌握有意义的规则、标准及准则，则这项活动比其他活动更有价值。

⑪在所有其他条件相同的情况下，如果一项活动能给学生提供一个和别人分享制定计划、

执行计划及活动结果的机会，则这项活动比其他活动更有价值。

⑫在所有其他活动相同的情况下，如果一项活动与学生的表达目的密切相关，则这项活动比其他活动更有价值。

按照斯腾豪斯的思想，这些标准在课程实施的过程中同样发挥作用。这样一些标准，显然与其他课程设计的模式有较大差别，但如果辅以起码的条件，在实际上的确可以承担起通常意义上课程设计的任务。

斯腾豪斯对于知识和活动内在价值的重视表现出“不问收获问耕耘”的倾向，如果选择的知识和活动是真正合理的，那么课程也就必然是有质量的，无须服从于人为制定的目标，更无须用目标来衡量。这样的思想不仅独到，还能够深刻地反映出课程的本质特点和存在意义的，而且在课程设计增强的技术色彩日益现状下，这种思想也有助于我们保持清醒和冷静。

第二节　教学设计

教学设计始于对教学工作的描述和分析。教学设计的人员以教师为主。有效的教学设计是教学成功的必要条件。

一、教学设计概述

教学设计是连接教学理论与教学实践的桥梁，是教学中的一个重要环节。

（一）教学设计的含义

教学设计是教师运用系统的观点和方法，以各种学习理论与教学理论为基础，依据教学对象的特点和一定的教学观念，对教学目标、教学内容、教学方法、教学策略、教学评价等环节进行的规划与安排。

教师的教学设计能力是在日常教学中通过体验、思考、实践等方式逐步形成的，是开展实施教学活动的基础和前提，是提高教学质量、实施素质教育的重要保障之一。

（二）教学设计的基本特点

教学设计是根据教学目的与要求，以学习者为出发点，对教学活动进行全面细致的安排和精心巧妙的设计。简言之，教学设计是关于“教什么”和“如何教”的一种操作方案。教学设计具有以下的基本特点。

1. 超前性

教学设计是在教学活动之前进行的，是事先对教学活动所做出的一种安排或策划。也就是说，设计在前，活动在后。设计必须在活动之前完成，具有一定的超前性。教学设计就是对教学活动的事先安排。由于设计还没有实施，无法落实解决新问题的方法，只是设想或预测相关问题的解决方法。

2. 系统性

教学设计强调运用系统方法，把教学过程视为一个由诸要素构成的系统，可以保证教学过程设计的完整性、程序性和可操作性。在现代学习理论和教学理论的指导下，对教学目标、教学过程、教学内容及教学策略等进行科学的剖析，才能保证教学设计能获取优化后的教学效果。

3. 创造性

创造性是教学设计的一个基本特点，同时也是教学设计的最高表现。教师依据自身的经验，对教学目标、教学内容、教学方法、教学策略、教学评价等进行独特的规划与安排，这个设计过程是新颖的、独具特色的。教学设计的过程是一个创造性的过程，一个有经验的教师很快会“悟”到自己的设计思路是否正确，这是工作中的直觉。思想的丰富性、问题解决方案寻求中的新颖性以及独特性都来自教学设计者的创造性。

二、教学设计的内容与方法

传统的教学设计就是为上课所进行的一系列课前准备工作，也就是备课。在传统教学中，要求学生从同一起点出发，使用相同的大纲，设置相同的课程，采用固定的教材。在统一的教学目标引导下，进行着相同的教学活动。

系统理论指导下的现代教学设计，在最大程度上摆脱了传统教学思想的束缚，树立了崭新的教学理念——以学习者为中心，突出学习者在学习过程中的主体地位，要以学习者的“学”为教学设计的出发点。

（一）教学目标设计

教学是一个有目的的活动。教学目标是人们对教学活动结果的一种主观愿望，是对完成教学活动后，学习者应达到的行为状态的详细具体的描述。它表达了学习者通过学习后的一种学习结果。教学目标的表述应是明确的、具体的，可以观察和测量的。一般把教学目标分成认知、动作技能和情感三个领域。

教学目标设计的步骤如下：

第一，钻研课程标准。课程标准是教学设计的依据，它规定了教学的方向。

第二，分析学生已有的学习状态。教学设计的服务对象是学生。学生学习的效果与学生已有的知识基础、学习的态度、学习的能力、学习的倾向性是紧密相连的。

第三，确定教学目标分类。教学目标的确定要注意层次分类。通过教学要达到的目标不仅仅是知识与技能目标，还要关注学习过程与方法、情感态度与价值观层面的目标。

第四，列出综合性目标。列出目标的同时也需要关注目标的综合性是否得当。教学是一个复杂而综合的过程，因而教学目标的设计要充分考虑到育人的复杂性和综合性。

第五，表述具体的行为目标。这是教学目标设计的最后一个环节。

（二）教学内容设计

成功的教学设计需要教师用系统而生动的方式将教学内容有序地组织起来，帮助学习者了解教学内容的内在顺序，全面准确地理解所学的内容。

教学内容集中体现在课程标准（教学大纲）和教科书中，教学内容的设计过程就是教师认真研究课程标准（教学大纲）、教科书，选择与组织内容的过程。教学内容设计应根据教学目标的要求，结合学习者的实际水平，对教学内容进行再加工。对选定的教学内容还要进行序列化安排，使之既符合学科本身的逻辑，又合乎学习者认识发展的顺序。

（三）教学过程设计

所谓教学过程的设计就是用流程图的形式简洁地反映分析和设计阶段的结果，表达教学过程，直观地描述在教学过程中教师、学习者、学习内容、教学媒体等基本要素之间的关系，给教师提供一个有重要参考价值的教学设计方案。

教学过程设计的要求有以下几点：

第一，选择贴切的内容。要在合适的时间选取合适的教学内容以实现教学目标。与教学目标关系不大的内容要删除。另外，还要注意内容的选择要在学生能接受的水平，否则不能取得预期的效果。

第二，考虑到知识的逻辑顺序和学生的认知规律相结合。学生的学习活动只有在符合他们认知发展规律的基础上才能进行。教学中知识体系的逻辑顺序与学生的认知顺序是不完全一致的。学科里的基础性问题未必是学生掌握起来容易的问题，因此，应当合理安排教学内容出现的次序，使之符合学生的认知规律。

第三，合理分配时间。教学是在有限的时间里进行的。学生注意力的集中程度也是因年龄而不同的。从心理学的角度来分析，一般情况下，通常 7～10 岁的儿童大约能够持续集中注意力 20 分钟，10～12 岁的儿童大约能够集中注意力 25 分钟，12 岁以上大约能够持续 30 分钟。因此，合理安排教学环节的时间，会使教学设计在执行中得到保证，使教学目标顺利实现。

第四，精心设计教学环节。教学是一个复杂的整体，不能简单地被肢解为生硬的几个步骤。在教学设计时要考虑各个教学环节的有机衔接，做到既突出重点，又兼顾实现整体教学功能。要考虑到学科不同、知识类型不同、教学目标不同以及学生的学习基础不同等因素。

（四）教学方法和媒体设计

教学方法和教学媒体密切相关，一般情况下，教学方法都离不开教学媒体的配合。教学方法是为完成教学任务而采用的方法，它包括教的方法和学的方法，是教育实践工作者引导学习者掌握知识技能、获得全面发展而共同活动的方法。教学方法的设计应有利于知识的传播，能力、情感、态度等的培养。在教学方法上，既要考虑如何教给学习者已经概括了的社会基本经验，又要考虑教给学习者怎样有效地去获得这些经验的方法。在学法上，既要考虑怎样指导学习者去获得已有的知识和经验，又要考虑怎样指导学习者建构知识。

教学媒体是传递教学信息的工具，它直接沟通教与学两个方面。教学设计中媒体的含义是十分广泛的，包括语言、文字等传统媒体和投影仪、计算机、电视、网络等现代媒体。教学媒体的选择需要综合考虑几个方面的因素：

第一，依据教学目标选择教学媒体。根据不同的教学目标选择教学媒体，如认知类的教学目标可选择动画、图片、模型、幻灯等教学媒体开展教学；情感类的教学目标应选用表现手法多样、艺术性强和感染力强的媒体；技能训练类的教学目标应选用电视录像等媒体。

第二，从学习者的实际出发选择教学媒体。在选择教学媒体时，要始终把学习者放在中心地位，使学习者的积极性、主动性得以充分发挥。例如，小学生与中学生是有很大区别的。小学生由于抽象思维的水平较低，所以在选择教学媒体时，设计者应首先考虑那些直观性强、表现手法简洁明了、易于分辨事物的主要与次要部分的媒体，如图片、投影、模型等。而对于中学生，由于其具有一定的逻辑思维能力，可考虑表现手法较复杂、展示教学信息连续性强的媒体，如：电影、电视、录像、语言实验室教学系统等。

第三，根据教学媒体的特性和教师自身的实际情况。每一种教学媒体都具有不同的特性和功能，各种媒体在色彩、立体感、表现运动、表达声音、可控性、反馈机制等方面都是不相同的。教师必须熟悉教学媒体的操作技术。在选择教学媒体时，设计者首先应考虑教师对该媒体的利用能力，如果教师的操作控制能力较强、媒体的应用水平较高，则可以选择一些功能较全、操作较复杂的媒体。

（五）教学评价设计

评价活动应贯穿于教学活动的全过程，是检验教学效果和调整教学过程的重要手段。合理设计教学评价，对于促进教学目标的达成和提高教学设计的科学性、有效性都有着重要作用。

对学生学习的评价，既要关注学生对知识和技能的掌握，又要重视学生综合运用能力的发展，同时还要重视学生在学习过程中的情感态度和参与表现。这就要求教师设计好自己的教学评价体系，因为科学的教学评价体系是实现课程目标的重要保障。教师在进行教学评价时，要结合自己的教学目标、教学内容和学生的学习环境以及学生的个体差异等因素，设计适合自己的教学和学生学习的评价工具，制定切实可行的评价标准。

第三节 我国基础教育课程设计的回顾与展望

我国以往的课程设计积累了很多经验，这是值得我们总结、继承和发展的，今后的课程设计要在以往经验的基础上进行。在新的时代背景下，课程设计无法适应新时代的要求，迫切需要改变。继承成功经验的同时克服其不足，是我们分析我国课程设计的特点和未来发展的基本出发点和立足点。

一、新中国成立以来我国课程设计的回顾

从 1949 年至 20 世纪末，我国课程设计的研究与实践走过了半个世纪的历程，回顾这段时期的课程设计研究与实践的特点，总结历史经验教训，对于进一步发展课程设计研究具有重要意义。

（一）课程设计研究从无到有、从零散到逐渐系统化

早在20世纪20年代，我国就有课程设计研究的相关论文问世，课程设计在我国已有了一定的发展。中华人民共和国成立后，由于全面学习苏联教育理论，出现了教育理论中“只见教学、不见课程”的情况，课程设计研究处于缺失状态。这种情况一直持续到党的十一届三中全会，而这一时期，正是国外课程理论流派纷呈、迅速发展的时期。

党的十一届三中全会以后，随着我国对课程研究的逐渐重视，我国的课程设计体系研究也得到了恢复和发展，从此我国课程设计研究走上了一条从无到有、从零散到逐渐系统化的道路。

（二）课程设计体制以统一的模式为主

中华人民共和国成立后，我国的课程设计长期按集中统一的模式进行。课程设计为教学计划、教学大纲、教科书的编写所取代，而教学计划、教学大纲、教科书的研制又完全成为教育行政部门、学科专家和专职教材编写人员的事。结果是全国大多数地区使用统一的教学计划、教学大纲和教材。这种课程设计模式有利于政府相关部门控制课程的制定和实施，有利于确定高一级学校选拔人才时所用的标准，但这种模式的弊端也是明显的，即很难顾及不同地区和不同发展水平学生的特点，导致在具体的实施过程中缺少弹性。

20世纪80年代末，我国开始允许上海、浙江等地自行设计课程计划，鼓励一些大学和研究机构编写不同版本的教材，开始尝试实行“一纲多本”，为以后的课程改革探索积累了经验。

（三）课程设计取向以社会中心取向为主

1949年以来，我国的课程设计主要是以社会中心为取向的，但在不同的历史时期侧重点又有所不同：改革开放前主要为政治目标服务，改革开放后则主要为经济建设服务。

这一点鲜明地表现在课程计划的表述当中。例如，国家教委于1992年公布的《九年义务教育全日制小学、初级中学课程计划（试行）》指出，课程计划的指导思想是“遵循教育要面向现代化、面向世界、面向未来的战略思想，贯彻国家的教育方针，坚持教育为社会主义建设服务，实行教育与生产劳动相结合，要对学生进行德育、智育、体育、美育和劳动教育，以全面提高义务教育质量”，同时“为社会主义建设培养各级各类人才奠定基础”，而具体到教学大纲层面的设计中，课程设计往往是遵循内容本位，即按学科知识的逻辑体系组织教学内容。从总体上看，形成了“社会本位是理念上的追求，内容本位是设计操作的必要”的局面。至于学生发展这一维度，虽然也有表述，如“设计必须面向全体学生，注重全面打好基础，同时也要充分体现因材施教的原则，促进学生个性的健康发展”，但相对而言，其在实际中处于次要地位。

二、当前我国课程设计的特点

随着我国教育改革的推进，课程改革越来越受到重视。人们越来越认识到课程改革是教育改革的核心，教育目标的实现要通过课程这一载体。2001年，教育部发布了《基础教育课程改革纲要（试行）》和义务教育阶段各学科课程标准。新一轮的课程改革进入了实验阶段。新一

轮课程改革是对以往课程改革的继承与发展，既吸收了以往课程改革的成功经验，也在课程取向、目标、结构等方面有诸多创新。因此，新一轮的课程改革代表着我国课程设计的发展方向。

（一）课程设计取向上的特点

新一轮课程改革基于对学生个人发展与社会进步之间关系的辩证认识，在课程设计取向上以学生发展为本，以创新精神和实践能力的培养为重点。课程设计取向的特点具体表现在以下四个方面。

1. 增强课程的适应性

新一轮课程改革继承了以往研究的成果，把课程结构的调整作为课程改革的具体目标之一。新一轮课程改革优化了课程设置，除学科课程之外，自小学三年级开始至高中，增设综合实践活动课并将其作为必修课，初中“应努力创造条件开设选修课”高中“要设置丰富多样的选修课程”，从而建立了学科课程、活动课程、必修课程、选修课程的合理并存的课程结构。另外，新一轮课程改革明确施行三级课程管理体制，纵向的课程结构上以国家课程为主，给予地方课程、学校课程以适度的空间，以增强课程对地域、学校差异的适应性。

2. 体现基础性与探究性

在当今信息时代的背景下，知识数量飞速增长，知识更新的周期大大缩短，学生步入社会后，之前在校学习的知识迅速落伍。这一现象反映了在课程内容的设计上，就是要“精选终身学习必备的基础知识和技能”，突出课程内容的基础性、范例性，使学生在学校有限的受教育时间内学习最具实用的技能。此外，还必须改变学生的学习方式，培养学生在已有基础上终身学习的能力。

3. 注重生活性

新基础教育课程改革在总的课程目标下设立三方面的分目标，具体规定了对学生知识与技能、过程与方法、情感态度与价值观的要求，使学生不仅掌握终身学习必备的学科基础知识、基本技能，而且了解、体验、掌握如何提出问题、分析问题、解决问题的方法与过程，同时形成健康向上的情感态度与科学合理的价值观。实现这一目标的关键就是要加强课程内容与学生生活的联系，关注学生的学习兴趣和经验，使课程真正回归生活。

4. 加强课程的综合化

课程综合化是当前国际课程改革的重要趋势之一，20 世纪 80 年代中期在我国逐渐引起了重视，对它的研究也自此展开。因此，新一轮课程改革在以往成功经验的基础上，把课程综合化推向深入，将综合课程置于课程结构的重要地位。

（二）课程设计模式上的特点

我国以往的课程设计体制以集中统一为主，所设计的课程往往不能满足不同地区、不同学校的需要。课程设计的参与面较窄。以学科专家为主，这也是导致课程设计的学科主义倾向的原因之一。在课程设计的模式上，则表现为目标模式占主导，这就自然摆脱不了目标模式所固有的一些弊端。针对这样一些问题，新课程在设计上注重汲取课程理论研究的新成果，在克服上述弊端方面起到了一定的作用。新课程在设计体制、模式上表现出关注实践、集体审议的某些特点。

1. 建立在较充分的理论研究和调查研究的基础上

新课程的设计是在较充分的理论研究和调查研究的基础上完成的。早在1996年7月，教育部基础教育司就组织六所大学和中央教科所的课程专家，对九年制义务教育的实施状况进行了全国范围的调查研究。调查结果发现，课程上确实存在着一些不符合素质教育要求、不适应新时代对人才培养需要的情况，从而把基础教育课程改革提上了议事日程。1997年教育部基础教育司进一步组织专家开展基础教育课程改革的前期研究工作，对20世纪80年代以来的国际国内的基础教育课程改革情况进行了比较研究，这就使新课程的设计有了较为牢固的理论和现实根基，保证了课程设计的科学性。

2. 构建了具有广泛参与性的课程开发共同体

我国以往的课程设计多由行政部门和出版机构共同发起，以学科专家为主体，课程专家和广大实践工作者的参与有限，其他社会人士的参与机会就更少了。这使得课程的学科主义倾向较重，难以体现先进的课程理论的指导，往往脱离中小学的实际。新课程在设计上突破了参与主体的局限，在纲要、课程标准、教材的开发编写上吸收了大学的教育、课程和心理专家、教学研究人员、中小学校长、一线教师等具有广泛代表性的人员的参与。并在提出初稿后，向社会各界人士征求意见。具有广泛参与性的课程开发共同体的形成，提高了课程设计的适应性，促使了社会各界对课程改革的理解和认同。

3. 汲取多种课程设计模式的优势

我国以往的课程设计模式以目标模式为主。目标模式是课程设计的经典模式，其对现今的课程设计依然具有重要的指导意义，但目标模式有它自身的缺陷。各种课程设计模式没有绝对的优劣之分，不同的课程设计模式之间相互取长补短将更有利于实现优质的课程设计。此次新课程的设计便在目标模式的基础上，吸收了过程模式关注过程，集体审议模式注重课程设计中多元主体的参与、对话的优点。对多种课程设计模式的整合，有助于更好地满足快速发展的社会需求和学生个体发展的需要。

思考题

1. 试述课程设计的不同取向的特点。
2. 评价主要的课程设计模式。
3. 谈谈你对“教师参与课程设计”的看法。
4. 分析教学设计的内容与方法。
5. 如何认识当代我国课程设计的特点？

第三章

课程与教学目标

学习目标

- 识记课程与教学目标、行为性目标、生成性目标、表现性目标的含义。
- 了解布卢姆教育目标分类理论。
- 理解课程与教学目标设计的基本原则和步骤，课程与教学目标表述的基本方法。

第一节 课程与教学目标概述

目标是一切活动的出发点与归宿，它支配、调节着活动，任何活动都是围绕着实现一定的目标而进行的。教育是一种有目的的社会活动，自从教育诞生以来，教育目标一直指导或影响着课程与教学。

一、课程与教学目标的含义

（一）课程与教学目标的内涵

人们要把握课程与教学目标的含义，首先要理解什么是“目标”。《现代汉语词典》中，把“目标”定义为“想要达到的境地或标准”。在英语中，objective 原意为“流水线上生产出的产品”，引入教育领域后，它的含义转变为“用预期达到的教育结果来支配教育行动的思想”。

课程与教学目标是指人们对课程与教学活动预期的结果，它受教育目的、培养目标的制约和影响。课程与教学目标是国家或学校为实现培养目标而安排的教育内容及要求学生达到的受教育程度，是培养目标的分解，是师生行动的依据。课程与教学目标的内涵有两个基本点：一是，它是一种预期，体现了学校教育是一种有组织、有计划的活动，尽管并非所有的教学目标都是预设的，但在教学中预设仍然要占有突出的位置；二是，这种预期蕴含着一种教育价值，课程与教学目标的确定实际上是教育主体的一种价值选择。

（二）课程与教学目标系统

课程与教学目标实际上是一个由具有递进关系的各类目标而组成的系统，课程与教学总目标、学科教学目标、学期（或学年）教学目标、单元教学目标和课时教学目标共同构成了课程与教学目标系统，如图 3-1 所示。

课程与教学总目标就是教学目的，是指在一定阶段的教学活动结束后期望学生达到的最终结果，居于课程与教学目标系统的最顶端，对学科教学目标、学期（或学年）教学目标、单元教学目标和课时教学目标具有指导作用。

学科教学目标是指某一课程在教学上所要达到的总体标准和要求。任何一种或一级学校教学中都存在若干门课程，学科课程目标是课程与教学目标在各学科教学中的具体化。

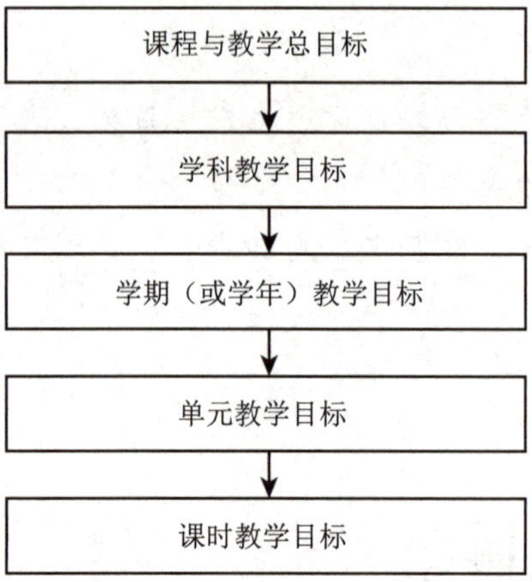

图 3-1　课程与教学目标系统示意图

学期（或学年）教学目标是指某一课程在一学期（或一学年）内所要达到的标准和要求。

单元教学目标是指一门课程各单元教学的具体要求。一门课程一般被分解成若干个单元，教师按照单元来组织教学。

课时教学目标是对每个课时教学的具体要求。课时是教学活动的基本单位，一个单元的教学往往需要几个连续的课时来完成。因此，每个课时的目标是对单元目标的进一步具体化。课时目标一般由教师参照所教科目的课程标准和教科书，结合学生的实际情况而制定。

（三）课程与教学目标和教育目的、培养目标的关系

教育目的是指教育的总体设计，是一个国家、一个社会对各级各类教育培养人的总体要求，具有总体性、概括性的特点，对各级各类学校都具有广泛的适应性，对各种形式的教育和教学活动都有指导和制约作用。教育目的是根据不同社会的政治、经济、文化、科学、技术发展的要求和受教育者的身心发展状况来确定的，这是教育工作的出发点和最终目标。但是教育目的是宏观的，要进一步落实教育目的，还必须明确培养目标。

培养目标是根据教育目的及学校的性质和任务制定的各级各类学校的具体培养要求。培养目标是教育目的的具体化，它与教育目的是具体与抽象的关系。例如，《基础教育课程改革纲要（试行）》规定了新课程的培养目标是“要使学生具有爱国主义、集体主义精神，热爱社会主义，继承和发扬中华民族的优秀传统和革命传统；具有社会主义民主法制意识，遵守国家法律和社会公德；逐步形成正确的世界观、人生观、价值观；具有社会责任感，努力为人民服务；具有初步的创新精神、实践能力、科学和人文素养以及环境意识；具有适应终身学习的基础知识、基本技能和方法；具有健壮的体魄和良好的心理素质，养成健康的审美情趣和生活方式，成为有理想、有道德、有文化、有纪律的一代新人。”在教育目的的总指导下，各级各类学校的培养目标是不同的。

课程与教学目标是培养目标的进一步细化。培养目标是一种笼统的、原则性的规定，具有指令性和稳定性的特点。课程与教学目标则侧重于课程与教学活动本身，是课程与教学活动预

先确定的结果和标准，是具体而明确的要求，因而对课程与教学活动起着指导作用。

教育目的、培养目标、课程与教学目标是不同层次的教育目标（如图 3-2 所示）。教育目的最具概括性、层次最高、指导范围最广。培养目标次之，针对的是一个学段或一种类型的学校，对教育目的的解释具有独特性和针对性，也可以体现一所学校的办学指导思想和办学特色。课程与教学目标是最具体的，其制定必须要考虑教育目的、培养目标的要求。

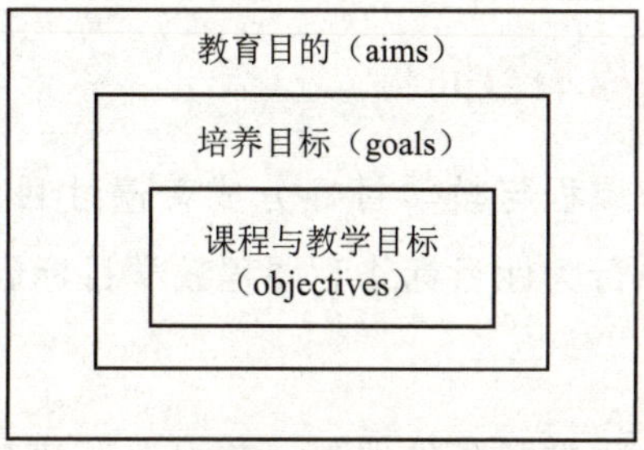

图 3-2　教育目的、培养目标、课程与教学目标的关系

扫一扫
课程与教学目标的功能

二、课程与教学目标的功能

具体来说，课程与教学目标主要有标准、导向、激励、聚合四种功能。其中，标准功能是课程与教学目标的基本功能。

（一）标准功能

标准功能，就是课程与教学目标对课程与教学检查、评估产生的标准作用。首先，课程与教学目标是对学生学业成绩进行测量和评估的基本标准体系，它规定了通过教学活动、学生的学习结果应达到的要求。通过课程与教学目标，可以衡量学生在知识与技能、情感态度与价值观等方面的发展状况。其次，课程与教学目标是对课程计划进行检查、评估的基本标准体系。最后，课程与教学目标也是对教师教学情况进行检查和评价的基本标准体系。

（二）导向功能

课程与教学目标是课程与教学活动的预期结果，它在一定意义上制约课程与教学活动的方向，对课程和教学过程起着指引作用，使教学中的师生活动有明确的共同指向。课程与教学内容、课程实施与教学过程、课程与教学的评价、教学方法的选择、教学手段与媒体的使用、教学时数的安排等，都要依据课程与教学目标来确定。因此，课程与教学目标被教育理论家们称为教学活动的“第一要素”。

（三）激励功能

从社会心理学的角度来看，目标不仅仅是一种预期结果，也是一种期待，是激发人们追求结果的动机的诱因。课程与教学目标同样是一种期待，具有激励功能。在教学开始时，以恰当的形式向学生明确地陈述具体的课程内容与教学目标，能激发学生对学习新内容的期待和达到学习目标的欲望，从而调动学生学习的积极性和主动性。实践证明，有无明确的课程与教学目标的激励，学生的学习态度是绝对不同的。当学生明确了学习目标之后，就会了解自己与学习目标的差距，树立良好的学习态度，努力学习。

（四）聚合功能

课程与教学目标还有聚合功能。课堂是一种生态环境，课程与教学目标是课堂中各要素的联结点和灵魂，能把各种要素聚合起来，形成和谐的课堂状态，使教师在课堂上教学生态化，从而发挥出最佳的课程与教学整体效能。

三、课程与教学目标的基本方向

我国学者借鉴外国经验，将课程与教学目标分成普遍性目标、行为性目标、生成性目标、表现性目标四种基本方向，其中行为性目标作为课程教学目标影响最大、使用最广泛。

（一）普遍性目标

普遍性目标是基于经验观、哲学观或伦理观、意识形态或社会政治需要而引出的一般教育宗旨或原则，这些宗旨或原则被直接运用于课程与教学领域，成为课程与教学领域一般性、规范性的指导方针。简单来说，普遍性目标就是以抽象的、普遍的形式来陈述的课程与教学目标。普遍性目标有两个基本特点：一是普遍性，适用于各种各样的教学情境；二是模糊性，表述是模糊、不明确、不具体的。普遍性目标适合于作为高层次的课程与教学目标，特别是作为终极性目标来使用。

普遍性目标是一种古老的课程与教学目标，起源时间可以追溯到中国古代的先秦时期、西方的古希腊和古罗马时期。例如，我国古代经典文献《大学》提出的“格物、致知、诚意、正心、修身、齐家、治国、平天下”的教育宗旨就是典型的普遍性目标，是几千年来一以贯之的教育目标。柏拉图提出的培养“哲学王”（即理想国的统治者）、斯宾塞提出的“教育为完满的生活做准备”等都属于普遍性目标。从上述列举的教育目标中，我们可以看出普遍性目标所体现的是“普遍主义”的价值观，是一般性的宗旨或原则，能够运用到所有的教育情境，其适用范围广、灵活性强，但同时也存在模糊性、随意性强的局限。

（二）行为性目标

行为性目标一度在课程与教学领域占据主导地位。行为性目标是以具体的、可操作的行为的形式来陈述的课程与教学目标，它指明了在课程与教学过程结束后学生身上所发生的行为变化。与普遍性目标相比，行为性目标具有精确性、具体化和可操作的特点，能有力地提高教学效果。行为目标也有其缺陷，主要表现在三个方面：一是，行为目标是预设的，容易忽视教学过程中生成的变化；二是，更多地关注行为结果的变化，容易忽视学生心理倾向与能力的变化；三是，过分强调可测性，容易淡化对学生的情感、态度、价值观的培养。

行为性目标的产生是有其深刻的历史背景的。20 世纪上半叶是一个“科学至上”的时代，这种时代精神在教育领域的反映是“教育教学科学化”运动。这一时期，行为主义心理学占主导地位，强调外显的行为变化。因此，从课程与教学的角度来说，20 世纪是行为性目标的世纪。确立行为性目标在课程与教学论领域的地位始于美国课程专家博比特，而真正为行为性目标奠定理论基础的是泰勒。泰勒在 1949 年发表的《课程与教学的基本原理》中进一步系统阐述了“行为性目标”的理念。泰勒认为，每一个课程与教学目标都应该包括行为和内容两个方面，而在实际教学中“行为”往往被忽略掉了，他主张用“行为方式”表述课程目标。例如，“能用普通话朗读、不读错字，能比较流畅地朗读，能在朗读时读出感情”等都是具体的行为性目标。20 世纪 50 年代和 60 年代，美国著名教育学家、心理学家布卢姆、克拉斯沃尔等人继承和发展了泰勒的行为性目标思想，创立了“教育目标分类学”，这是行为性目标的一个范例，把“行为性目标”发展到了一个新的高度。

布卢姆等人根据教育目标分类的对象和应遵循的原则，将教学目标分成认知、情感、动作技能三大领域，每一个领域的目标按照从低级到高级顺序分成若干层次。

1. 认知领域

认知教学目标从低到高依次分为知识、领会、应用、分析、综合、评价六个层次（图 3-3）。

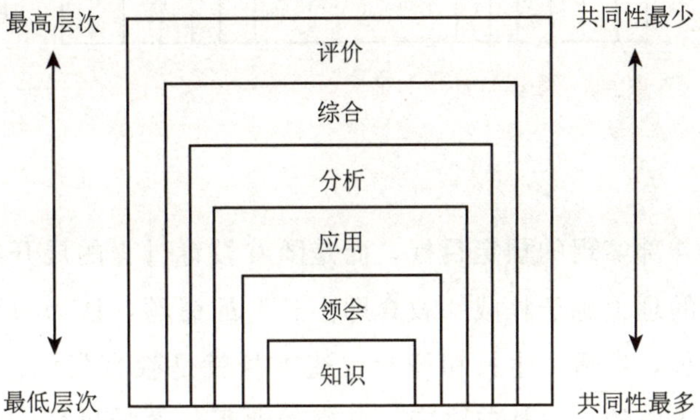

图 3-3 认知领域教育目标分类层次结构示意图

2. 情感领域

克拉斯沃尔将情感教学目标分为接受或注意、反应、价值评价、价值的组织、价值或价值系统的性格化五个层次（图 3-4）。

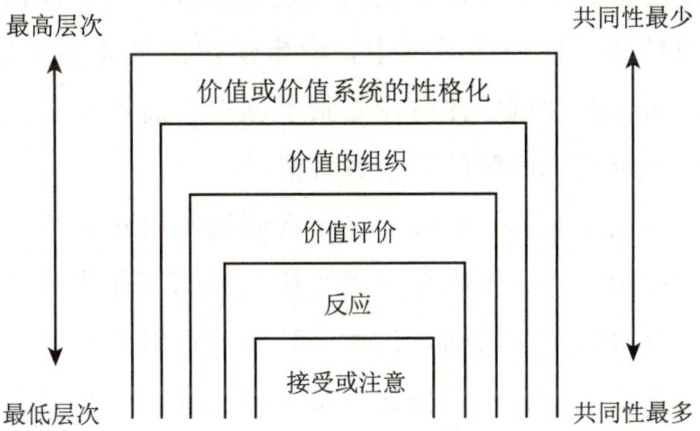

图 3-4 情感领域的教育目标分类层次结构示意图

3. 动作技能领域

辛普森将动作技能教学目标分为知觉、准备状态、引导下的反应、机械化动作、复杂的外在反应、适应和创作七个层次（图 3-5）。

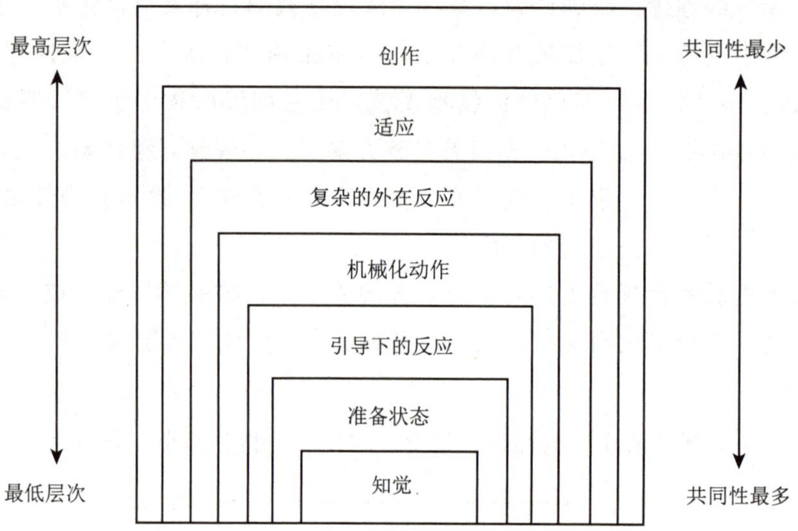

图 3-5　动作技能领域的教育目标分类层次结构示意

（三）生成性目标

生成性目标不是由外部实现的预定目标，而是随着教育过程的展开在教育情境中而自然生成的目标。生成性目标的理论源于杜威“教育即生长”的命题，认为教育是儿童经验的不断改造，是儿童的生活和生长，生活、生长和经验改造本身就是教育目的。目标不是预先设定的，而是在活动过程中表现出来的。在杜威看来，良好的课程与教学目标应具备这样几个特征：第一，它必须根据受教育者个人的固有活动和需要；第二，它必须能转化为与受教育者的活动进行合作的方法；第三，教育者必须警惕所谓一般的和终极的目的。

英国著名课程论专家斯腾豪斯认为，真正的教育是使人类更加自由、更富有创造性，教育的本质是“引导”。课程目标不是外部事先规定的目标，而是在教育情境之中的教育过程的展开自然生成的目标，也就是根据学生在课堂上的表现而展开。它关注的是学习活动的过程，而不像行为性目标那样重视结果。比如在教学中，学生学习的最重要的结果是“尝试”，尝试进行制作、绘画、演奏等，对这些尝试的评价应着眼于创造，而不是根据事先规定的标准来进行评价。生成性目标的实施关键在于教师的综合教育素质。

生成性目标最大的特点在于它的生成性，它是在问题解决过程中形成的，是人的经验生长的内在要求，是教学过程中由学生、教师与环境的相互影响与作用的产物。如果说行为性目标关注的是结果，那么生成性目标关注的则是过程。教学过程既是预设的，同时又是生成的。生成性目标的最大优点在于为学生的自由生长提供足够的空间。生成性目标也有它的缺陷，就是过于理想化，这种目标的提出和最终达成更多地依赖教师个人的专业素质。

（四）表现性目标

表现性目标的首倡者是美国的课程专家艾斯纳。表现性目标是指每一个学生在具体教育情境中的个性化表现，它追求的是学生反应的多样性。它关注的是学生在活动中表现出的某种程度上的创新性反应，而不是事先规定的结果。一般来讲，它只为学生提供活动的领域，而结果则是开放的。因此，表现性目标的特点是开放性、差异性和创造性。

艾斯纳认为，在艺术教育领域里，预先设定的行为性目标是不适用的，因而提出了表现性目标作为补充。艾斯纳区分了两种不同的课程与教学目标——“教学性目标”和“表现性目标”。“教学性目标”实际上就是行为性目标，是预设的学生在某一学习活动结束后的行为结果。它的目的在于使学生掌握现成的文化，这种教学目标对于大多数学生来说是共同的，而“表现性目标”主要是描述学生在教学过程中、在具体情境中所做出的个性化表现，旨在培养学生的创造性，强调学生的个体性。

艾斯纳曾给出了一些表现性目标作为例证：解释《失乐园》的意义；考察《老人与海》的重要意义；通过使用铁丝与木头展示三维形式；参观动物园并讨论哪里有趣。艾斯纳强调，这些目标并不期望指明学生在参加这些教育活动后能做什么，“而是识别学生将遭遇的形式”。这样，对表现性目标的评价就不能像行为性目标那样，追求结果与预期目标的一一对应。正如艾斯纳所说：“一个表现性目标既向教师，也向学生发出了一份请帖，邀请他们探索、追随或集中争论他们特别感兴趣或对他们特别重要的问题。表现性目标是唤起性的，而非规定性的。”表现性目标不同于行为性目标，表现性目标并不指出学生从事某些学习活动后所获得的行为改变，表现性目标所描写的是学生受教育的经历，它并不关注学生在活动之后能做什么、做得如何，而是看学生在学习活动中的表现。

表现性目标体现了当今时代对个性化、多样性的追求，成为各国课程与教学改革的一个重要目标。我国的新基础教育课程改革就特别强调“改变过于注重接受学习、死记硬背、机械训练的状况，提倡自主学习、探究学习、合作学习，强调培养学生的创新精神和实践能力”。作为新课程亮点的“综合实践活动”更是为学生的自主性、创造性的培养提供了最好的平台，而所有这些都离不开表现性目标。随着课程与教学价值的日益显现，表现性目标会越来越引起人们的关注。

第二节
课程与教学目标的设计

一、课程与教学目标的来源

明确目标的来源是设计或确定课程与教学目标的基础。课程与教学目标的来源主要有四个方面：学生的需要、对当代社会的研究、学科发展的需要、生态的需要。

（一）学生的需要

研究学生的需要是确定课程与教学目标的首要依据。对学生的研究通常包括以下三方面内容。

1. 分析学生的现状

对学生的现状进行分析的一个较好的方法是“分解法”，即先把学生的生活现状分解不同的样本，然后依次调查每个样本的主要方面，并记录下来。泰勒提出，可以将学生的现状分为以下几个方面：①健康；②直接社会关系，包括家庭生活以及和朋友、熟人之间的关系；③社会——公民关系，包括在学校和社区中的公民生活；④消费生活；⑤职业生活；⑥休闲生活。这个调查需要注意学生的年龄差异和个体差异，以便了解到学生的真实情况。这类研究通常由两部分组成：第一，发现学生的现状；第二，将这种状况与公认的常模做比较，以确定差距或需要。

2. 了解学生的兴趣和个性差异

兴趣在学生的学习中有着重要的价值。那些符合教育期待的兴趣会成为有效教学的出发点，而那些不符合教育期待的、目光短浅的、狭隘的或不恰当的兴趣，则反映出学生想获得有效教育而需要的差距。学生在校学习的过程不仅是一个社会化的过程，而且也是一个个性化的过程。课程与教学目标的确定要充分考虑学生个性发展的需要，要具有一定的选择性、生成性。

3. 分析学生的年龄特征和学习能力

课程与教学目标一般是由成人制定的，由于成人与学生在思维方式、水平等方面存在极大的差异，容易导致教学目标的“成人化”，致使目标失真。所以要对学生的学习特征与风格、接受能力、知识基础等方面进行调查，在分析学生学习能力和条件的基础上设计出合理的课程与教学目标。

（二）对当代社会的研究

学生的学校生活过程是为明天走向社会做准备的过程，实际上就是学生社会化与个性化的过程。课程与教学目标必须紧密联系社会生活，反映社会生活的需求。要做到这一点就必须研究当代社会生活。

确定课程与教学目标时必须与当代社会的特征相一致，因此，要特别关注以下几点：一是经济的全球化。当今经济发展的重要特征是各个国家之间的分工与协作，知识经济已成为经济发展的重要推动力。课程与教学目标必须重视学生国际视野的开阔与创新精神的培养。二是文化的多样性。这种文化的多样性实际上是指民族性与国际性的统一。课程与教学的基本功能是传承文明，在坚持课程与教学的民族性的同时，必须具有国际理解的意识。三是社会信息化。人类社会逐渐走向信息化，信息化影响和改变着人们的生活方式、工作方式和学习方式。课程与教学目标必须重视学生信息素养与信息能力的培养。

此外，有些目标不可能仅凭学校的课程与教学就能达到，例如学生的心理健康问题，学校的课程与教学可以使学生获得必要的知识、习惯和态度，但这需要家长和社会各界的全力配合。

（三）学科发展的需要

学校教育的一个重要功能就是系统地向学生传授基础知识和基本技能。学科是知识最主要的载体。确定课程与教学目标必须考虑学科的发展，使课程与教学既要传承文明，又要引领发展。

确定课程与教学目标要考虑学科发展，主要有两方面的含义：

一是充分考虑学科知识传递与发展的需要。学科知识的典型类型有三类：第一类，自然科学知识（如物理学、化学、生物学等）；第二类，社会科学知识（如语言学、历史学、经济学、教育学、人类学等）；第三类，人文科学知识（如哲学、文学、艺术等）。

二是学科专家的建议。由于不同学科的专家对学科的基本概念、逻辑结构、探究方式、发展趋势以及该学科的一般功能及其与相关学科的联系都有深刻的理解与把握，因此，学科专家的建议是课程与教学目标最主要的依据之一。事实上，大多数教科书通常就是由学科专家编写的。确定课程与教学目标时必须重视学科专家的建议。各学科的国家课程标准收集了学科专家的建议或意见，认真学习和研究各学科的国家课程标准才能较好地理解并把握学科专家的意见。

（四）自然生态的需要

人类所经历的农业文明和工业文明在一定程度上是以牺牲自然环境为代价来实现的，换取了经济和社会的发展。进入21世纪，人类在享受科学技术带来的前所未有的物质文明的同时，也面临着前所未有的危机与挑战。其中最大的就是生存环境危机。随着人们的生态意识的加强，人们开始认识到人与自然之间和谐共生的关系是极其重要的。自然也就成为了重要的教育资源和教育依据。自然生态需要变成课程与教学目标的主要依据之一。这是课程与教学理论的一个重要发展。

有研究表明，自然生态的需要主要包括六个方面：整个宇宙作为存在而保持生态平衡的需要；地球作为一个大生态系统存在与发展的需要；人类社会与自然建构平衡生态的需要；人类社会作为特殊生态系统恢复和保持生态平衡的需要；造福人类后代的需要；建构教育生态系统的需要。由于学生、社会、学科、生态这四个因素是相互起作用的，对任何单一因素的研究结果都不足以成为课程与教学目标的唯一来源。如果过于强调某一因素，就会使课程与教学走向极端。课程与教学的历史上出现过的学生中心课程、社会中心课程、学科中心课程就是这类典型的例子，它们基本上是以失败而告终的。

二、课程与教学目标设计的基本原则

课程与教学目标的来源比较广泛，课程与教学目标的制约因素也比较多，因此，设计课程与教学目标时应遵循系统性原则、具体性原则、层次性原则、全面性原则等基本原则。

（一）系统性原则

系统性原则，要求根据课程与教学目标的系统特性，用系统的方法来设计其目标。首先，课程与教学目标本身就是一个系统，要从系统论的角度，从整体上把握目标，通过从一般到特殊逐层把目标具体化，形成一个多层级的完整目标体系。其次，要综合分析课程与教学系统的各个要素，例如教师的专业素质、学生的特点、教学的环境等。最后，必须把课程与教学目标设计作为课程研制过程的一个基本环节来看待。因为，课程与教学目标居于课程研制的基础和中心位置，所以，要综合全面地考虑课程与教学设计和其他环节的平衡协调问题。

（二）具体性原则

具体性原则，要求我们在制定课程与教学目标时，必须明确、具体，有针对性地制定。也就是说，根据课程标准的要求、教材内容和学生的特点，把课程与教学目标具体化。同时还要正确理解和把握学习水平的要求，准确选择和使用行为动词。要熟悉各学习目标质量以及相应的行为动词，使用意义比较单一的行为动词，力求目标的陈述明确具体，可以通过运用观察、测量和操作等行为实施，最大限度地避免对教学目标的陈述模棱两可的现象。

（三）层次性原则

设计课程与教学目标要考虑层次性。一是要把握教学目的、学科课程目标、学期（或学年）目标、单元目标、课时目标之间的层次问题。二是要注意每节课内目标之间的层次性。一节课不可能实现所有目标。如行为性目标可以用来表述结果的“知识和技能”领域的目标，要求要做到当堂达成。但是，“过程与方法”“情感态度与价值观”领域的目标，往往不是通过一两节课的教学就能达成的，需要有一个较长的过程。在设计课程与教学目标时要注意这一问题。

（四）全面性原则

全面性原则有两层含义：一是目标要面向全体学生；二是目标要有利于促进学生的全面发展。我们始终提倡教学要促进学生的全面发展，课程与教学目标要涉及知识与技能、过程与方法、情感态度与价值观三个维度的各个方面。这三个维度是一个有机的整体，是课堂教学应当同时兼顾的一个目标体系。因此，坚持全面性原则是实现面向全体和全面发展的需要。

三、课程与教学目标设计的基本步骤

课程与教学目标的设计是一个非常复杂精细的过程，它不仅仅是为了表达一种理想和预期结果，更重要的是要明确课程与教学的参照标准。一般来说，课程与教学目标设计包括四个基本环节：分解目标、分析任务、确定起点、表述目标。

（一）分解目标

课程与教学目标是系统的、有层次的。课程与教学目标系统是由课程与教学总目标、学科教学目标、学期（或学年）教学目标、单元教学目标和课时教学目标构成的，这些目标需要逐层细化。因此，课程与教学目标的设计首先是要分解目标。这些目标在具体教学过程中需要进一步细化。这个细化的过程就是课程与教学目标自上而下的分解过程，也是一个逐层具体化的过程，要一直分解到课时教学目标。

下面我们将学科教学目标分解为单元教学目标为例，说明目标分解的操作。目标分解需要经历四个环节：

第一，分析学生的学习需要和兴趣。这个步骤主要是确定学生通过本单元教学必须学习与掌握的学习主题，包括了基本概念、基本原理、基本方法以及应该达到的水平。通过这一环节，可以明确本单元的教学目标。

第二，选择学习任务。即确定为实现单元教学目标，学习者必须完成的学习任务。例如，“圆的面积”的单元教学目标是“探索与发现圆的面积计算公式”，要实现这一目标，学生必须完成“认识圆”“认识圆的周长”“掌握圆的周长计算公式”“能够把圆形转化为近似的长方形”等学习任务。

第三，组织学习任务。主要是指分析各项学习任务之间的关系，找出它们的先后顺序。学习任务之间存在着相对独立、相互平行、递进等不同的关系，根据学习任务间不同的关系，对各学习任务做出调整与安排，使它们之间具有一个科学的、合理的逻辑顺序，以使教学能够科学有序地展开。例如，我们要“掌握圆的周长计算公式”首先要“认识圆的周长”，而不能把二者的关系颠倒过来。

第四，表述和归类单元的教学目标。明确了单元的学习任务，首先要把每项学习任务编写成相应的单元教学目标，这就是单元教学目标的表述。单元教学目标的表述要能说明学习者完成本单元学习后能做什么。如“圆的面积”单元教学目标，我们可做如下表述：(1) 能说出身边的圆；(2) 能用不同的方法求出圆的周长；(3) 能说明圆的面积与圆的周长的区别；(4) 能正确计算圆的面积。

单元教学目标表述之后，还要对每个目标进行归类。因为，不同类别的教学目标，所需要的教学过程与条件是不同的。

（二）分析任务

单元目标确定后，我们就可以根据单元目标进行任务分析。这里的任务分析，实际上是指对学习者为了达到单元目标的规定所需学习的从属知识和经验以及技能、能力、态度、情感等及其相互关系而进行的具体的剖析。根据单元教学目标来制定课时教学目标时，这种任务分析往往是与单元教学内容结合进行的，所以也有人把这种任务分析叫作教学内容分析。具体方法是，从已确定的要学生达到的教学目标开始，不断提问和分析：要学习者达到教学目标规定的预期结果，他们必须具备哪些次一级的知识与能力？而要培养这些次一级的知识与能力，又需具备哪些更次一级的知识与能力？……这种提问和分析一直进行到教学起点为止，从而弄清所学知识与能力的构成成分及其层次关系。单元教学目标也可根据布卢姆的“教育目标分类学理论”分为认知、情感、动作技能几种类型。

（三）确定起点

课程与教学目标指的不是教师的教学行为，而是学生的学习结果。因此，要设计出合适的课程与教学目标，就要对学生的起点能力进行分析，即确定教学的起点。确定教学起点，直接关系到课程与教学目标的作用和教学的有效性。教学起点定得太高，可能导致课时教学目标过高，从而超过了一般学生的能力；反之，如果教学起点定得太低，则会在学生已掌握的内容上或教学活动上浪费时间和精力。

一般来说，如何确定教学的起点，主要掌握以下两个方面：一是分析学生的特征，包括学生的学习习惯、兴趣倾向、身心发展水平以及班级特点等。二是分析学生已有的认识结构，即学生对必备的知识了解的情况以及基础知识的熟悉情况，预测学生接受新知识的能力。

（四）表述目标

表述目标最为关键的是要具体、明确，需要对学习者通过每一项知识和技能学习时，学习者应达到的行为状态作出具体、明确的表述，再将这些表述进行类别化和层次化处理。

第三节 课程与教学目标的表述

目标编制的核心是目标的表述问题。能否科学、精确地表述课程与教学目标直接关系到目标的达成情况。多年来，中小学教师在目标表述上存在的最主要问题就是目标陈述模糊不清、可操作性差、无法测量。

一、行为性目标的表述

行为性目标应如何表述才清晰可行呢？在众多的关于行为性目标的表述方式中，ABCD表述方法是一种较好的表述方式。ABCD指的是具体的课程与教学目标中应包含的四个要素，ABCD分别是这四个要素英文单词的首字母，它们的含义分别是：

A即audience，意为“听众”。要有明确的听众，这里指学生，这是目标表述句中的主语。

B即behavior，意为“行为”。要说明通过学习后，学生应该能做什么，这是目标表述句中的谓语。

C即conditions，意为“条件”。要说明上述行为在什么条件下产生，这是目标表述句中的状语。

D即degree，意为“程度”，即明确上述行为的标准。

现举例说明：“给出直尺和圆规，学生能画出一个角的等分角，误差在1°之内”。

第一，其中，“学生”是目标表述句子中的主语。根据具体情况，可标为“×年级学生”等。

第二，“画出一个角的等分角”是“行为”，是学生通过学习后能做什么，是目标表述句子中的谓语。表述行为的基本方法是使用一个动宾结构的短语，行为动词说明操作的行为，宾语则说明动作指向的对象。

课程与教学目标是否具体和明确，主要取决于行为动词的可观察性和可操作性，所以应尽量使用含义确切的词。以布卢姆的目标分类为例，“识记”这一层次一般选用“给……下定义、指出、标明、列出、选择、背诵”等动词；“领会”这一层次一般选用“转换、辩护、区别、估计、解释、引申、归纳、举例说明、摘要”等动词；“应用”这一层次一般选用“改变、计算、示范、表现、发现、说明、制定……方案、解答、运用”等；“分析”一般选用“图示、细述理由、比较、区别、举例说明、评析”等；“综合”则选用“联合、组成、创造、计划、归纳、重建、编写”等；“评价”一般选用“鉴别、对比、解释、总结、证明”等。表述动作技能领域和情感领域的课程与教学目标，都有可供选择的动词。

第三，“给出直尺和圆规”是“条件”，说明了“画出一个角的等分角”的条件，是句子的状语。条件是指对学生表现行为所处的环境、设备、时间等因素的限定。如“30分钟之内完成”“依照第四课课文”等都是对行为目标的条件限定。在实际的目标表述中，有些条件要素可以省略。

第四，“误差在1°之内”是“程度”，明确了学生“画出一个角的等分角”的标准。程度是指作为学习结果的行为可接受的最低衡量依据。标准要素有时也可以省略，比如大多数实践都是约定俗成为“100%正确”。

二、表现性目标的表述

表现性目标关注的不是预先设计的教学目标，而是学生在活动中表现出来的某种程度上首创性的反应形式。表现性目标主要是描述学生在教学过程中作业的情境、将要处理的问题、将要从事的活动任务等。

表现性目标很难像行为性目标那样做到具体化和精细化，它只是为学生提供活动的领域，至于活动的结果则是开放的。例如：

①参观抗日战争纪念馆，分组讨论参观后的感受。

②检视《背影》一课的重要意义。

③观察周围环境中动物的行为。

④收集有关资料，讨论我国某一地区改革开放以来的发展成就。

以上四个表现性目标的例子均指出了学生工作的项目或问题，但学生的学习结果如何并未指定。结果是开放性的，不同学生会有不同的体验和看法。这种评价方式如同艺术批评方法一样，就品质和意义来评估成品。

分析这些例子，我们可以进一步认识表现性目标。一是，表现性目标也是教学前预设的。表现性目标不是教师在课堂上的一种机智，而是教师课前的深思熟虑，是依据教学内容和学生实际创设的，这一点有别于生成性目标；二是，表现性目标规定的是学生作业的情境、将要处理的问题或要开展的活动，而不是行为的结果。它关注的是过程，而不是结果。表现性目标旨在培养学生的创造性能力，强调学生的个性化培养。

三、内部过程与外显行为相结合目标的表述

行为主义的课程与教学目标界定方法克服了传统课程与教学目标陈述含糊、难以操作和测评的缺点，但也存在许多不足。例如，教学只重视明显的行为目标，忽视体验性、表现性目标；教学只重视一般性教学目标，忽视创新性教学目标；教学只重视事先所预期的目标，忽略了生成性目标。

认知心理学认为，学习的实质是内在心理的变化。因此教育的真正目标不是具体的行为变化，而是内在的能力或情感变化。教师在表述目标时首先要明确陈述，如记忆、知觉、理解、创造、欣赏、热爱、尊重等内在的心理变化。但这些变化不能直接进行观察和测量，容易回到模糊不清的老路。为了使这些内在变化可以被教师观察到和测量得出，还需要列举反映这些内在变化的行为样品。这样就避免了各自的弊端，找到了一个好的结合点。于是，格朗伦于1972年提出了内部过程和外显行为相结合的目标表述方法。

例如，“理解议论文写作中的类比法”，这个目标明确了学习结束后学习者应该产生的心理变化。如何去操作、去观察呢？我们需要给这个目标列出几个行为样品。“用自己的话解释运

用类比条件”“在课文中找出运用类比法阐明论点的句子”这两种表述就是表明理解的许多行为中的两个行为样品。有了这两个行为样品，这个目标就变得可操作、可测量了。这样就避免了行为目标只顾及具体行为变化而忽视内在心理变化过程的缺点，也避免了传统方法陈述的目标的含糊性。可以看出，这种表述方法分为两个层次：第一个层次是描述学生的内部心理过程；第二个层次是这个心理过程的外显行为。两者的结合既对教学目标做出了质的概括也对其进行了量的规定。

这种表述方法，借鉴了认知心理学和行为主义的合理的成分，既保留了行为性目标表述的优点，又避免了行为性目标只顾及具体行为变化而忽视内在心理变化过程的缺点。它既适合认知类目标的表述也适合情感类目标的表述，是一种比较理想的教学目标编写模式。

四、编写课程与教学目标应注意的问题

课程与教学目标的编写看似简单，实际上必须精心编制，否则就会出现误差。以下是课程与教学目标表述中容易出现的问题：

问题一：把教师当作目标的行为主体来表述。例如，“提高学生造句的能力”。

问题二：把教学目标当成教学任务来表述。例如，“引导学生探究问题”“让学生抓住重点段落、联系前后内容、自己读懂课文”等。这种教学目标表述规定了教学过程中的教学任务，却没有明确教学结束后学生行为的变化内容和标准。

问题三：只列出了教材的主题、原理或概念。例如，“热带雨林”“圆锥体的体积公式”等，这样的教学目标没有明确学生学习后应达到什么样的行为变化。

问题四：教学目标过于笼统、抽象，不具有可操作性。例如，“发展创新能力”“培养多方面的兴趣”等。

问题五：教学目标规定的是学习过程而不是学习结果。例如，“计算 100 以内加减法 10 道题”“将本课英语单词每个写 10 遍”等。

思考题

1. 简述普遍性目标、行为性目标、生成性目标和表现性目标的特点。
2. 简述课程与教学目标设计的基本原则。
3. 简述课程与教学目标设计的步骤。
4. 运用相关课程与教学目标的理论，分析与评价中小学某一学科的课程与教学目标，设计和表述一种课程与教学目标。

第四章

课程与教学内容

学习目标

- 识记课程与教学内容的概念。
- 掌握课程与教学内容选择的依据和原则。
- 应用相关理论，能够根据实际选择不同的课程与教学内容。

第一节 课程与教学内容概述

一、课程与教学内容的含义

课程与教学内容是指各门学科中特定的事实、观点、原理和问题，以及处理它们的方式，它是在一定的教育价值观及相应的课程与教学目标指导下对学科知识、社会生活经验或学习者的经验中对有关知识经验的概念、原理、技能、方法、价值观等的选择和组织而构成的体系。

课程与教学内容是课程与教学问题的集结点，是课程与教学开发的最基本的工作之一。这是因为，一旦确定了课程与教学内容，课程与教学的其他活动便可以随之展开。可以说，课程设计、课程目标、课程实施以及课程评价都可以理解为围绕着课程与教学内容的安排及其结果展开的：课程与教学的设计是关于内容的组织和安排；课程与教学目标是选择和决定内容的依据；课程与教学实施是课程与教学内容的逐步实现；课程与教学评价是对课程与教学内容产生结果的判断。

但是在现实中，课程与教学内容的选择却是困难的。美国未来学家阿尔文·托夫勒认为，就知识增长的速度而言，今天出生的小孩到大学毕业时，世界上的知识总量将增加 4 倍，当这个小孩到 50 岁时，知识总量将是他出生时的 32 倍，而且全世界 97%的知识都是在他出生以后才出现的。又据德国学者哈根·拜因豪尔统计："今天一个科学家，即使夜以继日地工作，也只能阅览有关他自己这个专业的世界全部出版物的 5%。"由此可见，在人类浩如烟海的知识中，学生"可学的"总比他"能学的"多，这种现象在当今知识经济时代更为突出。所以，课程与教学内容要经过严格的、精心的选择。

二、课程与教学内容的取向

扫一扫

课程与教学内容的取向

对课程与教学内容的解释主要围绕着以下三种不同的取向而展开：课程与教学内容即学科知识（教材）、课程与教学内容即学习经验、课程与教学内容即学习活动。

（一）课程与教学内容即学科知识

这是一种产生比较早、影响比较深远且比较传统的课程与教学内容的取向，即将课程与教学内容作为要学生习得的知识来对待，这些知识采取事实、原理、体系等形式构成一定的科目，而知识的传授是以教材为依据的，所以，也可以将“课程与教学内容即学科知识”理解为“课程与教学内容即教材”。

这种取向由来已久，我国历史上的“六艺”（礼、乐、射、御、书、数），欧洲历史上的“七艺”（文法、修辞、逻辑、算术、几何、天文、音乐）等实质上是确定了课程与教学内容，即系统化了的知识的观点，并把这些有价值的知识系统化为一定的科目或学科，然后将这些学科的知识传授给学生。

把课程与教学内容作为学科知识来看待，这种取向的实质是强调学科知识的系统性，教学的任务就是把经过精细选择的人类知识系统化地传递给学生。这种取向强调在学校教育中向学生传授学科知识体系，突出体现“教材”的规定内容。这虽然有利于考虑到学科知识的系统性，却忽视了对学生心智发展、情感陶冶、思维创造、个性发展有重要影响的其他内容。因此，对于教师而言，课程与教学内容是事先规定好的东西，并把它当成一项“任务”被动完成；对于学生而言，学习内容是外部力量规定或强加的东西，而不是自己感兴趣的内容。在实际教学中，“读完——记完——考完——忘完”往往是一些学生学习所经历的过程。

（二）课程与教学内容即学习经验

这种取向主要是在对前一种取向的批评与反思的基础之上形成的。把课程与教学内容看作是学科知识，容易导致强调学科知识的系统性和完整性而忽视学生的学习体验和学习过程。于是，“课程与教学内容即学习经验”取向应运而生。

学习经验，实际上既不同于一门课程所涉及的内容，也不等同于教师所从事的活动，而是指学生与外部环境的相互作用。这是因为学习是通过学生的主动行为而发生的，学生的学习不是取决于教师做了什么，而是取决于学生自己做了什么。所以，课堂上有多少学生，就有可能有多少种不同的学习经验，即每个学生对课程与教学的体验是不同的，他们都会根据自己已有的认识和经验，对其所接触到的课程与教学内容进行解读和消化，每个学生对课程与教学内容建构赋予的意义是不一样的。

课程与教学内容即学习经验取向所强调的是：决定学习的质和量的是学生而不是教材，学生是一个主动的参与者。学生之所以参与，是因为教育环境中某些特征吸引他，学生是对这些特征作出反应。所以，教师的职责是要建构适合于学生能力与兴趣的各种教育情境，以便为每个学生提供有意义的经验。

把课程与教学内容取向于学习经验，这必然增加课程与教学的编制与开发的难度。因为学习经验是学生的一种心理体验，只有学生本身才能了解自己真正的体验结果，而教师没有办法全面、清楚地把握每一个学生的真实体验、感受等。这样容易导致课程与教学内容受学生的支配，而削弱教师对课程与教学内容的控制、引导与评价。

（三）课程与教学内容即学习活动

这种取向是一种比较新的观点，认为克服“课程与教学内容即学科知识”“课程与教学内容即学习经验”两种取向弊端的唯一办法就是从学习活动的角度来理解课程与教学内容。以学生的学习活动为课程与教学内容的取向，来源于当代社会生活经验，这是对“课程与教学内容即学科知识”的挑战。

学习活动取向的重点是学生做什么，而不是教材体现的学科体系。以活动为取向的课程与教学内容，特别注重与当代社会生活的联系，强调学生在学习中的主动性和学习兴趣，它关注的不是向学生呈现什么，而是让学生主动地、积极地从事各种各样的活动。例如，教师不是告诉学生科学发现的基本程序和步骤，而是让学生通过实际参与科学发现活动的过程来了解其基本程序和步骤，并主动地发现问题、解决问题。

以上三种取向的课程与教学内容都有合理性与局限性，它们都是在不同时代、针对不同的社会要求和对受教育者的认识而提出并实施的。无论是“学科知识”“学习经验”还是“学习活动”，它们对人的身心发展都有实用价值。因此，课程与教学内容选取的依据缺一不可，只是在某些具体科目的取向上会有所差异，各种取向的课程与教学内容又在每一个时期和阶段共同作用在学习者身上，这才能使学习者得到全面发展。

第二节 课程与教学内容的选择

课程与教学内容的选择必然要受到社会政治、经济、文化发展的影响，还要考虑学生的发展。

一、课程与教学内容的选择依据

课程与教学内容的选择依据是：社会发展的需求、学生的发展特征、课程与教学目标、课程与教学内容本身的性质。

（一）社会发展的需求

明确社会发展的需求，就是明确家庭、社区、职业与国家、国际社会的现状及其对教育提出的要求。

学生个体的发展总是与社会的发展紧密联系在一起的。因此，在选择课程与教学内容时，就必须要考虑现实社会与未来社会的需求，使学生在未来的公民生活中能有所作为。在考虑社会的发展需求方面，不能单纯考虑现存社会的需要因素，教育是为未来社会培养人才。如果仅仅从现存社会的需要出发选择课程与教学内容，不可避免地会出现人才培养滞后于社会发展的问题。教育要先行，适度超越现实社会。因此，课程与教学内容的选择绝不可忽视未来公民适应社会发展所必备的素质。

现代科学技术的革命带来了一系列的变革，主要表现为产业结构的调整、城市化进程的加剧、通信媒体的普及、科技革命及结构的变化等，这要求体力劳动者与脑力劳动者的差别越来越小、职业的流动性与灵活性更强。这些变革在课程与教学内容的选择上最直接的表现是强调科学知识与人文知识之间的平衡。因此，在课程与教学目标和内容的设计与开发中，不得不考虑对学生科学精神与人文精神的培养、知识与能力的培养、积极主动性与创造性的发挥、联系社会现实与教育情境的构建、主体意识的提升与情境因素的培养等。

课程与教学内容的选择与编排，必须以社会的发展和要求作为重要的理论基础及条件之一。课程设计者在选择课程与教学内容时，就要考虑社会发展的需要，去掉那些落伍且无法用来谋生的知识技能。例如，在我国当前的数学课程改革中，删掉了部分大数目的运算，并且允许学生用计算器进行数学计算；对于统计与概率的教学内容，教材中提供了足够的现代生活中的实际例子。

（二）学生的发展特征

分析学生的发展特征，主要是指分析学生的需要、兴趣和身心发展水平。课程与教学的一个基本职能就是要促进学生的发展。因此，课程与教学内容的选择应该关注有关学生的各种研究，尤其是有关学生的需要、兴趣、身心发展特点等。

学生的需要是课程与教学内容选择时应该考虑的一个因素。对于“需要”通常有两种不同的解释：一种是指理想常模的某种概念与实际状况之间的差距。就这个意义来说，“需要”是指“应该是什么”与“是什么”之间的差距。另一种是指“有机体内部的张力”，为了保持有机体处于正常、健康的状态，必须使这些张力恢复平衡。之所以强调学生的需要，是因为家庭和社区中的日常环境，通常都为学生提供了相当大一部分教育方面的发展，学校没有必要重复校外已经充分提供的教育经验。学校应致力于缩短学生当前至未来发展中理想与现实之间的差距。另外，“需要”使学生产生学习的动力。

在选择课程与教学内容时，考虑学生的兴趣对于有效的学习是非常重要的。教育是一种主动的施教过程，这个过程涉及学习者自身积极主动的努力。一般说来，学习者只能学到他所做过的事情。倘若学校情境提供的是学习者感兴趣的事情，那么，学习者就会主动参与其中，从而学会有效地应对这些事情。

学生的身心发展水平与特点决定了其对课程与教学内容的接受程度。因此，在内容选择过程中，就需要根据学生的身心特点确定内容的深度、广度、难度。儿童在很多方面都与成人有所不同。在设计课程与教学内容时，应根据学生的学习心理规律，尽可能使用他们乐于接触的、有价值的题材。

（三）课程与教学目标

课程与教学内容的选择经常脱离目标，这是当前课程与教学领域极其重大的问题。例如，有的课程与教学目标虽然包括认知、技能、情意三大领域，但在内容选择过程中却仅仅注重认知领域的有关内容，甚至仅注重零碎、片段的事实，忽视更重要的概念、原理与原则等内容。

课程与教学目标作为课程编制过程中首要的组成部分，对课程与教学内容的选择起着指导性作用。内容选择必须依照目标，即有什么目标，便有什么内容，让目标和内容取得一致。下面以小学数学课程与教学内容的选择为例来说明这个问题。

新的数学课程标准强调让学生“体会数学与自然及人类社会的密切联系”“初步学会运用数学的思维方式去观察、分析现实社会，去解决日常生活中和其他学科学习中的问题”。因此，在选择课程与教学内容时，就应当为学生提供机会去体会、观察和分析现实中的问题和数学与人类社会的联系，选择密切联系学生生活实际和现实社会的内容。

(四) 课程与教学内容本身的性质

课程与教学内容的选择要考虑内容本身的性质，包括内容的重要性、正确性、实用性等。

1. 内容的重要性

在知识爆发的时代里，课程与教学内容应该具有相当大的重要性。但何谓“重要”呢？可由下面几项判断：第一，它是知识和文化中最基本的成分；第二，它是应用性和迁移力最大的成分；第三，它是属于探究方法和探究精神的成分。最基本的成分，也就是最核心的成分，缺乏这一成分，知识不为知识，文化不为文化，它们都丧失了本质，学习也缺乏了意义。应用性和迁移力最大的成分，可以促使学习趋于高效，同时内容间的关系也容易阐明，学习效果更好。探究方法和探究精神是知识和文化进步的基石，有了它，事实、概念、原理、原则的发现或建立才有可能。

2. 内容的实用性

内容的实用性是指课程与教学内容在实际生活中有用。但在考虑这一依据时，需要注意：第一，日常生活中出现多的，不一定是重要的，出现少的，不见得没有用；第二，日常生活不见得是最理想的生活，内容选择如果以实用为唯一标准，可能只是维护这一不太理想的生活，对社会进步没有什么帮助；第三，实用有短期与长期之分，不能仅仅考虑短期的实用性，而不顾及长远发展的需要。

3. 内容的正确性

内容的正确性可以由三个层面来判断：第一，课程与教学内容的选择，必须避免错误的事实、概念、原则、方法，这是最基本的；第二，课程与教学内容必须反映尖端知识的发展，陈旧的内容应排除在课程之外；第三，人的知识、文化、价值、理想，有许多不是全然对或全然错的，课程选择必须采取多元标准判断内容的正确性，将不同的现象呈现出来。

综上所述，社会发展的需求、学生的发展特征、课程与教学目标和内容要求分别构成了课程与教学内容选择的社会基础、心理基础和教学基础。

二、课程与教学内容的选择准则

课程与教学内容的选择标准即准则，也是选择的基本要求。人类社会积累的知识和经验生生不息，仅现有的学科门类就有数千门之多，而学生所能掌握的学科门类以及各门学科的内容都是极其有限的，所以课程与教学内容必须经过严格的、精心的选择。

从历史上看，课程与教学内容的选择有五个准则：系统知识准则、历久尚存准则、生活效用准则、兴趣需要准则、社会发展准则。

(一) 系统知识准则

系统知识准则强调课程与教学内容必须具有重要性、基础性，由浅入深，由简而繁，从古至今，前一学习内容应是后一学习内容的基础。该准则注重学科本身的系统性，注重文化的累积与传递，注重逻辑系统的安排，注重学术研究，而忽视学生的兴趣、需要、本性与发展的要求，忽视社会需要与方向。因此，这个准则对于逻辑系统非常严密的学科最为适用。

（二）历久尚存准则

历久尚存准则认为人类心理活动多尚存保守，多年一直沿用的知识内容是好的内容，自然也就应该是被采用的内容。这里面既有理智的因素——经过多年考验而未遭弃置的课程与教学内容自有其存在的理由与价值，也有情感的因素——人类有怀旧的倾向，无论道德、学术，总喜欢引昔证今，追踪古人，而伦理、音乐、美术、文学等学科最易有此倾向。这个原则极重视人类文化的保存与传递，但忽视学习者的本性、兴趣与需要，也忽视了社会的需要与方向，其最大的流弊是世代相传、缺乏新知、阻滞进步。

（三）生活效用准则

生活效用准则也称为社会效率准则。它以个人的社会生活为着眼点，认为对人生有用的内容为好内容。斯宾塞、博比特等人持此观点。在他们看来，凡是能促进人生各类活动的课程与教学内容就是具备社会效率的内容，即有用的课程教学内容。该准则的特点是重视个人的生活需要，而忽视学习者的本性、兴趣与当前需要，而且也忽视了社会发展需要及社会应有的方向。

（四）兴趣需要准则

兴趣需要准则以学习者当前的兴趣与需要为着眼点，认为凡符合学习者兴趣与需要的内容均为好内容。广而言之，即凡是能帮助学习者个人实现其目的及解决其问题的课程与教学内容均为可选内容。这个准则特别重视学习者在各年龄阶段所表现的兴趣与需要，即重视学习者的本性，其缺点是不易获得系统知识，更易遗漏成人认为重要的课程与教学内容。

（五）社会发展准则

社会发展准则强调课程与教学内容应该帮助学习者了解民主社会的定义、民主社会个人的权利与责任、民主的阻力、获得民主的方法，并能让人养成在民主社会中履行个人责任的能力。这项准则注重民主社会的促进以及社会发展的方向，而且自然也注重对社会现状的了解与社会问题的研究，其缺点是忽视文化的积累与传递，以及学习者个人的需要与兴趣。

以上五大准则，是课程与教学内容选择的基本标准。由于教育的哲学观、学生观及知识观的不同，在选择课程与教学内容时所遵循的准则是不一样的。同时，由于各门学科的性质不同，课程与教学内容发挥的作用也存在差异，因而选择所依据的准则也是不同的。但综合上述五大准则，我们认为在选择课程与教学内容时，既要考虑学生和教学方面的因素，也要考虑学科知识价值的问题和学习知识能力的问题，既要注意学科知识的基础性、科学性，又要照顾学生的需要、兴趣和学校教育的规律，还要注意社会生活经验及社会发展的需要。

三、课程与教学内容选择的基本环节

我们在对课程与教学内容选择的依据、标准、准则等问题进行分析的基础上，可以总结出课程与教学内容选择的基本环节包括以下几个部分。

(一)确定培养目标

确定培养目标，即确定课程与教学内容的价值观，其核心问题：“什么样的人是受过教育的人?”，培养目标具体有哪些?

(二)确定课程与教学目标

课程与教学目标是教育目的与培养目标的具体化，也是课程与教学价值观的具体化，这是课程与教学内容选择的关键依据之一。

(三)确定课程与教学内容的基本取向

课程与教学内容的基本取向主要包括学科知识、学习经验、学习活动三个方面，是注重一方还是三者并重?要处理好三者之间的关系取决于课程与教学观念。

(四)确定课程与教学的编排原则

课程与教学编排应遵循系统性，按知识逻辑与认知规律有序组织；注重适应性，契合学生身心发展与社会需求；强调关联性，实现各要素有机衔接。

(五)确定具体的课程与教学内容

确定课程与教学内容，即确定与特定课程价值观和课程目标相适应的课程与教学内容要素，形成课程与教学内容的主要表现形式——教材。

当前课程与教学内容的发展趋势主要表现为尊重学习者的主体意识，强调学生的主动探究与主动学习、学生个性的发展和主体意识的提升等。因此，课程与教学内容选择的趋势主要以学生的经验为导向，并整合学科知识、社会生活实践的课程与教学内容。

思考题

1. 分析课程与教学内容三种取向的特点。
2. 谈谈你对课程与教学内容选择的原则与标准的认识。
3. 课程与教学内容的选择有哪几个基本环节?

第五章

课程与教学组织

学习目标

- 理解课程组织的内涵、要素、准则，熟悉课程组织的基本取向。
- 能评述学科课程与经验课程、分科课程与综合课程、必修课程与选修课程、显性课程与隐性课程的内涵、特点及其关系。
- 掌握教学组织形式的历史发展及历史上教学组织形式的类型，并能对当前小学教学组织形式存在的问题进行针对性的改革。

第一节 课程组织概述

一、课程组织界说

（一）组织的内涵

“组织”这个词通常既作名词，也作动词使用。《辞海》中归纳了“组织”的几种含义：“① 按照一定的宗旨和系统建立起来的团体；② 将分散的人或事安排成一定的系统或整体；③ 纺织；④ 指造句构辞，作诗写文；⑤ 多细胞动植物体内，由许多相似的细胞和细胞间质组成的基本结构，各有一定的形态结构和生理机能；⑥ 纺织品经纬纱线的结构；⑦构陷。犹罗织。”在这七种含义中，第一、二种比较多用。

在英语中，“组织”的含义主要有：“① 一群有特别目的的群体；② 部件的编排或计划以形成一个有效的整体。”前者是名词，后者是动词。相对于汉语中的“组织”来说，英文中的“Organization”是名词性的“组织”；“Organize”是动词性的“组织”。

在系统科学中，组织的含义不同于日常生活中所做的理解。吴彤在考察组织、自组织、他组织三个概念的多重含义后指出，“‘组织’是一个总概念，凡是朝向结构和程度有序增强的方向演化的过程和结果，就是组织。”至于组织、自组织与他组织的概念及三者之间的关系，“从逻辑上看，组织是总概念，自组织和他组织是它下面的子概念，这里的组织、自组织和他组织三个概念都是名词，表示某个实体或系统，也可以作为动词，表示某种过程或操作。”人类社会的组织包括自组织与他组织，组织力来自系统外部的是他组织，来自系统内部的是自组织。此外，在管理学中，人们经常把组织与管理两者等同起来，如组织行为学、学校组织学。

综上所述，“组织”一词的含义具有多元性，体现在：①“组织”在汉语中既可作为动词，亦可作为名词。② 作为动词的“组织”有两层含义：一是根据一定目的、任务和形式加以编制；二是由杂乱变为有序。在第一层含义中，目的、任务、形式三者相辅相成、互为一体；在第二层含义中，“组织”意味着实现从无序到有序的整合，是指事物朝向空间上、时间上或功能上的有序结构的演化过程，具有一定的结构和功能。③ 在系统科学中，组织是指某种现存事物的有序存在方式，即事物内部按照一定的结构和关系构成的存在方式。组织作为一种方式，一定是一种系统。

（二）课程组织的内涵

课程组织作为课程研制的一个环节，在国内比较重视课程结构。但在国外不同，例如，西方国家比较重视“课程组织”，这与西方国家的课程发展的历史有很大的关系。自从麦克默里于1923年出版了《怎样组织课程》，正式提出了“课程组织”问题，“课程组织”问题便正式成为了课程论领域的一个重要问题，关涉整个课程进程。后来泰勒在“八年研究”及后来的实际工作中，继承并发展了前人的课程研制理论，将课程组织作为研制过程的一个环节。泰勒的课程研制模式在西方国家产生了重大的影响，自诞生之日起便一直处于主导地位，在西方的课程改革与发展中备受重视。

在“组织”的内涵基础上，本书认为，课程组织有广义和狭义之分。广义的课程组织是将选自文化的教育内容转化为学生的学习经验，并运用系统化的方式对学习经验进行安排、组合、整合。它不局限于课程研制中的某一个环节，而是贯穿于课程研制的始终。在某种意义上讲，广义的课程组织是促进课程资源整合的过程。狭义的课程组织是教育机构在形成课程理念、确定课程目标、选择课程内容后，有目的、有计划地将课程内容转化为学生的学习经验，并将学习经验系统地形成序列化、整合化、连续化的过程。也就是说，课程组织是对课程的基本要素或学习经验所做的组织，是构成课程研制系统的历史形态要素中的一个环节。

二、课程组织的要素

凡是组织必定涉及要素，要素是构成事物的必要因素。系统与要素是辩证统一的关系。系统包括要素，要素是系统的组成部分。两者相互依存、不可割裂。

课程要素就像组织课程的经纬线，它将各种学习经验贯穿起来。不同学者对课程组织要素持不同的理解，如施瓦布认为课程组织包括四大要素：“学生、教师、教材和环境”。斯基尔伯格认为课程组织的要素包括“教学计划与方案、学习材料、学校器材与学校设备、教学力量的专业知识以及评估和考核团体的要求”。麦克内尔认为，课程组织的要素为概念、通则、技能和价值。从这些学者概括的课程组织要素来看，施瓦布强调宏观层面，其他学者的课程组织的要素主要指微观层面。

课程组织的要素与教育目标或学习结果具有一定的关联性，课程组织的要素来源于教育目标，同时，课程组织的要素通过教学内化为个体的学习结果。

当前以布卢姆的教育目标分类和加涅的学习结果分类最为有影响。美国心理学家布卢姆在以行为主义与认知心理学为基础的前提下，将教育目标分为了认知、情感和动作技能三个领域。布卢姆及其合作者进一步将每一个领域划分为若干层次，这些层次具有阶梯关系，即较高层次源自且包含较低层次的目标。其中认知领域的教育目标由低级到高级分为：知识、领会、运用、分析、综合和评价；情感领域的教育目标由低级到高级分为五级：接受（注意）、反应、价值评价、组织、价值体系的性格化；动作技能领域的教育目标分为：知觉、准备状态、指导反应、机械反应、复杂反应、适应和创新。

加涅是行为主义学派与认知心理学派的学者，他在把学习分为八个不同层次的基础上，为了使不同学习层次的原则能够在教学上应用，他提出了五种学习结果，分别为言语信息、智慧技能、认知策略、动作技能、态度。我们把布卢姆的教育目标与加涅的学习结果分类做一比较（如图 5-1 所示），可以发现，两个分类的大框架基本上是一致的。

加涅	布卢姆
言语信息 智慧技能 认知策略	认知领域
态度	情感领域
动作技能	动作技能

图 5-1　布卢姆的教育目标与加涅的学习结果分类

课程组织的基本要素来自课程目标的要素，在认知领域就是概念与规则；在动作技能领域就是技能；在情感领域，价值观则是很重要的组成部分，因为树立正确的价值观的教育涉及学生的情感、意志和个性化。

系统是分层次的，组织要素同样具有层次性。课程组织的要素包括表层、深层层次。

（一）表层：概念与规则、技能、价值等

1. 概念与规则

概念是人脑对客观事物共同的本质特征的反映。例如，文化、生长、空间、演化、化学作用、力等，都是建构课程的重要概念。规则是科学家通过科学活动所获得的结论，例如“在稳定社会中各种教育力量对个体的影响是一致的，在异质社会中这些力量的影响则不一致或彼此矛盾。”概念与规则可以由主题加以组织，如自然概念中的环境保护、社会概念中的公民选举权的来源等。

2. 技能

技能是在练习的基础上形成的按某种规则或操作程序顺利完成某种智慧任务或身体协调任务的能力。例如小学的读、写、算等基本技能，自然科学的实验技能，社会科学的资料搜集技能及解释技能。

3. 价值

价值是任何客体的存在、属性、作用对主体的实际意义……价值并不是任何实体本身单方面的存在或属性，而是人类生活特有的关系现象，是主客体相统一的一种特定状态。这里所说的价值是指一种支配人的信念，也就是维护坚定不移的个人行为的信念。例如尊重个人的尊严与价值，不因种族、性别、宗教、阶级等观点的不同而不同。以价值为中心组织课程时，应让所有的课程要素环绕着它，增强该学习的价值。

概念与规则、技能、价值这些组织要素在课程组织中属表层部分，但它们仍是课程的深层次的结构，因为学习经验是由理解知识或反复练习而得到的，学习活动往往是外显的、具体的，是对课程表层结构的一种心理操作。

（二）深层：学习经验

课程研制的最终目的是让学习者获得预期的学习经验。因此，深层次的课程组织要素就是学习经验。概念与规则、价值和技能，这些要素在课程实施中要内化为学生的个性化知识，成为一种学生无法忘怀的"经验"，只有通过个体的主动学习来完成和吸收。学习的发生是基于经验而引起。学习者在学习活动中，以已有的经验、心理结构为基础，通过与外界的相互作用而建构对学习新的理解，形成新的感悟，成为学生个体生命中的一部分，这是形成学习经验的一条重要途径。如果概念与规则、价值和技能没有成为学生个体生命的一部分，它们永远是外在于学生的个体，仍是课程组织的要素，没有得到内化。

三、课程组织的准则

课程组织包括两个维度：横向组织和纵向组织。横向组织，是指将各种课程要素按横向（水平）关系组织起来；纵向组织，是指将各种课程要素按纵向的发展序列组织起来。

为使课程组织适当而且有效，在组织课程时需要遵循一些基本的准则。对于课程组织的准则，在课程发展史上，许多课程学家都进行过研究。泰勒认为，课程组织须符合三个准则，即连续性、顺序性和整合性。奥利佛认为，课程的组织应考虑三个方面：衔接性、均衡性和连续性。奥恩斯坦则认为，课程组织应遵循六项准则：范围、整合性、顺序性、连续性、衔接性和均衡性。而古德莱德提出的课程组织准则是连续性、顺序性、整合性、衔接性和范围。综合上述的不同研究成果，本文认为，作为课程组织的基本原则，应该包括纵向组织维度的连续性、顺序性以及横向组织维度的整合性。

（一）连续性

连续性，是指将选出的各种课程要素在不同学习阶段予以重复。课程组织的连续性，主要是为学生提供继续学习相关课程要素的机会，并根据学习任务的性质，达到长期的累积学习的效果。它有助于学生获得机会进行更多、更复杂的学习，处理更复杂的材料，进行更精确的分析，理解更深广的概念，并进行相关推理与应用的学习，培养学生更精细、敏锐的观察力。例如，在某节英语课程中，将第一单元中所学习的单词或习惯用语在后面的单元中予以重复；在某节数学课程中，将学习的公式、定理在后续学习中重复出现，不断加深印象，得到巩固。连续性标准强调的是课程要素的重复特征。

（二）顺序性

顺序性与连续性有关，但又高于连续性。所谓"顺序性"，是指将选出的课程要素根据学科的逻辑体系和学生的身心发展阶段，由浅至深、由简至繁地组织起来。如果说连续性强调的是课程要素的重复特征，那么顺序性则强调课程要素的拓展和空间的加深。美国著名课程专家泰勒的学生塔巴曾指出：一般人对顺序性的处理往往只关注内容而忽略过程，这是片面的。课程组织不仅要关注内容的顺序（逻辑顺序），而且还应关注处理内容的心理过程的顺序（心理顺序）。当泰勒最先提出顺序性的时候，他似乎只强调课程要素的逻辑顺序，而塔巴主张逻辑顺序与心理顺序的统一，这是对泰勒理论的发展。

（三）整合性

整合性是指课程要素的横向联系或水平组织，即在各种课程要素间寻求内在的联系，建立适当的关联性，借此整合为一个有机整体，克服分学科所造成的课程内容支离破碎的状态，以达到最大的累积学习效果。整合性意味着打破固定的学科界限和传统的课程内容，强调广度而不是深度，关心知识的应用而不是知识的形式。

因为，学生的经验和生活原本是一个整体，但由于社会分工、学生传统、教育传统等方面的原因，在对学生进行培养时，却把学生完整的经验区分成语文、数学、物理、化学、历史、地理、音乐、体育、美术等，把学生完整的生活分成家庭生活、学校生活、社会生活。学科知识以分门别类的形态存在，彼此之间存在差异，这种差异性有时会演化为尖锐的对立状态（主要是由于不同科学共同体之间的利益冲突），但不能否认学科之间的内在联系。从某种意义上说，学科知识之间也具有整体性。通过整合过程，加强了学科之间、课程与个人需要和兴趣之间、课程与校外经验和社会需要之间的广泛联系。

课程的整合性主要包括三个方面：第一，学生经验的整合。每个学生的需求、兴趣、经验等都是一个独特的有着内在联系的统一体，这个统一体就是每一个学生的人格整体。在学生不断学习和发展的过程中，新学习的经验要与既有的经验在交互作用中不断整合起来，学生的经验由此不断地生长，人格也不断地完善。第二，学科知识的整合。通过课程的横向组织，使不同的学科知识在得以尊重的前提下互相整合，消除学科之间孤立的局面甚至壁垒森严的对立局面，以使学科知识良性发展，使学生产生最大限度的累积学习效果；第三，社会生活的整合。课程内容以社会生活的需要为中心整合起来，并将社会生活视为具有内在联系的整体。

四、课程组织的取向

任何课程组织的模式总是受特定的课程价值观的支配。不同的价值取向导致不同的组织理念和组织形式。根据起支配作用的基本价值观的差异，可区分出课程组织的四种基本取向，它们是学科取向的课程组织、学生取向的课程组织、社会问题取向的课程组织和混合取向的课程组织。

（一）学科取向的课程组织

学科取向的课程组织旨在围绕人类已有的知识按其内在的逻辑体系形成的学科来组织课程。这种课程组织取向强调学科的逻辑和知识的积累。支持学科取向课程组织的学者大多认为课程的基础应以学科所包含的知识和探究方法为主。他们期望通过这样的课程组织，学生不仅能获得学科知识、求知方法，而且还能领略文化传统的精华，接受前人创造的伟大思想。

属于这种取向的典型课程理论流派包括永恒主义、要素主义、结构主义。永恒主义认为，课程主要应由“永恒科目”构成，这些永恒的科目包括语法规则、阅读、修辞、逻辑和数学。要素主义认为，课程必须由人类社会中的文化精华——学术领域构成，这些领域包括本国语、语法、文学、写作、数学、科学和历史。结构主义认为，课程应当围绕“学科结构”组织起来，这种课程也就是 20 世纪 50 年代末至 60 年代末广泛流行的“学术中心课程”，通过这种课程可以达到智力的卓越性。

学科取向的课程组织有利于学习者系统地学习人类文化遗产，掌握丰富的学科知识，促进智力的发展，也有利于开展言语活动，知识和思想在言语中最能得以交流和储存。但这种取向的课程组织，缺陷也是显而易见的。学科取向在某种程度上限制了知识的范围，不具备包容性的特质，因而妨碍多重目标的追求；对学习者也不够重视，忽视了学生的需求、兴趣和经验；课程组织明显注重逻辑性，重记忆而轻理解；过于强调学科逻辑，难以培养学生在社会、心理、身体等方面的全面发展。

学科取向的课程组织模式包括单学科课程组织、相关学科课程组织、融合课程组织、广域课程组织四种类型。

（二）学生取向的课程组织

学生取向的课程组织旨在围绕学生的兴趣、需要、心理逻辑等组织课程。这种课程组织强调学生的经验和发展。支持学生取向课程组织的学者大都认为，有效的课程组织须体现学生的主体作用。课程学习活动以学生的需要和兴趣为基础，且学生的学习动机是内在的，学习目的和学习任务也不是由外部强加的，学生就有可能主动地探究和获取学习内容。

学生取向的课程组织理念源于卢梭在《爱弥儿》中提出的观点：教师的任务在于为儿童提供学习机会，让他们自发地发现和掌握知识。其后，不同的学者如裴斯泰洛齐、福禄贝尔、杜威等都强调学生取向的课程组织。

裴斯泰洛齐沿着卢梭的路线，进一步发展了以学生为取向的观点。他说："在儿童降生之前就在他身上存在着他一生中应当发展的禀赋的萌芽"，"只有当教育与教养的作用同人的成长的永恒法则一致时……人才能在实际上受到陶冶和教育。人的教养与教育的手段一旦同这个永恒的法则相矛盾，犹如树木受到外力的作用，树木各个部分的物质有机体被搅乱、被扭曲了那样，人也会被摔伤、被扭曲"。他批评当时的课程、教学违背儿童的发展法则，是一种错误的形式，须进行改革。

福禄贝尔从人的本质出发，提出教育应不断促进学生各方面的发展，课程、教学须适应学生的发展，强调以儿童为中心。

杜威把学生取向的课程组织发展到了极致，他从主观唯心主义经验论出发，把儿童的本能作为他们获得"经验"的基础，作为教育的出发点。他认为决定学习的质和量的是儿童而不是教材，教育需要变革，需要实现重心的转移，教育的重心是儿童，儿童是太阳，教育的措施应围绕儿童组织。在这种思想指导下，他认为"学科科目互相联系的真正中心，不是科学，不是文学，不是历史，不是地理，而是儿童本身的社会活动"。这就是杜威所主张的儿童中心课程。

学生取向的课程组织确认了教育的根本目的在于造就人，知识只是教育的内容，而非目的。这种课程组织适应和培养了学生的个性差异，鼓励学生主动学习，建立自己独特的知识结构。但它在重视学习者的同时，忽视了对教育具有关键意义的社会目标。过分偏重学习者中心的课程组织也不利于学习者建立逻辑严密的知识体系和掌握各种必备的技能。

代表性的学习者取向的课程组织包括活动经验取向的课程组织、人本主义取向的课程组织、持久生活情境取向的课程组织。

（三）社会问题取向的课程组织

社会问题取向的课程组织旨在围绕主要的社会问题组织课程。这种课程组织取向强调对社会生活的适应或改造。这种取向的学者大都认为，日趋成熟的工业社会已从政治、社会、精神一直到身体、健康等方面完全改变了传统的生活，课程必须使学生能够成功有效地适应这个新的世界，并让学生认清人类社会在发展的过程中同时面临的许多问题，这些问题不只是社会研究应该关心，而是每一个学科包括化学、数学、经济、艺术等都应关注的问题。教育也要通过课程来改变社会秩序，课程是研究社会问题的工具。

社会问题取向的课程组织理念最早可以追溯到 18 世纪的斯宾塞，他首先提出了教育应为生活做准备，从而引起人们对社会生活问题的关注。20 世纪初，斯特里默进一步强调课程与社会适应的问题，主张课程组织应关注社会的变化和社会生活问题。20 世纪，社会问题取向课程组织的积极倡导者还有博比特、康茨、布拉梅尔德、阿普尔等。

博比特主张课程应关心现实世界中那些有意义的社会活动和社会问题，教育主要是为了成人生活，而非为了儿童。学校中的儿童生活只是手段，未来社会中成功的成人生活才是目的。学校课程应以理想的成人生活为目的来组织，而理想的成人生活归根到底是由社会决定的。所以，学校的课程组织应是社会取向的。

康茨是改造主义教育的主要代表人物，他认为社会必须重组以达到共同的利益，学校应该在社会的重组中扮演积极的角色，课程需要担负改造社会的责任。布拉梅尔德也认为现代文化存在危机，教育应促进新文化的出现，应成为一种制定明确而严密的社会计划的主要手段。课程的组织须本着改造社会的目的，课程要成为培养社会现实的熟练规划者和完善民主社会的重要工具。

以阿普尔为代表的社会批判主义者将课程的本质概括为一种“反思性实践”（praxis），要通过对社会现实、社会文化的不断反思、批判而创造建构意义，要使课程能为“意识解放”服务。因此，课程的组织不仅是社会问题取向的，还是社会问题、社会现实的反思与批判取向的。

社会问题取向课程组织让学习者面对并意识到对人类社会所面临的许多严重问题，并关注实际生活中问题的解决，便于学生发现课程问题的价值，加强了学习者与社会的联系，使社会目标在课程中直接得到体现。通过倡导对社会问题的批判和对社会现实的反思，也提高了课程本身的解放意识，较好地发挥了课程促进社会发展、改善社会秩序的功能。但社会问题取向的课程组织没有充分揭示文化遗产、难以有效地区分恰当的社会问题是不争的事实，主张通过课程改变社会秩序，把课程作为改进社会不满的工具，这种高远的理想不可避免会带来如何落实的问题。

社会问题取向的课程组织具体有三种组织方式，它们是社会行为主义的课程组织、社会改造主义的课程组织和社会批判主义的课程组织。

（四）混合取向的课程组织

混合取向的课程组织旨在围绕学科逻辑、学习者的心理逻辑和社会问题几个方面组织课程。这种课程组织认为，学校课程本质上是学科知识、学生经验、当代社会生活经验三方面的统一，因为人的经验本身具有整体性，任何把人的经验的某一部分从整体中人为地隔离出来加以片面强调的做法，都无助于人的经验的健全发展。

从实践的角度看，几乎所有的课程组织形式都可以说是混合取向的。学科取向的课程在很多时候也强调学生的兴趣和动机，只不过将学科视为课程组织的核心和立足点。学习者取向的课程组织在发展的过程中也出现过许多具体的组织方式，其中不乏公正地对待学科知识价值的做法。社会问题取向的课程组织也同样不否认学习者的动机、兴趣和积极性。就目前的课程组织现状而言，多采取混合取向的课程组织。

在一定意义上，核心课程可以说是一种混合取向的课程组织。20 世纪四五十年代，核心课程尝试把学科内容、学生需要和社会问题结合在一起，这种核心课程组织以学习者的需要以及社会生活的问题和领域为核心，融合必要的学科知识，以使学习者共同体验人类经验的最重要的领域，由此达到平等与优异兼得的教育理想。美国课程专家古德莱德认为，核心课程组织有五大特点：包含学科间的联系，为学生广泛参与各种社会交往活动做准备，学习超越学科分类的问题，关涉学生作为参与者的学习形式和共通的学习经验。

第二节 课程类型

让学生学习什么课程，各种课程如何有机地组织起来，这是国内外教育界探讨最多的问题。本文认为，合理、完整、有效的课程结构需要处理好各类课程的位置，并妥善处理各类课程间的关系。在课程发展历史上，课程专家们由于课程价值观不同，也就出现了不同的课程类型。小学教育实践中，典型的课程类型包括学科课程与经验课程、分科课程与综合课程、必修课程与选修课程、显性课程与隐性课程。探究每一对课程类型之间的内在联系，有利于我们更好地了解课程的组织结构。

一、学科课程与经验课程

（一）学科课程

1. 学科课程的内涵

学科课程是以文化知识（科学、道德、艺术）为基础，按照一定的价值标准，从不同的知识领域或学术领域选择一定的内容，根据知识的逻辑体系，将所选出的知识组织为学科。学科课程是一种古老的、应用广泛的课程类型。

学科课程有着悠久的历史传统。迄今为止，出现了三种典型的学科课程：科目本位课程、学术中心课程、综合学科课程。

“科目本位课程”是由各自独立体系、彼此缺乏联系的科目所组成的课程。这是最传统的学科课程。无论是古代中国春秋的“孔子以六艺教人”，还是古希腊亚里士多德构成学科课程的最下层的读、写、体验、音乐及图画这一类基本的训练性学科，以及稍后的文法、修辞、辩证法和算术、几何、天文、和声等“七艺”，无疑都是分科的形式。随着 17 世纪自然科学的迅速发展，独立的科学分支越来越多，人类逐步形成了由许多领域所构成的庞大的学科系统。历史上随后出现的夸美纽斯的“泛智课程”、赫尔巴特主义课程论，以及斯宾塞的“为完美生活做准备”的“功利主义课程”、20 世纪美国的“要素主义课程”，是科目本位课程的后继发展。

“学术中心课程”是指以专门的学术领域为核心而开发的课程。这种课程形态是课程内容现代化的产物。其产生的直接社会文化背景是 20 世纪五六十年代科学技术的迅猛发展及科学技术对社会的整体支配。学术中心课程的基本特点是学术性、结构性和专门性。学术中心课程不仅尊重学术逻辑，而且积极吸收了杜威进步主义教育所倡导的经验课程的积极因素——发展人的问题解决能力和探究精神。这样，学术中心课程确立了“同时诚实地尊重学科本身的逻辑和儿童的心理逻辑”的课程价值观，使学科课程发展到新的阶段。

“综合学科课程”是把两门或两门以上的学科整合起来，形成一门新的学科。根据学科之间整合程度的不同，可进一步将综合学科课程分为“相关课程”“融合课程”“广域课程”等类型。

2. 学科课程的评价

总的来说，学科课程具有两个显著特征：其一，学科知识和文化发展是学科课程的基本来源，课程开发以学科知识及其发展为基点，强调学科知识的优先性；其二，课程组织遵循学科知识的逻辑体系。

这样的组织有其优点：第一，以浓缩的形式集纳人类在各个基本学科领域探索的成果，间接经验的容量较大，有利于系统传承人类文化遗产；第二，便于按知识逻辑顺序组织教材，使知识系统化，有利于向学生传授系统的科学文化知识；第三，有助于组织教学与评价，便于提高教学效率。

与此同时，学科课程也不可避免地具有缺陷，主要缺点有以下几点：第一，由于学科课程是以知识的逻辑体系为核心组织起来的，容易导致轻视学生的需要、经验和生活的问题。过于强调逻辑知识势必导致漠视儿童现实的需要和经验，导致死记硬背。第二，儿童的生活是一个有机整体，这个整体不能人为地分解为“数学部分”“语文部分”“化学部分”“历史部分”等，因此，过于强调学科课程也可能导致肢解学生完整的生活。第三，学科课程也容易导致单调的教学组织和划一的讲解式教学方法。第四，学科课程变革起来难度较大。学科课程不是价值中立的，它体现了不同社会群体的利益，当某些学科被纳入课程体系之后，既得利益群体就会抗拒变革。

（二）经验课程

1. 经验课程的内涵

经验课程，又称作“活动课程”“儿童中心课程”。与学科课程相对，它打破了学科逻辑组织的界限，以学生的兴趣、需要和能力为基础，通过学生自己组织活动而实施的课程。经验课程以开发和培育主体内在的、内发的价值为目标，旨在培养具有丰富个性的主体。儿童的兴趣、动机和经验是经验课程的主要内容。该理论的主要倡导者是美国实用主义教育家杜威。

经验课程的思想渊源于18世纪法国启蒙思想家卢梭，他站在反对腐朽的封建经院主义性质教育的立场上，反对从书本中学习，主张学生到大自然中去，通过身体锻炼、劳动、观察事物等活动，获得经验，吸取教训。裴斯泰洛齐的教育适应自然的原则，福禄贝尔的儿童自动发展的思想对经验课程的形成均有重要影响。经验课程作为一种课程形态，是19世纪末20世纪初欧美“新教育运动”和“进步教育运动”的产物。在杜威看来，学科课程违反了儿童的天性，是一种为成人而牺牲儿童的设计类型，为此，他提出应根据儿童本能生长生活的需要，在模拟生活活动中，组织活动作业，让儿童“从做中学”，通过主动的活动获得经验的转化与改造。

2. 经验课程的评价

经验课程是学校实现教育目标的主要途径之一，对拓展学生的知识结构、培养学生的自学能力、完善学生的个性差异、调动学生的兴趣、提供尝试与体验的机会、培养学生动手能力协调发展，有着课堂教学不可取代的重要价值。

相对于学科课程而言，经验课程具有以下优点：第一，经验课程强调学习者当下的直接经验的价值，把学习者的经验及其生长需要作为课程目标的基本来源，充分满足学习者的需要、动机、兴趣，扭转了千百年来把课程视为学习者的控制工具的局面。第二，经验课程主张把学科知识转化为儿童当下活生生的经验，强调教材的心理组织，这样，儿童在与文化、与学科知识交互作用的过程中，人格不断获得发展。这种课程理念真正体现了文化遗产、学科知识的教育价值。第三，经验课程主张将当代社会现实以儿童的经验为核心整合起来，既把儿童视为社会的儿童、生活于社会现实之中的儿童，又不使儿童拘泥于当前的社会现实，被动适应当前的社会现实，而是着眼于儿童的未来，主张基于儿童的人格发展对当前的社会现实进行改造。

与此同时，经验课程也具有其不可避免的缺陷：第一，经验课程容易导致忽略系统的学科知识的学习。尽管经验课程的倡导者的初衷并非不要学科知识，而是寻找学科知识对儿童人格发展的意义和价值，但是经验课程的实践过程往往导致实施者沉醉于儿童当前的各种偶发性冲动，纵容儿童，忽略学科知识的教育价值，走向“儿童中心主义”。第二，经验课程容易导致“活动主义”，忽略儿童思维能力和其他智力品质的发展。经验课程的确立者（如杜威）大都主张把儿童的思维能力、问题解决能力、创造性的培养作为经验课程的基本目标，并主张把这些心理品质的培养与儿童对情境的操作和行动有机统一起来。然而，在经验课程的实践中，人们往往把经验课程误解为让儿童随意地从事一些肤浅的、缺少智力价值的操作活动，从而忽略了儿童深层的心理品质的发展。第三，经验课程的组织要求教师具有相当高的教育艺术，对于习惯于班级授课制和讲解教学法的教师而言，这点很难适应。

（三）学科课程与经验课程的关系

经验课程与学科课程之间的关系问题是课程理论、课程哲学的基本问题。它所反映的是人与文化、生活世界与科学世界之间的关系。关于学科课程与经验课程的关系，基本观点是：不能对经验课程与学科课程持一种非此即彼的二元论的态度。

第一，经验课程与学科课程是两种不同的课程：经验课程以儿童当前活生生的心理经验为基点，学科课程则以学科中的逻辑经验为基点。

第二，但经验课程与学科课程又具有内在的统一性：经验课程并不排斥逻辑经验的教育价值，所排斥的是逻辑经验脱离儿童的心理经验，从而阻碍儿童的发展；学科课程也不排斥儿童的心理经验，所排斥的是盲目沉醉于儿童当前的经验发展水平，从而抑制了儿童经验的进一步发展。若经验课程排斥学科中的逻辑经验并走向极端，则必然导致“儿童中心论”；若学科课程排斥了儿童的心理经验并走向极端，则必然导致“学科中心论”。

二、分科课程与综合课程

（一）分科课程

分科课程是指从不同门类的学科中选取知识，按照知识的逻辑体系，以分科教学的形式向学生传授知识的课程。它是一种单学科的课程组织模式，主张课程要分科设置，分别从相应科学领域中选取知识，根据教育教学需要分科编排课程，进行教学。它强调不同学科门类之间的相对独立性，强调每一门学科的逻辑体系的完整性。

分科课程具有悠久的发展历史，许多国家的实践已证明了分科课程所具有的优点：第一，分科课程强调学科内部的逻辑联系，可以帮助学生系统地接受人类的文化遗产，有利于学生基本知识框架的构建，为以后专业知识的学习打基础；第二，分科课程以学科内知识为中心设计课程，突出教学的逻辑性和连续性，因此其教材的编订较为简便，便于提高教学效率；第三，从教学角度来讲，它所组织的教学便于学习，有助于体现教学的专业性、学术性和结构性，有效地促进本学科尖端人才的培养和国家科技的发展；第四，依照分科课程所设计的教学也易于组织评价。

但分科课程也有其自身难以克服的缺点。首先，分科课程只重视学科内的知识，容易造成学生对世界认识的残缺不全，束缚了学生思维的广度；其次，分科课程忽略了学生的需要和生活经验，影响学生的全面发展，这也是分科课程受到批判的主要原因。

扫一扫

综合课程的产生与发展

（二）综合课程

1. 综合课程的产生与发展

综合课程早在十六、七世纪的一些教育家的课程论中就出现了。德国的哈尔尼斯提出小学的课程应由线条画、唱歌、数学、国语、世界科和基督教六门学科组成。其中，世界科是一门综合课程，它包括理科和社会科的内容，如地理学、矿物化学、物质学、人类学、民族学、国家学、历史学等。这门课程的教材是按照儿童生活的空间扩大其知识范围的，其内容由学校与家庭，乡土的村、镇、郡、地方、全球等构成；德国的齐勒尔课程论中关于综合课程的主张更加明确。齐勒尔课程论的最大特征是“中心统一法”，所谓“中心统一法”就是以一定的教育目的为中心，不断地谋求多种学科内容的相互关联和统一。他期望通过学科内容的统一来保证儿童人格的统一，主张在小学低年级以童话为中心教材，将各个学科统一起来。在教材排列上，他主张复演人类文化的形成过程，先安排只有过去的文化史可以看到的单纯内容，例如，可以安排小学第一年学《格林童话》，第二年学《鲁滨逊的故事》。这些童话、故事包含了算术、自然体操（体育）等学科的内容。通过童话、故事所包含的自然科学方面的知识，可以使学生理解有关房屋、平原与森林、衣服和身体各部分，太阳和方位、季节等知识；通过童话、故事中所包含的算术方面的知识，使学生了解家庭的人数；通过童话中所包含的体育运动方面的知识，使学生了解在自然科里学到的身体各部分的运动等。随着年级的升高，历史、文学、宗教将成为中心教材。

综观早期对综合课程的研究可以看出，学者们提出综合课程主要是从儿童身心发展的特点着眼的，认为综合课程适合儿童的认识特点，有利于形成儿童统一的人格。但是，受当时科学知识发展水平和认识水平的限制，早期学者对综合课程的研究还很不深入。

近年来，对综合课程的研究进入了高潮。这是因为：① 科学知识出现了在高度分化基础上的高度综合的趋势，这表现在两方面：一是两门或多门学科相互交叉、渗透，形成新的边缘科学或综合性科学；二是自然科学、技术科学与社会科学的相互渗透与交叉。而现行中小学课程大部分是分科课程，它已不能适应科学知识的这种发展趋势。② 随着科学知识的发展，一些新学科被纳入学校课程，使得学校课程越来越臃肿，学生负担越来越重，严重影响了学生身心的健康发展。③ 通过多年的研究和实践，分科课程的缺陷表露得越来越明显。如何克服分科课程的缺陷，使课程既能适应科学技术飞速发展的需求，又能促进学生的身心发展，而不增加学生的负担，就成了课程论要解决的一个重大课题。在这种形势下，各国学者开始对综合课程进行系统、全面、深入的研究，主张开设综合课程的呼声越来越高，课程的综合化成为当前课程研究颇受关注的课题。

综合课程在我国也有较早的历史。在我国古代，“四书”“五经”《千字文》《三字经》等，就是以伦理道德教育为中心的综合课程。1904 年《奏定学堂章程》中规定的“格致”就包括动物、植物、矿物等科，“格致”即综合课程。1922 年学制改革后，初级中学把性质相同或相近的几门学科进行合科设置，课程结构中既有自然科和算术科，又有社会科（公民、历史、地理）、言文科（国语、外语）、艺术科（图画、手工、音乐）。这实际上就是一种学科综合课程。1958 年，我国又将以前的世界历史、中国历史和世界近代史等科目合并为“历史”综合课程，将自然地理、世界地理、中国地理和中国经济地理合并为“地理”综合课程等。

20 世纪 80 年代以后，朝综合化方向飞速发展的科学及社会需要对综合课程的设置提出了迫切的要求。设置综合课程已是势在必行。1989 年，上海制定了《全日制普通高中课程改革试行方案》，规定在高中开设社会科学基础和自然科学基础，这两门课程打破了传统学科的知识界限，把历史、地理、社会学或者物理、化学、生物等相近学科的知识组合起来，成为综合性的课程。两年后，浙江也出台了《义务教育试行教学计划》，要求开设公民、自然、科学和社会等综合性课程。

20 世纪 90 年代初，在小学阶段综合课程研究已经有了很大进展，部分学科已经取得较为成熟的经验的基础上，1992 年国家教委将小学开设的“社会”科纳入统一颁布的《九年义务教育全日制小学、初级中学课程计划（试行）》。小学“社会科”就是在以前小学的历史、地理两科基础上整合起来的一门综合课程。

2001 年 7 月，教育部颁布了《基础教育课程改革纲要（试行）》，纲要明确规定：“改变课程结构过于强调学科本位、科目过多和缺乏整合的现状，整体设置九年一贯的课程门类和课时比例，并设置综合课，以适应不同地区和学生发展的需求，体现课程结构的均衡性、综合性和选择性。”同时规定，在九年一贯制课程体系安排上，“小学阶段以综合课程为主”，“初中阶段设置分科与综合相结合的课程”，“高中以分科课程为主”。可见，课程综合化已成为我国现阶段课程改革的一个明显特色，也是顺应社会发展要求和国际课程发展趋势的表现。

2. 综合课程的内涵

“综合课程”是指有意识地运用两种或两种以上学科的知识观和方法论去考察和探究一个中心主题或问题。如果这个中心主题或问题源于学科知识，那么这种综合课程即“学科本位综合课程”；如果这个中心主题或问题源于社会生活现实，那么这种综合课程即“社会本位综合课程”；如果这个中心主题或问题源于学生自身的需要、动机、兴趣、经验，那么这种综合课程即“经验本位综合课程”。

（1）学科本位综合课程

学科本位综合课程是以学科或文化知识为课程整合的基点，课程整合的核心主要源于学科知识。这种综合课程试图打破或超越各分科课程自身固有的逻辑，形成一种把不同学科内容有机整合为一体的新的逻辑。根据学科知识综合程度的高低，学科本位课程可分为相关课程、融合课程、广域课程三种形态。

其一，相关课程。相关课程是指两种或两种以上学科既在一些主题或观点上相互联系，又保持各学科原来的相对独立。例如，物理、化学、数学在某些主题上的联系，历史、地理、公民在某些主题上的关联等。实施相关课程，要求各学科教师对相邻学科的教学内容、排序和进度有所了解，教师间保持密切的联系。这样可以改变分科课程的分割状况，加强科际间的联系，同时又较容易纳入现有的体系中，教师相对愿意接受。

相关课程可以分为内容相关模式、交叉模式、迁移模式和主题教学模式。内容相关模式是指将不同学科的相关内容放在同一时间或连续时间内教授，从而帮助学生自觉地将不同学科的内容联系起来，形成更为广阔的知识网络；交叉模式是指教师对不同学科重合和交叉的概念予以共同组织，在从各自学科角度教授的同时指出这种共同性，加强学科之间的联系；迁移模式是指通过在不同学科间迁移的技能和能力促进课程一体化的方式，如记忆方法的培养、问题解决技能等在各科教学中都可以进行；主题教学模式是相关课程中联系程度最高的，是一种围绕同一主题组织起来的共同的教学单元。主题通常具有一定普遍性和概括性，超越某一学科的局限性而涉及多门学科；主题也可以是某一跨学科的现实问题。

相关课程可以克服分科课程彼此封闭、各自为政的缺陷，通过寻求不同学科之间的内在联系，使学生学习的知识彼此整合起来，有助于优化学生的认知结构。当教师了解不同学科之间的关联以后，也可以彼此配合，避免对知识的不恰当重复。相关学科一般需要组织跨学科的教学小组，设计共同的教学单元。当然，也可以用一位教师负责教几门学科，在教学过程中将所教学科结合起来。因此，相关课程的综合程度是较低的。

其二，融合课程。融合课程是将有关学科融合为一门新的学科，融合之后学科之间原来的界限不复存在，它并非是原先几门传统学科的拼盘或混合，而是打破或超越了被融合的各学科的固有逻辑，形成了一个新的有机体。由此看来，融合课程更强调学科间的联系，把部分学科统合兼并于范围较广的新科目中。它不同于相关课程之处就是将同一领域的或不同领域的某些学科加以合并，编制成为新的学科。融合课程在学科综合的程度上远远超出相关课程。在融合课程中，每门学科都要丧失它们各自的特性，从而形成一种新的联合体。例如，历史、地理、公民融合为综合社会科，物理、化学、生物融合为综合理科，植物学、动物学、解剖学、生理学融合为生物学。目前小学中的"科学"课就是由物理、化学、生物几门课程融合而成的一门综合课程。

其三，广域课程。广域课程是指能涵盖整个知识领域的课程整体，人类所有的知识与认知领域都可以被整合。与融合课程相比，只是在综合的范围上的差别，广域课程比融合课程更为宽泛，往往包含某一完整的知识分支或知识领域，如综合理科、综合社科科学等。这种课程并不是将各相关学科的知识进行简单的拼凑，而是将这些学科的知识和原理从整体的角度考虑，设计成一种有机的整体性的课程。比如可把历史、地理、社会学、经济学、政治学、法学、心理学、人类学等学科整合在一起，形成一种社会学科。

广域课程的目的是使学生能够高度整合分科课程，以便能与生活联系起来。但是，这种课程设计的批评者指出，广域课程的缺陷是存在对学习内容浅尝辄止的可能。

（2）社会本位综合课程

社会本位综合课程是以源于社会生活的问题为课程整合的核心，其目的是使学习者适应或改进当代社会生活。这类课程的内容主要源于社会或整个人类的条件或状况，学生研究社会（特别是他们自己的社会）的种种特征与问题，如学校的功能、社会生活的主要活动、学生与整个人类的诸种问题等。

如何从众多的社会生活经验中选择出适合作为学校课程内容的经验呢？这涉及如何认识学校课程与社会生活的关系。对这种关系的认识，前后有三种典型的观点：适应论、改造论和超越论。因而，问题核心的综合课程也就分为相应的三大类。

适应论的代表是美国的博比特和查特斯，他们认为学校教育的本质是为有效的成人生活做准备，学校课程应当以适应当代社会的需要为根本目的。为此，他们主张通过"活动分析法"来研究社会中有效率的成人活动，由社会现状去寻找课程设计的目标，并以此来选择课程内容。但这种观点显然忽略了教育的滞后性以及教育的主体性和能动性，它也剥夺了儿童的生活权利，因为儿童也是社会的组成部分，儿童在学校中也是在从事社会生活。

改造论体现在一些改造主义教育家的思想理论中。改造主义从 20 世纪 30 年代一直流行到五六十年代。在 20 世纪 30 年代，西方资本主义社会爆发了世界性经济危机，一些改造主义教育家如康茨、拉格和布拉梅尔德等突出宣传学校教育改造现今社会、建立新社会秩序的使命。社会改造主义认为教育的根本使命就是通过社会改造而达到"社会一致"，学校课程以社会生活经验为核心并指向社会生活经验的改造。改造论将当代社会生活各层面上困扰人们的关键性和有争议的问题，例如人口问题、环境问题、贫困和饥荒等作为课程设计的来源，认为学生在了解这些问题的过程中，可以修正个人和社会的价值体系，学生将成为"社会改造的工具"，从而最终达到改造社会的目的。

超越论是20世纪70年代以后，课程理论界受现象学、存在主义、哲学解释学、社会批判理论、后现代主义等哲学思潮的影响，开始重新审视教育与社会、现代学校与现代社会之间的关系时发展起来的。超越论认为，教育及学校课程不应当是实现社会目的的工具，而应当是社会中的一种主体。超越论主张教育是社会教育者与受教育者这两类主体通过交往而形成的学习共同体，教育是社会的一种群体主体，它和社会的其他群体主体（如政治、经济、文化等）之间的关系是“交互主体的关系”，而不是一种客体与主体的关系——工具和工具的使用者的关系，为此教育当然要承担对社会的责任和义务。学校课程不应当是对社会生活经验的被动选择，不是被动地传递某些流行的社会生活经验的工具，因此学校课程就是社会生活，儿童在生活，教师也在生活，儿童与教师的交往生活是整个社会生活经验的有机构成部分。学校课程有权利也有义务在时代精神的建构中贡献自己的力量。学校课程与其他社会生活经验的关系就是一种对话、交往、超越的关系。学校课程主动选择社会生活经验，并对社会生活经验不断批判与超越，而且不断建构出新的社会生活经验。

社会本位综合课程的三种取向反映了课程的不同属性——文化属性、社会属性和人本属性，然而这些属性之间的关系既不是并列关系，也不是主次关系，更不是对立关系，而是相互联系、相互作用、辩证统一的关系。事实上，没有一种课程是依据唯一的且极端的取向来设计的。

（3）儿童本位综合课程

儿童本位综合课程又称作经验本位综合课程，是以儿童当下的直接经验、儿童的需要和动机、儿童的兴趣和心理发展为课程整合的核心，其目的是促进儿童的经验生长和人格发展。儿童本位综合课程即经验课程。卢梭的浪漫自然主义经验课程、德国的乡土教育论与合科教学、杜威的经验自然主义经验课程、克伯屈的设计教学法、当代人本主义经验课程都是儿童本位综合课程的典范。

3. 综合课程的评价

与分科课程相比，综合课程只有几百年的发展历史。它打破了传统分科课程的框架，按照知识内容的相关性来整合课程。相比分科课程，它的优势在于：第一，加强了各种知识之间的关联性和完整性，克服知识割裂，有利于增强学生对世界整体认识的能力，加强学校教育与社会发展之间的联系；第二，综合课程重视学生在学习过程中的非智力因素的培养，有助于促进学生的身心和谐发展；第三，综合课程更适合师生共同参与的探究性活动，加强师生之间的交流与合作，增强学生学习的积极性与自主性。

但是，在实践中，开发和实施综合课程存在许多限制：

第一，知识的琐碎化问题。在分科课程中，一个教师只需要处理某一学科领域中的问题，而在综合课程中，一个教师必须根据活动或任务的需要，选择许多学科领域的知识并加以整合，这对许多教师而言是很难适应的。

第二，课程开发与实施的技术问题。如果只有在学生掌握了一些学科知识的要素之后才能够从事学科间的综合工作的话，那么，这些综合课程的教学究竟发生在什么地方、什么时候？综合课程的教学究竟有什么作用？学生既要学习各种分门别类的知识与技能，又要将这些知识与技能通过综合课程的学习整合起来，有这么多学习时间吗？

第三，教师的知识问题。成功的综合课程需要教师精通许多学科的知识，如果教师缺乏相关学科领域的知识技能，就不可能将这些知识与技能成功地整合起来。

第四，学校结构问题。如果教师本人从未体验过综合课程，那他们如何能够成功地实施这种课程？不论是职前教育还是职后教育，师范教育的课程都必须经过重构，以使未来的教师对分科课程和综合课程都具有充分的理论理解和实践体验，这是实施综合课程的必要条件。

第五，评估问题。要想使综合课程在教育实践中成为主流，对学生（以及教师）表现的评估方式也必须是学科界的、跨学科的。而当前世界各地的教育实践对学生学业成绩的评估方式主要还是分科的，这势必阻碍综合课程的推行。

（三）分科课程与综合课程的关系

关于分科课程与综合课程的关系，本文持如下观点：

第一，分科课程与综合课程是两类不同的课程。分科课程是一种单学科的课程组织模式，它强调不同学科门类之间的相对独立性，强调一门学科的逻辑体系的完整性；综合课程是一种多学科的课程组织模式，它强调学科之间的关联性、统一性和内在联系。但从学科本身的发展看，这两种课程组织形式各有其存在的价值，因为学科的发展呈现分化和综合并驾齐驱的趋势。

第二，对综合课程的倡导并不意味着排斥分科课程。一方面，分科课程和综合课程是两种功能互补的课程形态，各有利弊。分科课程强调让学生掌握基本的概念、原理和方法，了解学科的基本框架，由浅入深，逐渐向学科的内部深入。因此，每一门学科都是学生整个知识体系的“砖”，是学生知识框架构建的“地基”。但是分科课程的设计是按照学科内部逻辑展开的，割裂了学科间的横向联系，学生即使把各科都学好了，也可能会由于对各学科缺乏应有的整合，影响其整体素质的提高；综合课程是按照知识的内在联系来设计的，强调知识的整合，学生由此学到的是一个蕴涵各类相关知识的知识块。经过不断的积累，所形成的知识体系是一个有机的整体。另一方面，分科课程和综合课程之间的界限是模糊的、相对的。一门逻辑体系相当完整的学科不可能是完全独立的学科内知识，必然是建立在综合的基础之上；综合课程只是以某种方式对知识进行重新整合，这种方式不同于学科课程的逻辑方式，从某种意义上讲，综合课程是分科课程的改进形态。

第三，分科课程与综合课程互为补充。从学生发展的角度来说，分科课程和综合课程有各自的贡献，实际上是互为补充的。诚然这两种课程的要求是不同的，但是从本质上来讲，体现了两种不同的认识方式，即分化和综合。分化注重深入了解特定事物，综合注重了解事物之间的联系，这是学生都应该具备的思维能力。因此相对应的，学校教育中的分科和综合都有其自身存在的理由。在具体的教学过程中，也不可能把世界按照一个整体来进行传授和学习，只能对世界进行分解和分化后随之加以认识。因此，当我们提倡综合课程的时候，绝不否认分科课程的优点，不能取消某些学科的分科教学，不能把所有学科都综合化。在进行综合课程开发的同时，决不能忽视分科课程的建设，相反，我们必须加强对现有分科课程的建设，使其更加完善，更加适应社会的发展需要。

正因为分科课程和综合课程在学生发展的过程中发挥着各自不同的作用，因此，这两种课程形态在我国现行的课程体系中是共存的。根据学生生理心理发展状况和不同阶段学校教育的目标，不同阶段的课程综合具有不同的意义。一般来说，年级越低，综合的程度可以越高一些。义务教育阶段的课程综合化的程度应该高些，特别是科学教育科目应该适当加以综合。但高中阶段，分科深化的课程随学生抽象思维的发展体现出的教育上的巨大价值早已为人们所认识，世界各国在高中阶段都比较重视分科的教学，综合课程成为分科课程的有效补充。

第四，推进综合课程评价体系的建设是正确理解和把握分科课程和综合课程关系的必要途径。综合课程和分科课程的最大区别就在于着眼点不同。分科课程着眼于学科体系的完整，而综合课程则着眼于学生自身的体验。因此，综合课程更为强调给学生提供多元化的经验。为此，评价的目的重在评价学生通过综合课程的学习所获得的经验、体会和能力。要不断地改进考试制度，建议采用以考试为主要手段的多元评价体系，运用多种手段和技术收集评价资料，力求使评价结果最大限度地反映综合课程和教学效果。

总之，分科课程与综合课程各有利弊。综合课程有利于学生综合素质的提高，这恰恰是分科课程不易达到的目标；分科课程则注重学生的基础知识和基本技能的传授与培养。解决好分科课程造成的学科分割与综合课程所要求的人的整体素质提高之间的矛盾，有利于人的综合素质的提高。在实践中应逐步认识到分科课程与综合课程的相互关系。有了正确的认识，才能在实践教学中恰当地处理二者的关系，使分科课程和综合课程都能够发挥各自在学生发展中的作用。

三、必修课程与选修课程

（一）必修课程与选修课程的含义

必修课程是指由国家、地方或学校规定，学生必须学习的课程。它体现了国家和地方对各阶段所有学生发展的基础性要求，是普通教育和职业教育的共同基础，也是学校教育质量的根本保证。

选修课程是指学生根据自己的兴趣、爱好和特长自愿选择修习的课程，是适应学生的个性差异而开发的课程。

对小学阶段而言，必修课程和选修课程都是必要的。

（二）选修课程的出现与发展

在课程发展的历史上，选修课程的出现比必修课程晚得多。其原因是知识迅猛发展和分化与有限的修业年限和授课时数之间的矛盾。为了不延长学制、膨胀课时而又能适应知识的发展、分化的需要，增设有弹性的选修课程便势在必行。最早的选修课程诞生在 18 世纪的德国。1747 年，赫克在柏林创办的经济学、数学实科学校就允许学生自由选择课程。18 世纪末以前，美国高等学校开设的课程均为必修课程。1779 年，《独立宣言》的起草者、美国第三任总统杰弗逊提出改造威廉与玛丽学院的计划，其中有关于选修课程的建议，但未被接受。1810 年，洪堡创办柏林大学，他按照新的大学概念而创设的柏林大学提出学术自由的原则，教授可以自由地教他认为是最好的课程，学生可以自由地学他愿意学习的课程，这标志着选修课程从此问世。但选修课程的改进和发展则在美国。1825 年，弗吉尼亚大学率先开设选修课程，在美国开创了让学生自由选择课程的先例。此后，美国各地大学纷纷仿效开设。将开设选修课程作为一种制度确立起来的是埃利奥特。1869 年，埃利奥特就任哈佛大学校长，他谴责旧的教育制度让学生学习一切课程，使每门学科都显得平易肤浅，也妨碍了学校增设新的学科，主张在课程增多的情况下，大学教育应当给予学生选择的自由，通过选课加深某些知识领域的学习，发掘每个学生的才能。在他的努力下，到 20 世纪初选修课程已经在美国各大学普遍盛行。

中国正式开设选修课程可以追溯到 1919 年。这年 4 月，教育部依据前一年全国中学校长会议关于“中学课程应有伸缩余地”的决议案精神，向各地下达咨文，要求中学酌情增减课程及时间。许多学校也感到有必要实行选修课程，于是纷纷开始探索，有的尝试着开设选修课程，有的则开设分流课程。咨文成为各地中学施行选修课程的滥觞。经过 1919—1920 年的实践，选修课程的开设在全国出现一派生机。当时包括南京高师附中、江苏一中、上海浦东中学、中国公学中学部在内的一批学校，走在了全国的前列，积累了一些经验。1922 年，北洋军阀政府颁布《学校系统改革令》，改旧学制为“六三三”制，并且规定改革中学教育，明令中等教育施行选修课程制。但好景不长，到 30 年代选修课程竟被通令一笔勾销。

中华人民共和国成立后，全盘照搬苏联的课程模式，只设必修课程而排斥选修课程。后来，鉴于这种课程的弊端越来越突出，教育部在 1963 年颁发的教学计划中提出在高三年级设置选修课程，第一学期每周 2 学时，第二学期每周 5 学时，全年总共 111 学时。但由于当时客观条件的限制，结果只有极少数学校在这方面进行了实验，而且实验也未能坚持下去。1981 年，教育部制定颁发了《全日制六年重点中学教学计划试行草案》，其中提出要在高中开设选修课程，高中二、三年级每周各安排 4 节选修课，开设什么课程，根据学生的要求、社会的需要和学校条件而定。从此，我国中学课程结构的封闭、僵化、萎缩的状态有了改变的趋势。

1986 年 4 月 12 日，第六届全国人大正式通过了《中华人民共和国义务教育法》。该法颁布不久，国家教委就组织人力开始义务教育教学计划的制定工作，并于 1986 年公布了《义务教育全日制小学初级中学教学计划（试行草案）》，规定在初中开设选修课程，初中三年级每周 2 课时，初中四年级每周 3 课时。这是中华人民共和国成立后第一次在初中阶段设置选修课程。

1990 年，国家教委颁布《现行普通高中教学计划调整意见》，对普通高中课程做了调整。选修课程方面，增加了课时，高一年级每周 3 课时，高二每周 4 课时，高三每周 16 课时。选修课程分为两类：一类是单科性选修课程，主要安排在高一、高二；另一类是分科性选修课程，即在文科、理科、职业技术、外语等方面有所侧重的选修，主要安排在高三年级。

为贯彻《中共中央国务院关于深化教育改革全面推进素质教育的决定》和《国务院关于基础教育改革与发展的决定》，教育部提出，大力推进基础教育课程改革，调整和改革基础教育的课程体系、结构、内容，构建符合素质教育要求的新的基础教育课程体系。为推进课程改革的顺利进行，2001 年教育部制定了《基础教育课程改革纲要（试行）》。《纲要》明确指出，初中阶段学校应努力创造条件开设选修课程，高中阶段，为使学生在普遍达到基本要求的前提下，实现有个性的发展，课程标准应有不同水平的要求，在开设必修课程的同时，设置丰富多样的选修课程。

（三）选修课程设置的意义

1. 拓展学生的知识与技能

必修课程关注学生基本的科学文化素质，追求知识与技能的基础性、全面性、系统性、完整性，为学生的一般发展奠定知识技能与情感态度基础。必修课的数量与内容总是有限的，它在知识的深度与广度上受到一定的限制，而选修课则可以弥补必修课的不足。它一方面可以对必修课的内容进行拓展或深化，另一方面又可以发展学生的技能和特长。它扩展了学校课程的种类与范围，使学校课程生机勃勃，强化了学校课程与知识世界的动态联系。

2. 促进学生个性发展

由于遗传、环境、教育与个体主观努力程度不同，学生个体之间在知识经验、能力基础、家庭背景、兴趣爱好、性格特征等方面均存在着一定的差异。我国教育固然以学生全面发展为目标，但这并不意味着对所有的学生都统一要求，更不意味着要求每一个学生在每门课程上都平均发展或门门优秀。学校教育应该适应学生的个别差异，赋予每个学生选择的权利，引导和促进学生个性的生动发展。我们必须改变过去必修课一统天下的僵化格局，在不加重学生负担的前提下，开设丰富多样、富有弹性的选修课，拓宽学生的知识视野，促进其潜在能力和个性特长的充分发展。

3. 促进教师的专业成长

选修课的开设，对教师提出了新的要求、新的挑战，同时也为教师的专业发展、工作品质和教学质量的提升提供了更多的机遇。它改变了教师的传统角色和固定不变的职能分工，要求教师更新课程意识、教学观念，掌握课程开发所必备的知识、技术和能力，吸收当代知识研究的新成果。正是在参与课程开发，进行课程设计、实施与评价的过程中，教师不断地反思自己的教育实践，最大限度地发挥自己的专业自主性和创造潜能，发挥自己的优势和特长，获得专业的自主成长和持续发展。

（四）必修课程与选修课程的关系

在学校教育实践中，必修课程与选修课程是教育适应社会要求、促进个性发展、培养学生全面素质不可或缺的两种课程形式。两种课程的关系表现在：

首先，从课程价值观看，必修课程与选修课程之间的关系可以归结为“公平发展”与“个性发展”之间的关系。“公平发展”的理念是指一切人享有平等的受教育机会，因而应对一切人施以实质上公平的教育。这是必修课程的直接价值支撑。“个性发展”的理念是指施以适合于每个人的能力、能力倾向和个性特点的教育。这是选修课程的直接价值支撑。在大众教育时代，“公平发展”与“个性发展”是对立统一的。“公平发展”只有在适应每一个人的个性差异时，才不至于导致“划一主义”，不至于使“公平发展”变成一纸空言。“个性发展”也只有建立在“教育公平”的基础上（使每个人的受教育机会、发展条件、最终达到的发展水平都具有平等的性质），才不至于根据受教育者的自然能力的差异，提供教育内容上有本质差别的、分轨式的教育，使教育体制变成纯粹的“甄选体制”，使非人性化的教育制度合法化。这充分表明，必修课程与选修课程在根本的教育价值观上具有内在的一致性、统一性。

其次，必修课程与选修课程具有等价性，即二者拥有同等的价值。必修课程与选修课程彼此之间不存在主次关系，选修课程不是必修课程的附庸或陪衬，它是具有相对独立性的一个课程领域。必修课程与选修课程相辅相成，构成有机的整体。在教育价值上，必修课程与选修课程不存在高低优劣之分。

再次，必修课程与选修课程相互渗透、相辅相成，成为个性化课程体系的有机构成。必修课程体现课程的基础性、均衡性，而选修课程则更多地体现选择性，支持学生的个性发展。选修课要顾及基础性，例如，学习“诗歌散文系列”要顾及“语言文字应用”系列的学习，当然必修课程也要考虑到学生的个性发展，在发展学生审美鉴赏能力的同时也要强调基础知识的落实。必修课程并不排斥选择，从长远看，它是为了学生更好地发展选择能力。在必修课程的学习过程中，同样必须尊重学生的个性差异，鼓励学生发挥个性特长，鼓励学生合理选择学习内容和方法。选修课程也不牺牲共同标准和要求，不是随意的、散漫的、浅尝辄止的学习，而是经由共同标准评估保证的有效学习。

四、显性课程与隐性课程

（一）显性课程

显性课程又称为正式课程、官方课程、公开课程。它是学校教育中有计划、有组织地实施的“正式课程”。具体来说，是指为实现一定的教育目标而在学校课程计划中明确规定的学科，以及有目的、有计划、有组织的课外活动，按照预先编订的课程表实施。它是教科书编订、学校施教、学生学习和考核的依据之一。在传统教育中，显性课程得到了极大的重视，甚至被强调到了极端，以致忽视了隐性课程的存在。

（二）隐性课程

1. 隐性课程的含义

隐性课程亦称作非正式课程、潜在课程、隐蔽课程。它是指学生在学习环境（包括物质环境、社会环境和文化体系）中所学习到的非预期或非计划的知识、价值观念、规范和态度。具有非预期性、潜在性、多样性、不易觉察性的特点。

在历史上，最早涉及隐性课程研究的学者，可能要推美国学者杜威及其学生克伯屈。杜威将与具体知识内容的学习相伴随的，对所学内容及学习本身养成的某种情感、态度这种学习称之为“附带学习”。比如，一个儿童在学习数学时，养成对待数学学习的某种态度（如喜欢、不喜欢）即附带学习。杜威强调，附带学习可能比正式学习来得更为根本、更为重要。随后，杜威的学生克伯屈进一步发展了杜威的思想。克伯屈认为，任何一种学习都包含三个部分：“主学习”“副学习”“附学习”。“主学习”意指对事物的直接学习；“副学习”则是一种伴随“主学习”而来的关联学习；“附学习”则指伴随“主学习”而来的有关情感、态度的学习。这里以儿童学做裙子为例。学习如何下料、裁剪、缝纫，这属于主学习；在做裙子时，考虑裙子耐不耐洗、褪色不褪色的问题，这属于副学习；通过学做裙子，懂得做事“仔细”的好处，这属于附学习。后人认为，杜威的“附带学习”与克伯屈的“附学习”已涉及隐性课程的问题。

20世纪60年代以来，人们对隐性课程的研究开始蓬勃发展起来。其中两种研究视角最引人注目。一种研究视角着力关注和探讨的是，班级生活或学校生活中非正式的社会关系结构所包含的隐含信息。例如，美国教育学家杰克逊在1968年出版的《班级生活》一书中首先提出，如果说显性课程是学校教育中有计划、有组织地实施的正式课程或官方课程的话，那么隐性课程则是学生在学习环境中所学习到的非预期的或非计划的知识、价值观念、规范和态度等。据此，杰克逊被后人看作是首次提出“隐性课程”这一概念的教育学家。另一种研究视角着力关注和探讨的是学校课程知识中隐含了怎样的意识形态方面的信息。像美国学者W. 阿普尔、英国学者M. F. D. 扬等研究者认为，学校不是一个观念的开放市场，特定的社会集团倾向于把特定种类的知识筛选出来，并结合到课程中去，这些内容以隐含的方式影响学生的思想、情感与态度，发挥着维持、复制、再生产现存社会制度的作用。因此，课程知识实际上承载了意识形态方面的信息，而大多数人并没有意识到这一点。

布卢姆在《教育学的无知》(1972)一书中使用了显性课程和隐性课程这对概念，并指出历来的课程研究忽视了隐性课程。布卢姆认为，隐性课程的主要目标与学生的学习有关，也与学校所强调的品质以及社会品质有关，学校的组织方式、人际关系等社会学、文化人类学、社会心理学的因素对于学生的态度和价值观的形成，具有强有力的持续影响。这是因为学校是一种特殊的环境，生活在其中的学生负有相互支持、关心和尊重的责任。学校的学习不可能是学生的单个学习，它是集体的活动。在这种集体活动中，有时要强调控制、等级、竞争，有时要强调鼓励、平等、互助。各个学校还有各自所强调的主要品质。布卢姆指出，隐性课程与显性课程同样重要，隐性课程能很好地达到某些教学目标（特别是在品质、习惯、态度方面），并比显性课程的明确目标保持得更久。学生在学校中形成这些社会性品质，对以后走入社会所起的作用与学生形成的学习技能对以后工作所起的作用同样重要。

我国学者对隐性课程的研究始于20世纪80年代中期。尽管学者们对隐性课程的概念至今尚未取得完全一致的看法，但概念的不确定性似乎并未影响到人们对隐性课程的研究热情。近些年来，有关这方面的研究成果不断涌现。研究的范围和论题主要涉及学校的物质环境、制度环境以及人际心理环境对学生心理发展的潜在影响。比如，讨论校舍建筑、教室环境布置、各种庆典仪式、校纪校规、课堂规则、校风班风、校园文化、师生关系、性别角色差异等。

隐性课程有多种表现形式，表现为：观念性隐性课程，包括隐藏于显性课程之中的意识形态，学校的校风、学风，有关领导与教师的教育理念、价值观、知识观、教学风格、教学指导思想等；物质性隐性课程，包括学校建筑、教室布置、校园环境等；制度性隐性课程，包括学校管理体制、学校组织机构、班级管理方式、班级运行方式等；心理性隐性课程，主要包括学校人际关系状况、师生特有的心态、行为方式等。

2. 隐性课程的特点

根据众多研究，隐性课程具有以下特点：

第一，弥散性和普遍性。隐性课程的影响可以说无处不在，只要存在教育，就必然存在隐性课程的影响，因为每一个学生都会从学习环境中解读出一定的意义，而这些意义是超出教育者预测范围之外的。教师尊重学生的人格，学生就可能会尊重他人。反之，教师对学生训斥和体罚就可能教会学生对他人的不友好甚至形成暴力意识。

第二，影响的持久性。隐性课程都是通过心理的无意识层面对学生产生影响，如对情感态度价值观的影响、对性别角色的影响等，都是潜移默化的，这些影响一经确立，就会持久地影响人的心理和行为，难以改变。如学生在文明的环境中生活一段时间后，形成的文明意识和习惯可以持续较长时间甚至终身保持。

第三，隐性课程影响的性质可能是积极的或消极的。不论是知识的学习、观念的熏陶还是情感价值观的陶冶，隐性课程对人的影响可能是积极的，也可能是消极的。学校教育应该关注如何发挥隐性课程的积极作用，减少其消极作用。

第四，难量化性。隐性课程的内容既可能是量化性的，也可能是非量化的。有些隐性课程是量化性的，如潜移默化地学会某种学术知识、学生观点、学术态度、学科探究方式等。也有些隐性课程是非量化的，如隐含于班级和学校结构、行为规范和规则、人际交往方式等方面的隐性课程影响，而这些都不是仅用定量研究方法所能分析的。

3. 隐性课程的开发原则

隐性课程的影响无处不在、无时不在，隐性课程的内容丰富，且对学生的影响是持久性的，具有积极性或消极性。所以，如何让隐性课程发挥积极的教育功能，成为学校教育工作者面临的富有挑战性的课题。在开发隐性课程时应遵循如下原则：

①反省原则。在学校教育中，任何显性课程和所有教育过程都具有隐性课程的效应，不管教师是否意识到。教师如果没有反省的意识和能力，就可能使隐性课程产生相反的作用。教师对学生的一次过火的批评或冷淡的态度，都可能对学生发展造成终身的消极影响，尤其是“恨铁不成钢”的态度和做法。在开发和实施隐性课程的过程中，教师要经常反省自己，做到“吾日三省吾身”，经常想想自己在隐性课程方面的做法，哪些对学生的发展具有积极意义，哪些具有消极意义，及时调整自己的行为。在自省的基础上，还要经常与其他教师、学生家长、专家进行交流。

②自由民主开放原则。隐性课程的开发和实施，要在充分尊重学生主体地位的前提下进行，而不能因此增加对学生的控制。在开发和实施过程中，应努力为学生营造自由、民主、开放的学习与生活氛围。学生拥有自主性才有能动性，此后才谈得上创造性。不给学生足够的自主，学生就难有能动性，事事依赖家长、服从教师，这样的学生是很难具有创造性的。通过隐性课程的开发和实施，促进学校教育和管理的自由、民主、开放，学生在这样的环境中学习和生活，无论是显性课程还是隐性课程，都将会产生良好的教育效果。

③针对性原则。不同年龄段的学生，心理特征不同。不同地域的学校，学生的经历与体验也有差别。就是同一个班，学生的心理特征和经历体验也不完全相同。在开发和实施隐性课程时，要加强针对性，以普遍性为基础，例如优美整洁的校园环境和良好的师表形象等。在此基础上针对不同的学生，使用不同的方法，如对成绩差的学生给予热情的鼓励，对成绩好的学生寄予较高的期望，在小学主要用直观方式，而在中学则可以进行抽象讲解。

④因地制宜原则。隐性课程的内容是相当广泛的。学校的建筑物、设备、景观及空间布置，会对学生产生影响。校风、班风、教师的师表形象、治学态度、人生观、社会制度中的价

值观念、意识形态、校园文化、校内民主氛围等，都是隐性课程的重要内容。不同的学校，可根据自身的条件开发和实施隐性课程。

⑤潜移默化原则。开发和实施隐性课程，虽然是学校或教师有意识的行为，但不能像显性课程那样，将目标、任务告诉学生，而应“悄悄地”进行。虽然要考虑目标和效果，但不可刻意地追求，否则就会“暴露”自己的意图，把隐性课程弄成了显性课程，从而失去了隐性课程的优势。多年的教育实践证明，由于学生好奇心和逆反心理的存在，你越要求他这样或那样，他就偏不这样或那样，反过来，你越禁止什么，他就越要去做。隐性课程的优势就在于，把有关的情景营造出来，让学生置身其中，自由地、自主地进行选择和判断。学生自己感受、领悟到的积极的东西，会留下深刻印象，甚至影响终身。这种润物细无声的教育，正是隐性课程的特点和优势所在。

（三）显性课程与隐性课程的关系

隐性课程与显性课程是两种不同的课程类型，二者在性质、特点、功能等方面各不相同。最明显的区别是显性课程主要是有计划的、预期的教育影响，而隐性课程则主要是非计划的、非预期的教育影响。

隐性课程与显性课程之间也存在内在联系。一方面，显性课程的实施总是伴随着隐性课程。因为课程的实施主体是教师、客体是学生，他们是以自主性、能动性、创造性为特征的两类主体，这就决定了课程的实施过程绝非机械地执行既定课程方案的过程，课程实施过程具有不可预期性，必然存在非计划性、非预期性的教育影响，必然存在隐性课程；另一方面，隐性课程也在不断转化为显性课程。当人们认识到显性课程中存在的积极的或消极的隐性课程影响时，在后续的课程开发与实施中，会有意识地对隐性课程加以控制，这样，原来的隐性课程也就转化为有计划的、预期的显性课程，而这些显性课程在实施过程中又会产生新的隐性课程影响。所以，显性课程与隐性课程的动态转化过程是永恒的、无止境的。

五、直线式课程与螺旋式课程

（一）直线式课程与螺旋式课程的含义

1. 直线式课程的含义

所谓直线式课程是将一门学科的内容按照逻辑体系组织起来，其前后内容基本上不重复。直线式课程组织在我国学科课程的组织中依然占主流地位。这种课程组织的优点是能较好地反映一门学科的逻辑体系，能避免内容的不必要的重复，其缺陷是不能恰当体现学生认知发展的特点，也不利于将学科发展的前沿成果尽可能早地反映在教学中。

加涅提出的直线编排教学内容的主张，从学习层级论的观点出发，把教学内容转化为一系列习得能力目标，然后按这些目标之间的心理学关系，即从较简单的辨别技能的学习到复杂的问题解决技能的学习，把全部教学内容按等级排列。

2. 螺旋式课程的含义

所谓螺旋式课程，是在不同学习阶段重复呈现特定的学科内容，同时利用学生日益增长的心理的成熟性，使学科内容不断拓展与加深——“螺旋式上升”。螺旋式课程组织的优点是能够将学科逻辑与学生的心理逻辑较好地结合起来，其缺陷是容易造成学科内容的臃肿和不必要的重复。

螺旋式课程的明确提出者是美国著名心理学家、教育学家布鲁纳。布鲁纳着眼于培养儿童的卓越智力，倡导早期学习，主张教授学科的基本结构。为了尽可能快地发展儿童的智力，布鲁纳提倡螺旋式课程，即课程组织要以与儿童的思维方式相符合的形式，尽可能早地将学科的基本结构置于课程的中心地位，随着年级的提升，使学科的基本结构不断拓展和加深。这样，学科结构在课程中呈螺旋式上升的态势。螺旋式课程的设计建立在布鲁纳著名的“三个任何”的假设基础上，即任何学科都能够用智育上正确的方式，有效地教给任何发展阶段的任何人。即使是看上去很深奥的知识，也能以合理的方式教给幼小的儿童。为了完成教学任务，布鲁纳指出，一个好的螺旋式课程的编制应从三个方面入手：“第一，把学科中普遍的、基本的概念和原理作为课程的中心，并且要注重内容编排的连续性；第二，使学科的知识结构与儿童的认知水平相统一；第三，重视知识的形成过程。”

美国的另一位教育学者凯勒在20世纪60年代对螺旋式课程做了一些变动。他创立的课程称“逐步深入课程”，即一门学科在十二年学校教育的过程中被重复学习两三遍，学生在每次学习中都深入探究学科的不同部分。

螺旋式课程组织与“逐步深入课程”组织都是为了使学生获得深刻的经验。人们希望学生通过这两种课程组织方式能够体验学习的乐趣，其基本做法是运用与学习科目相适应的探究方法。这两种课程组织方式基本相同，不同的地方在于，螺旋式课程中的连续性是事先规定要包括以前的内容的，而“逐步深入课程”则不一定具有内在的关联性。

（二）直线式课程与螺旋式课程的关系

直线式课程与螺旋式课程是两种不同的课程组织，二者各有优缺点，彼此具有相对独立性。两种课程的关系主要表现如下：

第一，对不同性质的学科而言，这两种组织方式具有不同的适应性。直线式课程避免不必要的重复，对理论性相对较低的学科知识、操作性较强的内容较合适。螺旋式课程容易照顾学生的认知特点，加深对学科的理解，这种课程对于理论性较强、学生不易理解和掌握的内容，以及对低年级的儿童来说较为合适。

第二，这两种课程组织方式又存在内在联系，彼此具有互补性。螺旋式课程由直线式课程发展而来。在课程组织过程中，这两种组织方式很难截然分开，常常交替存在。

第三，与直线式课程相比，螺旋式课程是一种更高级的课程组织形式。直线式课程主要是根据学科知识的逻辑体系展开的，它对学生认知发展的特点关注不够。螺旋式课程则不仅反映学科的逻辑体系，而且还将学科逻辑与学习者的心理逻辑有机地结合起来，这更适合学习者的特点。组织螺旋式课程比组织直线式课程的难度更大。

在我国的课程实践中，占主导地位的还是直线式课程组织，怎样适当采用螺旋式课程组织以更好地促进学生的心理发展，是未来课程改革的重要课题。

六、基础型课程、研究型课程与拓展型课程

基于学生素质培养的不同功能，将课程分为基础型课程、研究型课程和拓展型课程三类。

（一）基础型课程

基础型课程是为学生素质的发展奠定共同基础的课程。它由体现各学习领域共同基础要求的学科课程组成，是全体学生的必修课程。基础型课程强调促进学生基本素质的形成和发展，体现国家对公民素质的最基本要求。

其基础性体现在：第一，基础型课程注重学生基础学力的培养，即培养学生作为一个公民所必需的“三基”（读、写、算）为中心的基础教育，是小学课程的主要组成部分。第二，课程内容是基础的，着重通性、通则、通法，体现再生长的基础知识和可再发展的基本能力要求，属于最基础的学习基准。它以基础知识和基本技能为主，不仅注重知识、技能的传授，也注重思维力、判断力等能力的发展和学习动机、学习态度的培养。第三，基础型课程是必修的、共同的课程，无论哪个学生都要学习。课程设置上，既有分科设置，也有一定数量的综合设置，具体科目要按照不同学段学生的学习态度及认知发展规律而定。基础型课程由工具类学科群、社会科学类学科群、自然科学类学科群、体艺与技能类学科群等组成。第四，基础型课程的内容是不断发展的，它随学段的不同而有所不同。

（二）研究型课程

1. 研究型课程的内涵

研究型课程是在教师的指导下，学生自主地运用研究性学习方式，获得和应用知识，发现和提出问题，探究和解决问题的学习活动。它是以问题为起点，以研究为中心，面向整个生活世界，充分发挥学生自主能力，强调团队合作，重视实践体验的一门课程。具体包括单独设置的研究型课程和在基础型课程、拓展型课程中，运用研究性学习方式所开展的学习活动。研究型课程是基础教育课程的重要组成部分，对于改变学生单一的学习方式，培养创新精神和实践能力，发展学生的多元智能，形成健全的人格，促进学校整体和谐发展具有独特的作用。

2. 研究型课程的理念

2001 年《基础教育课程改革纲要（试行）》进一步明确“从小学至高中设置综合实践活动并作为必修课程，其内容主要包括：信息技术教育、研究性学习、社区服务与社会实践以及劳动与技术教育”，这意味着作为独立形态的研究型学习已经进入了我国中小学的课程体系。同时，教育部还要求，要以创新精神和实践能力的培养为重点，通过新的综合实践活动课程来建立新的学习方式，即学生由过去被动学习改为主动的研究性学习。至此，一个更大范围的“研究性学习”在全国中小学逐步展开，这个为研究性学习提供载体的课程就是研究型课程。研究型课程主要体现如下课程理念：

①关注学生兴趣，培养创新精神和实践能力。研究型课程鼓励学生从自己的兴趣出发，自主地选择切合学生实际的问题开展研究，通过研究性学习获得对自我价值的认识和实践的体验，为学生多元智能的发展提供平台，让学生发展自己的个性和施展自己的才能。鼓励学生敢

于质疑、勇于创新、追求卓越。让学生在对各种现象的观察、发现问题和解决问题的过程中，展现和增强自己的创新精神和实践能力。

②基于问题解决，面向真实生活世界。研究型课程让学生从自然界、社会生活中选择和确定研究的问题，运用观察、调查、实验、猜想、分析、推理等手段，在真实的生活环境中开展研究，解决问题，获得直接的体验和经验。

③优化学习方式，丰富学习经历。研究型课程改变学生单一的接受性学习方式，倡导自主探究、实践体验和合作交流的学习方式，让学生学会运用多种学习方式，尤其是学会对各种问题开展研究性学习的方式，以适应快速变化的现代社会的需要。研究型课程充分利用科技馆、博物馆和青少年活动基地等场所，开展多种实践性、体验性的学习活动，拓展学生的学习时空，丰富学生的学习经历。

④注重过程评价，促进学生不断发展。研究型课程不仅重视结果的评价，而且注重研究过程的评价，对研究的问题、方案、实践和成果进行全方位、全过程的评价，充分发挥评价的反馈、激励、反思、导向等功能，使它真正达到促进学生发展的目的。

⑤加强课程整合，充分发挥课程整体效益。研究型课程注重课程整合，其整合的方面体现在：第一，加强课程内容的整合，将自然、社会和自我等各方面的内容，以及学科知识和学生的学习经历与经验，有机融合在一起，面向学生完整的生活领域，使课程有利于学生的全面发展。第二，加强课程和教学的整合。教学不仅是课程实施的过程，而且也是课程开发的过程。在研究型课程教学过程中，师生共同开发和构建课程，课程的内容持续生成和转化，课程的意义不断建构和提升。教师和学生在合作开发和实施课程的过程中共同成长与发展。第三，加强课程与信息技术的整合，把信息技术作为研究的工具，成果展示和信息交流的平台，学习评价和课程管理的手段。让信息技术融入整个研究型课程开发和实施过程中，使研究型课程呈现崭新的面貌。第四，加强课程资源的整合，让学生走出课堂、走出学校、走向家庭、走向社会，将学校、社会和家庭等各种资源进行充分的整合，实现学校、社会和家庭教育的一体化，促进课程功能的进一步拓展。

（三）拓展型课程

1. 拓展型课程的内涵

拓展型课程是以培育学生的主体地位、完善学生的认知结构、改善学习方式、提高学生自我管理和选择学习的能力为宗旨，着眼于培养、激发和发展学生的兴趣爱好，开发学生的潜能，促进学生个性的发展和学校办学特色的形成，与基础型课程及研究型课程有机结合，共同为基础教育的培养目标服务的一门课程，是一种体现不同基础要求、具有一定开放性的课程。

从内容上看，拓展型课程可以分为三类：一是使学生在原有的学科基础上扩展，是为基础延伸性拓展型课程；二是为学生的综合学习提供通道，是为广域综合性拓展型课程；三是为学生的个性化发展开辟新的学习领域，是为超越基础的全新拓展型课程。从活动形式看，拓展型课程由限定性拓展课程和自主拓展课程两部分组成。它包含了学科类、活动类（含体育活动）、专题教育或班团活动、社区服务、社会实践等项目。

2. 拓展型课程的特点

①拓展型课程建设是民主开放的课程决策过程。拓展型课程建设是指学校根据自己的教育哲学思想自主进行的适合学校具体特点和条件的课程建设策略。它实质上是一个以学校为基地进行课程建设的开放民主的决策过程。即校长、教师、课程专家、学生及家长和社区人士共同参与学校课程计划的制定、实施和评价活动。它涉及学校教育经验的各个方面，它作为一种开放的决策过程和变革过程，要求体现出参与、合作、民主和多样性原则，需要与政府和其他有助于课程建设的机构之间相互交流协调而进行课程的设计、实施和评估。拓展型课程建设不是学校自我封闭相互割据的手段。事实上，校外机构建设的课程资源如国家考试大纲、中央课程方案、地方课程计划等，都可以刺激或催生拓展型课程建设。例如，美国的社会学科课程方案《人类：一门研究课程》就曾为美国各个学校的人类学拓展型课程建设实践提供动力和示范。拓展型课程建设对于各种教育经验的筛选与确定都是通过横向交流渠道来完成的，它除了教师、专家参与课程建设外，也鼓励家长和社区人士参与学校的课程建设，表达他们的教育观点和要求，非常注意也比较容易融入社会生活的实际变化和最新出现的相关课题，使学校课程具有更强的主动变革的机制和动力。

②拓展型课程建设旨在尊重学校师生的独特性和差异性。与国家课程建设注重基础性和统一性的特点相比，拓展型课程建设策略充分尊重和满足广大师生以及学校教育环境的独特性和差异性。由于学校教育的具体执行者教师广泛参与课程决策，学校的纵向与横向课程中都充分考虑学生的需要，考虑特定学校的具体教育环境，突出本校的课程特色，尤其是充分尊重学校师生以及学校环境的独特性和差异性，为不同学生提供不同的学习资源，设计不同的学习经历，夯实不同的基础，因而对学校的教育教学产生重要影响。它标志着课程建设主体从中央到外围的实质性转移，证明学校可以也应该成为具备不断生长和自我更新能力的开放组织系统。进行拓展型课程建设，有助于学校形成支持和激励性的氛围，形成渠道通畅的校内外交流，从而成为对教师具有吸引力的工作场所。

③拓展型课程建设是教育制度内权力与资源重新配置的过程。拓展型课程建设是针对国家课程建设的局限性而采取的一种与国家课程建设相对应的课程建设策略。20 世纪 50 年代以来广泛执行的国家课程建设策略，从 20 世纪 60 年代中后期开始受到空前迅速的社会、技术和经济变革的巨大挑战。因为国家课程建设策略实质上是一种中央高度集中的自上而下的研究推广策略，存在以下问题：一是周期长，缺乏灵活性，严重滞后于社会变革，尤其是不能及时反映科技进步的成果和当地社会生活和社会发展需求的实际变化，实效性差；二是学科专家处于课程建设的核心位置，课程设计定位在学科结构的层次，缺乏对课程系统结构的整体把握，导致单一狭隘的专家型课程目标和决策渠道，缺乏多层次多途径全方位满足社会发展和学生发展需求的课程体制与能力；三是“中央”“外围”之间，即在建设课程的学科专家与实际执行课程的教师之间，缺少应有的紧密联系，课程专家与学校及教师是“两张皮”，否定并限制广大教师独立判断以及参与课程建设的积极性和创造性，降低了课程革新对于学校教育的实际影响，致使课程改革不能在教学质量上取得预期的成果，出现所谓“革而不新”的现象。拓展型课程建设的出现正是对国家课程建设所遇到的挑战做出的实用主义的反应，其最终目的在于通过教

育制度内权力与资源的重新调整和优化配置来提高教育的效益以及教育适应变革的能力。

④拓展型课程建设是国家课程建设的重要补充。总的来说，国家课程建设在解决课程的基础性与统一性方面具有优势，这是拓展型课程建设所难以企及的；而拓展型课程建设则是为尊重具体学校环境以及师生的独特性和差异性而存在的，这一点恰恰是国家课程建设所不容易兼顾的。它们是各有优势且相互补充的两种课程建设模式，其中的任何一方都很难完全取代另一方。

（四）基础型课程、研究型课程和拓展型课程的关系

1. 三种课程是有机的统一体

研究型课程与基础型课程、拓展型课程是有机的统一体，它们之间不仅存在着普遍的有机的联系，而且存在着相互作用的关系。

从功能的对应性来看，基础型课程的功能是着重培养学生的基本素质和基础学力，但也注意发展性学力和创造性学力的基础培养。拓展型课程在功能上，可进一步着眼于对基础学力从横向拓宽、从纵向延伸等方面进行培养，但更注意发展学生各种不同的特殊能力，培养个性，培养为终身学习打基础的发展性学力，同时兼顾创造性学力的培养。研究型课程的主要功能是在基础型课程和拓展型课程的基础上，着重在专题性与综合性的研究或探究过程中培养学生的创造性学力，以实现知识的迁移以及相应的创新精神和实践能力的提高。

从功能所处的地位来看，基础型课程的实施主要为学生的发展、为培养学生的创新精神和实践能力奠定基础。拓展型课程的实施从深度、广度等方面拓宽学生的知识面，在基础型课程的基础上拓展了适应学生个性进一步发展和适合学生创新精神和实践能力进一步培养的辅助途径。研究型课程的实施，根本性的目标是培养学生的创新意识、创新精神、创造能力和实践能力。从实施素质教育的目标来看，研究型课程应是课程功能的主干。

2. 研究型课程应以基础型课程、拓展型课程为依托

研究型课程要焕发生命活力，首先要注意研究型课程与基础型课程、拓展型课程之间的关联性。这包括两个方面：

①要注意它们之间的整体性。研究型课程与基础型课程、拓展型课程是一个不可分割的有机整体。研究型课程实施中学生必需的基本研究意识、研究能力和研究方法可在基础型课程的学习中获得。为此，第一，基础型课程的课程设计要改变以往陈述知识的一贯做法，要恰当地贯彻“设疑—质疑—解疑”这一原则，以便为教师的教与学生的学提供研究或探究的条件。第二，在基础型课程的课堂教学中，教师要改变课程实施中一贯的重视取向，使课程在实施过程中根据实际情况而得到恰当的调整和变化。教师要对基础型课程进行二次开发的基础上，不仅要采用演绎模式，更要注重归纳模式以及教概念和规则的探究模式。第三，学生要改变以往单一的“接受—理解—巩固—解题”的学习方式，从而使学生在基础型课程的学习中，不仅获得基础的知识，而且也理解知识获得的过程，同时也掌握研究问题的基本方法。另外，拓展型课程的课程设计、课堂教学和学习行为除了与基础型课程的有相似的要求外，拓展型课程的学习不仅要为基础型课程的学习提供有力的支持，更要为研究型课程的学习提供更为宽泛的背景知识。

②要注意研究型课程实施中的渐进性。研究型课程的开设要注意与基础型课程、拓展型课

程开设的有效顺序，研究型课程的研究内容要与基础型课程、拓展型课程的内容相关联。特别是当前研究型课程的实施还处于初级阶段的情况下，更要如此。研究型课程开设前最好在基础型课程的教学中为学生铺垫一定的研究与探索的基础；研究型课程的课题选择在开始阶段最好能与基础型课程的内容，特别是拓展型课程的内容有较为紧密的相关，在此基础上再扩展到社会和生活中的广泛内容。因此，研究型课程实施中需注意渐进性，特别对小学生来说更为重要。只有当学生有了初步的研究或探究问题的能力和相对宽广的背景知识之后，研究或探究的效果才能令人满意。否则，研究性学习的过程很难使全体学生达到研究型课程的真正目的，容易流于形式。

3. 研究型课程也应给基础型课程、拓展型课程以活力

研究型课程根据研究的主题内容范围大致可分为单学科的纵深式研究型课程、跨学科的宽广式研究型课程和两者结合的深广式研究型课程三种。研究型课程要焕发生命活力，一定要注意与基础型课程、拓展型课程之间的互动性。在基础型课程、拓展型课程给予研究型课程实施中所需的研究意识、研究能力和研究方法以及背景知识的前提下，研究型课程也应给基础型课程、拓展型课程以活力，从而使自己焕发生命活力。这包括教与学两个方面：其一，通过研究型课程的实施，使得指导教师懂得研究的过程、获得研究的意识、形成研究的思维，以改变过去的灌输式、题海式的课堂教学方式，使得他们在教基础型课程和拓展型课程时渗透“研究性学习”的色彩，以改变以往只注重学生对知识的“再现”和“模仿”的课堂教学方式，从而使教师真正具有素质教育和终身学习的教育理念。其二，通过研究型课程的实施，使学生对单学科进行纵深式研究或对跨学科进行宽广式研究或两者结合进行深广式研究，从而使学生能站在更高的知识层面上来透彻地理解、牢固地掌握基础型课程和拓展型课程中有关的基本知识；使学生能站在更高的能力层面上来熟练解决基础型课程和拓展型课程，所涉及的问题；使学生能站在更高的方法层面上来灵活地处理基础型课程和拓展型课程中遇到的难题。

第三节
教学组织

任何一种教学活动都是由教师和学生在一定的时间和空间环境之中进行的。要进行教学活动，就必然要涉及师生组合方式及时间和空间的安排问题。在教学工作中，为了达到教学的目的，怎样把一定的教学内容传授给学生，教师和学生如何加以组织，教学的时间、空间以及其他条件如何妥善安排和有效地利用，这些就是教学的组织形式要解决的问题。同样的课程内容使用不同的教学组织形式或不同的教学方法，会给学生不同的学习经历，使其获得不一样的收获。研究和探讨教学组织形式，是国内外各种教学理论的重要课题之一。

一、组织形式的历史发展

教学组织形式不是一成不变的，它随着历史的发展而变化。人类教学组织形式的发展经历了从个别教学到班级授课制，再到个别教学的回归的历史过程。

（一）古代学校的教学组织形式

1. 个别教学

个别教学制是指教师对每个学生分别进行知识技能传授和指导的教学组织形式。在人类社会发展的早期，学校教育主要采取个别教学制，无论是古代的中国、埃及还是希腊都是如此。在古代社会，由于生产力水平低下，科学技术落后，导致了能够从事学校教育工作的教师的人数和接受学校教育的学生的人数都是非常有限的。因此，个别教学制得以实行和长期存在。由于学生的数量少，年龄层次和知识水平悬殊，教师只能根据不同学生的水平分别施教，学生没有固定的入学、毕业时间，可以随时入学，也可以随时结业。个别教学制基本适应了古代社会生产和发展的需要。虽然个别教学制难以系统化、程序化、制度化，教学效率低，但个别教学作为一种教学形式，仍然有其独特的优点，其中比较显著的优点是教师能够根据每个学生的特点进行教学，使教学适应每个学生的能力与要求。

2. 集体教学的萌芽

中世纪末期，随着西方资本主义工商业的日益发展，客观上要求教育教学培养大量的合格劳动者和熟练技工，而采用个别教学所培养的人才远远满足不了社会发展的需要。这就要求扩大受教育的对象，改革个别教学进展慢、效率低的弊端。印刷术的发明为扩大教学规模提供了可能的物质条件。由此，集体教学的萌芽形式——班组教学应运而生。

班组教学是个别教学制和班级授课制之间的一种过渡的教学组织形式，它是把相同、相近水平和层次的学生组织在一起，由一个或几个教师面向学生集体进行知识技能传授、学术宣讲的一种教学组织形式。我国东汉时期的“都授”制以及魏晋南北朝时期的“都讲制”，采取的就是这样一种班组教学形式。尤其是唐宋时期的书院，也更多地采用了这种教学组织形式。这种教学组织形式已经初步具备了班级授课制的特点，但它不是严格的固定班级、固定课程、固定课时、固定学生的班级授课制。

概括而言，班组教学有以下几个基本特征：① 教学规模扩大了，教师从过去教一、两名学生扩大到教一组学生，受教育对象增多；② 由一个教师主讲、若干教师辅助讲授，而不再是由一个教师给一、两名学生讲授所有的内容；③ 给学生共同的活动空间，让他们互相学习，共同讨论，展开学术争鸣；④ 师生间的关系更融洽；⑤ 有较固定的课程。

（二）近现代主要的教学形式

1. 班级授课制

16 世纪末，随着资本主义工商业的兴起和科学技术的进步，要求扩大学校教育的规模，增加教学内容，个别教学已经不能适应需要。在这种情况下，17 世纪捷克教育家夸美纽斯在其《大教学论》中提出了班级授课制，即把一定数量的学生按年龄和知识程度编成固定的班级，根据周课表和作息时间表安排教师有计划地向全班学生集体进行教学的制度。德国教育家赫尔巴特于19世纪初提出了"明了—联想—系统—方法"的教学过程阶段论，使班级教学过程的设计与实施走向操作化。20世纪中叶，以凯洛夫为代表的苏联教学理论家修正并完善了赫尔巴特的教学过程阶段理论，提出了课的类型与结构的概念，使班级授课制进一步得到完善。班级授课制适应了近代以来社会政治和经济发展对有文化的劳动者和公民的需求。我国采用班级授课制最早是在1862年的京师同文馆，并在1903年的癸卯学制中以法令的形式确定下来，随后在全国范围内得到推广。

2. 贝尔—兰卡斯特制

贝尔—兰卡斯特制，也称导生制，创始人是英国一位牧师贝尔和一位教师兰卡斯特。18世纪末19世纪初是工场手工业向机器大工业的过渡时期，这一时期的社会发展需要大批有一定文化知识的工人，贝尔—兰卡斯特制的产生适应了这一时代的发展趋势。其具体做法是：教师以教年龄较大的学生为主，而后由他们中的优秀者——"导生"去教年幼的或学习差的学生。这种教学组织形式以班级为基础，不过教师不直接教全班学生而是教其中一部分学生，即"导生"，然后由"导生"转述教师讲过的内容。在导生制学校中，一个教师在"导生"的帮助下可教数百名学生。这种教学组织形式与当时英国教育的双轨制相适应，在双轨制下，广大劳动人民子女由于师资缺乏和教学质量要求不高，因而采取导生制这种转授式的教学组织形式。这种教学组织形式，已具有班级授课制的雏形，对丰富和完善班级授课制产生了积极的作用。它适用于"双轨制"中贫困子弟就读的学校，在19世纪30年代风行于英国，并传播到法国、意大利、比利时、俄罗斯和瑞士等国。在20世纪30至40年代，这种教学组织形式也曾在我国少数地区试行。

3. 道尔顿制

随着班级授课制在学校中的广泛普及，其固有的缺点也日益暴露，如整齐划一的教学内容与进度难以适应个别差异，学生的主动性与创造性不易发挥，实践性不强等。于是从20世纪开始，随着进步主义教育思潮的兴起，出现了许多否定班级授课制、倡导学生独立活动的教学组织形式，道尔顿制便是其中之一。它是由美国道尔顿城的教育家帕克赫斯特女士于1920年在马萨诸塞州道尔顿中学提出并试行的。其基本做法是：废除课堂讲授，把各科学习内容制成分月的作业大纲，规定各科作业，学生按照自己的情况与教师订立学习公约，然后在教师指导下进行独立学习，考试合格后订立下一个月的学习公约。它废除年级制，修业年限、毕业期限都是自由的。这种教学组织形式是针对班级授课制的缺点而提出的，强调给儿童以自由、师生合作、照顾个别差异和独立学习能力的培养。这些措施都在一定程度上激发和强化了学生的学习兴趣、学习需要，有利于学生学习独立性和主动性的发挥，但是，采用这种教学组织形式，教学规模受到限制，教学时间长，精力耗费大，学生完成学习的质量参差不齐，而且学生的学习目的不够明确。

这一教学组织形式提出后，受到进步主义教育流派的推崇，与活动课程、设计教学法等结合在一起，成为进步主义教学实践的重要组成部分。这种教学形式流传很广，曾在美国被广泛推广，北欧和苏联在20世纪20年代也实行过，并在1922年被引入我国。

4. 设计教学法

1896 年，杜威在其所创设的芝加哥实验学校首先采用设计教学法，后经他的学生克伯屈等人的宣扬，在美国风行一时。它是全面地彻底地改革班级授课制的一种教学组织形式。其理论基础为杜威的“从做中学”实用主义教学论。教学过程基本上属于活动学习模式，在课程论方面属于活动课程论。它废除班级授课制，打破了学科界限，摒弃教科书，极力主张学生自发地决定学习目的和学习内容，并据此组成学习单元，自己设计，自己负责执行。它强调教师的任务在于利用环境以引起学生的学习动机，帮助学生选择活动所需要的教材。由于目的不同，设计活动分为创造、欣赏、问题研究、技能训练等。其教学步骤为：引起学习动机—决定学习目的—拟定行动计划—实施计划—试验和评价结果。

设计教学法对激发和强化学生的学习动机，克服班级授课制的不足等有积极作用，特别有助于发挥学生的主动性、积极性，有助于学生学习能力的培养。其缺点是这种教学组织形式过于强调学生的直接经验，忽视系统知识的传授，因而教学质量不高。

20 世纪初，西方教学组织形式对我国教学实践产生了许多影响，在众多的西方教学组织形式的引进方面，设计教学法在我国的教学实践中影响最深刻，理论也最为系统。设计教学法曾于 20 世纪 20 年代在我国南京等地试行，并取得了良好的教学效果。

5. 文纳特卡制

文纳特卡制是美国教育家华虚朋于 1919 年在芝加哥市郊文纳特卡镇公立学校实验的一种教学制度。其指导思想和道尔顿制大致相同，做法则不完全一样。按照这种教学组织形式，课程分两部分，一部分按学科进行，由学生个人自学读、写、算和学习历史、地理方面的知识和技能；另一部分是通过音乐、艺术、运动、集会以及开办商店、组织自治会等团体活动，培养和发展学生的“社会意识”。前者通过个别教学进行，后者通过团体活动并吸取了“设计教学法”的因素。由此可见，文纳特卡制的目的就是充分发挥学生的个性和才能，培养学生的“社会意识”。其教学的主要步骤为：① 确定学习目的；② 学生自己学习教材及学习指导书；③ 准备诊断测验，指定作业并进行指导；④ 用诊断性测验考查学生并记录其成绩和学习进程。

文纳特卡制的特点是：第一，按单元进行学习，各单元都有明确的学习目标和具体的学习内容，并配以小步子的自学教材；第二，每个单元结束后，经测验诊断，接着学习新的单元；第三，教师经常深入到学生中间，因人、因时、因事进行个别指导。文纳特卡制兼有设计教学法和道尔顿制的特点，注意个别教学与社会活动的结合，这对培养学生的独立性、主动性和创造性有一定的作用。但它也存在忽视教师主导地位的缺陷，同时影响了教学质量。

6. 分组教学

分组教学是一些教育家为了适应学生个别差异而提出的一种教学组织形式。分组教学就是按学生的能力或学习成绩，将学生分为不同的组进行教学的组织形式。这种教学组织形式也叫“多级制”或“不分级制”。分组教学的标准不是学生的年龄，而是学生的智力或学习成绩，它实质上是能力分组。分组教学大致分为两大类：一类是在一所学校内按学生智力或学习成绩不同分成年限长短不同、内容也各异的几种小组（或年限不同、内容相同）；另一类是在一个班内，根据学生学习情况的变化和分化，分成内容深浅不同或进度各异的小组进行教学，最著名的代表有美国哈利斯创建的“活动分团制”。

分组教学根据学生的学习能力或水平差异进行分层教学，便于教师组织教学，能适应不同层次学生的学习准备和学习要求，有利于因材施教。它考虑到教学进程中必然的分化规律，试图找到既便于教学又发展个性的办法，这是合理的且有积极意义的。但这种教学组织形式也存在许多弊端，主要表现为：不利于学生个性的健康发展，能力强的学生易滋生情绪，能力差的学生易产生自卑感；同时，由于缺乏不同水平学生间的相互交流，限制了学习差的学生发展的机会。

7. 特朗普制

特朗普制是 20 世纪 50 年代出现于美国的一种综合化的教学组织形式，由教育学教授特朗普创立，又称“灵活的课程表”。其基本做法是，把大班上课、小班讨论、个别教学三种教学组织形式结合在一起，以灵活的时间单位代替固定统一的上课时间。首先由优秀教师采用现代化教学手段给大班进行集体教学，然后在 15～20 人组成的小班里开展研究讨论，最后由学生个人独立自学、研习、作业。这三种形式的时间分配大致分为：大班上课占 40%，小班研究讨论占 20%，个别作业占 40%。

这种教学组织形式是一种综合的教学组织形式，它兼顾了班级授课、分组教学和个别教学的优点，使学生既能集体上课，又有一定的研究讨论时间，同时还能够进行独立钻研。它既培养了学生的思维能力、自学能力，又有助于学生合作学习态度的培养。这种教学组织形式目前仍在使用，是在中高年级和大学中值得推广的教学组织形式。

8. 不分级制

不分级制是 20 世纪 50—60 年代美国一些学校采用的一种教学组织形式。它的基本形式来源于文纳特卡制。不分级制打破了传统意义上的班级，没有年龄界限的标志，学习进度、课程范围、课程深度和学生在校学习年限均根据学生个人能力决定。其基本做法是：主要以学生个人的兴趣和能力安排课程，学习进度依学生本人的学习速度而定，分班主要是根据学习成绩而不是年龄。

9. 开放课堂

开放课堂又称开放教学，这种教学组织形式源于 20 世纪 30 年代进步主义者的教育主张，起先只在幼儿园采用，1967 年开始在小学采用，70 年代广泛流行于英国和美国。其基本做法是：在一个大教室内设计若干功能不同的活动区，学生可以根据自己的兴趣在不同的活动区内进行相应的学习活动，形式不固定。教师的职责是为学生的学习创设并布置好学习环境，并提供指导。

开放课堂的特点是：教学不拘泥形式，无固定结构，不搞分科教学，不按教材传授知识，学生可以根据自己的兴趣在教室或其他活动场所自由活动或学习。教师的责任是为学生的学习创设并布置好环境，重视发展学生的个性。对这一教学组织形式，人们褒贬不一。有人认为这是“儿童中心主义”的复活，听任学生的自由发展，意味着放弃了教育要求。有人认为它符合现代“非正规教育”发展的趋势，成人不应预先决定儿童的价值选择，而应让其成为自己所向往的人物，这种教学组织形式有利于儿童创造力的培养。

10. 选科制

选科制是20世纪50—60年代流行于西方国家的一种教学组织形式。采用这种教学组织形式的目的是使教学符合学生及家长的需要、愿望和学生的学习情况。澳大利亚的教育研究人员曾就选科制的两种形式进行实验研究。第一，按照学校开设的主要科目设立侧重点不同的班组，开学初由学生选择；第二，对于某些“核心课程”（如语文、数学和自然科学），学生有权选择自己要去的班级，而在学习其他课程时仍待在由学校或教师规定的班级内。学习“核心课程”的班级是由做了共同选择的学生组成的，因而适应了学生本人的兴趣、爱好和准备程度。

11. 程序教学

程序教学是由美国心理学家斯金纳于20世纪30年代提出的，50年代流行起来。程序教学是使用程序教学机编制直线式和分支式两种程序，把教学内容划分成基本独立的学习问题，打破班级授课制的班、课、时，学生借助程序教学机和教材，以自学为主。程序教学的主要原则是：教材为小步子，学生对所学内容做积极反应，反应后有即刻反馈，尽量降低错误率，教学应自定步调。

作为个别化教学的一种类型，程序教学有以下优点：其一，学生的学习目标明确，能循序渐进，能增强学习的积极性和责任心；其二，学习时手脑并用，能培养学生的自学能力；其三，学习步调能适应学生个人的学习速度，尤其是使后进学生获得明显进步；其四，学习效果的及时反馈能增强学习的动力，有关刺激和引导可以减少错误反应，提高学习效率。

但是，程序教学也有不少缺点：第一，斯金纳由动物实验引出的学习理论不适应人类学习中关于理解、概括、迁移的本质特征；第二，教学工作的机械化不能培养学生学习的灵活性、综合性和创造性；第三，夸大了人—机的对话关系，会削弱师—生之间的思维、品德和感情的交融关系；第四，编制序列项目或课本的任务是繁重的、艰巨的。

二、现行教学组织形式

（一）教学的基本组织形式——班级授课制

所谓班级授课制，是将学生按年龄和程度编成班级，使每一班级有固定的学生和课程，由教师按照固定的教学时间表对全班学生进行上课的教学制度。班级授课制自产生以来，成为世界各国教学的基本组织形式。

1. 班级授课制的基本特征

班级授课制具有如下四个基本特征：

第一，以班为单位由教师同时对整个班级进行教学。在基础教育阶段，学生一般被分别编入固定的班级，同步接受教育。一个班级里的学生一般属于同一学年。在人数特别少的学校，也有几个学年的学生被编入同一个班级的，这种组织形式称为“复式教学”。就目前来看，一般达到固定入学年龄的儿童编入第一学年的班级，每结束一学年，升入下一学年的班级。在基础教育阶段，每个班级的学生人数一般以35～40人为宜。在中国的某些城市和地区，以及世界上许多发达国家和地区，随着人口出生率的下降，在实施基础教育的学校，出现了“小班化”的趋势。也有许多学校由于种种原因出现学生“爆满”的情况，有的甚至出现80～90人一个班级的情况，严重妨碍了正常教学。

第二，教学在规定的课时内进行。每门学科每周预定的课时数一般根据国家规定的课时标准确定。各班的课时表规定每日的教学安排。每节课 45 分钟，课与课之间设休息时间。

第三，教学一般分科进行。即一般每节课用于教授某一特定学科。有的学校采用全科制——一名教师任该班所有学科的教学；有的学校采用分科制——分别由各科教师执教。

第四，教学内容根据国家规定的课程标准确定。每门学科一般都依据国家规定的课程标准，规定各学科的教育目标、各年级的教学内容。

概括而言，班级授课制就是将学生分配到固定的班级，教师在规定的课时内进行分科教学，教学内容根据国家规定的课程标准确定。

2. 班级授课制的优势与缺陷

（1）班级授课制的优势

班级授课组织，就目前来看，依然是占主导地位的教学组织形式。这种教学组织形式之所以经久不衰，是因为它具有下列优势和价值：第一，把相同或相近年龄和水平的学生组织在一起，教师可以同时教授许多学生，全体学生可以在教师指导下共同前进，而且在集体中，学生彼此之间可以相互作用、相互交流，有助于其社会性的健全发展；第二，教学按规定的课时来安排，可以有条不紊地进行，有利于预定的教学目标和教学任务的顺利完成；第三，分科教学有利于教师发挥主导作用，教师可以系统讲授规定学科，学生也可以借此获得系统的知识和技能；第四，按国家规定的课程标准确定教学内容，可以保证所有公民的基础学力的发展。

（2）班级授课制的缺陷

班级授课制也存在一些缺陷：第一，教学活动由教师做主，学生学习的主动性和独立性受到一定程度的限制；第二，学生的学习主要是接受性学习，不利于培养学生的探索精神、创造能力和实践能力；第三，时间、内容和进程都程序化、固定化，难以在教学活动中容纳更多的内容和方法；第四，由于以“课”为活动单元，而“课”又有时间限制，因而往往将某些完整的教材内容人为地割裂以适应“课”的要求；第五，教学面向全班学生，步调统一，难以照顾学生的个别差异，不利于因材施教。这也是班级授课制最容易遭受批评的缺陷。

正是因为班级授课制有以上的优越性，它才能被人们普遍接受，至今在世界范围内仍然是学校教学的基本组织形式，才能经受一个多世纪的怀疑、非难甚至猛烈抨击而仍然站得住脚；也正是因为班级授课制有以上的局限性，人们才屡屡对它提出批评并寻求新的教学组织形式。可以说，任何教学组织形式都有其优势或不足，选择怎样的教学组织形式要看教学是基于什么样的教育目的、教授什么样的内容、教学的对象是谁。

（二）辅助的教学组织形式

1. 个别教学

个别教学是班级授课制的一种辅助形式，一般包括教师对学生进行的个别指导和讲授。在同一个班级中的学生存在一定的个别差异，因此，面向全体学生进行的课堂教学势必不能满足所有学生的需要。一般来说，课堂教学主要适应大多数中等层次的学生，优秀的学生可能“吃不饱”，学习困难的学生则可能“吃不了”，为了弥补这些不足，需要在课堂教学之余对个别学生进行个别指导。

2. 现场教学

现场教学是根据一定的教学任务，组织学生到相关的生产现场、生活情境或事件发生的场所，通过观察、调查或实际操作进行教学的组织形式。现场教学和见习、实习不同，见习和实习是以运用已学知识为主要目的的教学方法，现场教学是以实际现场为课堂，以学习新知识为主的教学活动形式。这种教学形式能把书本知识中说明的现象及其发生、发展、运动变化的本来面目显示给学生，并使学生置身于自然、社会环境中，置身于生产、现实生活之中，在活生生的情境中学习。它是班级授课制的一种变式，但仍然保持了班级授课制的基本特征。只不过现场教学的地点不在教室而在事件发生、发展的现场；施教人员既有任课教师，也有现场工作人员；教学时间突破了班级授课制的课时表；学生的组合形式并不是固定的，经常需要变动；在教学内容和方法上突破了教学大纲和教材的范围。

现场教学仅仅是教学的一种辅助形式，不是主要形式，是否要进行现场教学，需根据具体的教学内容来决定。它与课堂教学有着密切的联系，教师可以根据教学任务和内容的需要选择课题，配合课堂教学把一个班或几个班的学生带到野外、工厂、社会与现场有关人员一起共同进行教学，以验证课堂内学到的书本知识或为学习有关知识积累感性经验，所以它是课堂教学的补充、继续和发展。

在运用班级现场教学时应该注意：第一，在班级现场教学中，指导学生学习的不仅应该有任课教师，而且应该有现场有关人员，任课教师与现场有关人员应该协同起来；第二，要引导学生将事件发生、发展的实际现状与书本知识紧密联系起来，以现场学习帮助对理论知识的学习、理解；第三，在班级现场教学中，应该有意识地加强对学生的观察活动和实践活动的指导，以提高教学的效果；第四，班级现场教学结束时，应该及时进行总结，通过总结而提升现场教学的层次；第五，虽然现场教学有其不可代替的优点，即能提供生动的、实际的情境，但是它不能取代系统的上课，一般只能作为上课的一种辅助形式。

班级现场教学突破了课堂教学的固定时空限制，加强了教学同生产、生活实际的联系，增加了教学的直观性，便于学生对所学知识的理解和运用，并能及时了解现实中的新信息，对于提高学生的学习兴趣也很有帮助。在当前新课程改革中，我们应该积极开发课程资源，寻找和建设能满足各科教学需要的现场，很好地利用现场教学这一组织形式。需要注意的是，现场教学仅仅是教学的一种辅助形式，不能把它作为主要形式，我们要根据教学的任务来确定是否需要进行现场教学。

3. 复式教学

复式教学源于德国。清末时，随着我国兴办小学，复式教学经由日本传到我国。辛亥革命后，各地小学数目激增，由于师资奇缺，因此各地大量采用复式教学。

复式教学是把两个或两个以上年级的学生编在一个班里，由一位教师分别用不同程度的教学材料，在同一节课里对不同年级的学生，进行直接教学和由学生在规定时间内完成作业相交替的办法进行教学活动的形式。

复式教学在班的编排上有单班制和二级或三级复式班。单班制是把一个学校各个年级全部集合在一起，由一位教师分别对学生进行教学；二级或三级复式班，是把两个或三个年级的学生编成一个班，一般来说，相邻的年级要分开来编班。如在两级复式班中，一、三年级一个班或二、四年级一个班，在三级复式班中，一、三、五年级一个班或二、四、六年级一个班。在座位的编排上有同向编排、异向编排和相背方向编排三种方式。课程表的编制采用同时间、异科目，同科目、异教材，交叉排课等形式。

复式教学的基本原则是要尽可能减少各年级之间的相互干扰。在课表编制上，一般采用“同堂异科”编班，即一节课对不同的年级进行不同科目的教学，以避免相同科目集中学习中的彼此干扰；教师要对各个年级的集中讲授与自学作业的内容、时间、教学进程的组织进行精心设计；为维护良好的教学秩序，教师可培养小助手，发挥班干部的作用，使其协助教师进行自学作业班的管理。

复式教学的主要特点是：第一，在教学组织形式上，虽然是班级教学法，但是这里的班级是由两个或两个以上的不同年级的学生们组成的；第二，在教学活动形式上，一般以上课为主，即以教师讲授、学生接受为主要的形式；第三，由于一节课要对不同年级的学生进行交替教学，因此一节课往往被切割成两个或两个以上的部分，每一个部分对一个年级的学生进行上课；第四，直接教学与学生自学或做作业交替进行，当给一个年级进行上课时，其他一个或几个年级就做作业或自学。

复式教学适用于同年级学生人数少、教师少、校舍及其他教学设备缺乏的农村和牧区。它可以节约师资、教室和教学设备，对落后地区普及经济和文化教育具有特殊的意义。教学实践证明，尽管复式教学的教学难度大，但如果组织得当，教学效果仍然可以得到保障。复式教学表明班级授课制是非常灵活的，“学生独立性不易发挥”“难以照顾个别差异”等局限性都是可以克服的。复式教学有利于培养学生的基本读写算等能力以及大幅度地提高其自学能力。它在编班、课的安排、时间分配和利用等方面的多样化处理方式，对改革有僵化趋向的班级授课制有重要的实践和理论意义。但复式教学仍然有其不足之处，最主要的缺陷是教师的直接教学时间少，不同年级学生之间会相互干扰，教学秩序难以维持，学科头绪多，教师负担重。

总而言之，我国在近代和中华人民共和国成立初期，教学组织形式在理论和实践上移植和模仿的成分较多。到了20世纪80年代，我国学者和广大教师从实际出发，将继承与改造、借鉴与创新结合起来，创建了许多富有中国特色的教学组织形式，促进了教学理论和实践研究的进一步发展。

思考题

1. 评述学科课程与经验课程的内涵及其关系。
2. 评述分科课程与综合课程的内涵及其关系。
3. 评述必修课程与选修课程的内涵及其关系。
4. 评述显性课程与隐性课程的内涵及其关系。
5. 教学组织形式是如何演变的，可以概括为几个阶段？未来会有怎样的发展趋势？

第六章

课程与教学实施

学习目标

- 了解课程实施的内涵、研究价值取向和影响因素。
- 掌握课程实施的几种基本模式。
- 理解教学过程的本质及特征。
- 掌握几种主要的教学模式。

第一节 课程实施

一、课程实施的内涵与研究价值

（一）课程实施的内涵

20 世纪 70 年代以前的课程文献中，很少有对“课程实施”的专门研究。20 世纪 50 年代末至 60 年代末进行的那场肇始于美国、影响波及全球的“学科结构运动”并未达到预期目的，到这场课程变革运动的后期，教育界内怨声载道，人们纷纷谴责“学科结构运动”的失败。但是，当人们深入研究、系统反思这场课程变革运动的时候，越来越多地感到评价课程变革计划不能只是根据最终的结果，因为许多被认为是失败的变革计划实际上就没有实施过。那种被认为“只要课程变革计划完善就可以自然地在实施过程中达到预期结果”的假设受到社会的普遍质疑。“学科结构运动”的一个重大失策就是制定了课程变革计划和假设体系，而对课程变革的具体实施过程关注甚少。“课程实施”作为研究焦点始于 20 世纪 60 年代末 70 年代初，其直接起因是人们对“学科结构运动”的反思。

一个完整的课程变革过程包括课程计划、课程采用、课程实施、课程评价几个环节。课程计划是指制定课程变革的理想及实现这种理想的具体方案。课程采用是指做出使用某项课程计划的决定的过程，它所关注的焦点是是否决定采用某项课程计划。课程实施是将某项课程计划付诸实践的具体过程。课程计划与课程实施之间的关系是理想与现实、预期结果与实现结果的过程之间的关系，这种关系是极其复杂的，对这种关系的不同认识形成了课程实施的不同价值取向。课程变革的最后阶段是对变革总过程的评估，即课程评价。课程评价包括了课程变革的所有方面，其目的是确定哪些因素与课程变革的研究和传播有关，怎样测定课程变革的实施程度，以及如何评估课程变革产生的预期或非预期的实际效果。课程变革的这些环节之间是动态的、复杂的交互过程，而非单向的，由一个环节到另一个环节的线性运作过程。

美国著名的课程专家古德莱德从课程层次的角度提出观念的课程、正式的课程、领悟的课程、运作的课程及经验的课程，其中，观念的课程和正式的课程属于课程计划、课程采用阶段，而领悟的课程、运作的课程和经验的课程则属于课程实施阶段。

扫一扫

课程实施的研究价值

（二）课程实施的研究价值

1. 有利于了解课程变革的实际情况

课程设计的根本目的在于改变学生的学习状况，促进学生的最佳发展。一项课程变革方案付诸实施后究竟引起哪些课程实践的变化？要回答这个问题，首先要对课程实施过程进行直接测量和界定，以便了解课程实施的真实过程，诸如实施程度、范围、水平、效益、影响因素等，发现课程实施中的实际问题。有研究表明，大多数课程改革方案付诸实施后并不像方案设计者所预想的那样乐观。国外一项研究报告指出，一项变革方案被采用后，研究者将方案所要求的行为模式分解为 12 种具体行为，用测量工具对教师的行为进行观察测量，结果发现：方案实施的数量非常低，只有 16%，也就是说教师的行为只有 16%符合方案所要求的行为模式。可见，如果没有对课程实施深入细致的研究，就不可能及时发现课程实施过程中的问题，自然也难以对课程实施进行适时、恰当和有效的指导。

2. 有利于完善课程理论

迄今为止，我国学者在课程基础、课程目标、课程内容、课程设计、课程评价等领域进行了很有意义的探索，取得了显著的成绩。但是，学者们对影响课程目标达成的过程却关注的较少，出现课程理论系统研究的缺口。就课程改革的发生过程而言，至少有包括课程方案的研制、课程方案的采用、课程实施、课程评价四个环节。课程方案的研制，重点在于设计有利于学生最优发展的“精神食粮”配制良方，课程采用一般是指做出某种使用课程方案决定的过程，是课程改革的首要步骤，而课程实施时则较多地被人们关注采用某种课程方案以后的实际变化程度，研究学生内化甚至发展成“精神食粮”的过程。课程实施不等于单纯的课程应用，课程改革不是一个事件，而是一个过程。因此，研究课程实施有利于完善课程理论基础。

3. 有利于设计新的课程改革方案

课程方案与课程实施之间存在着课程理想与课程现实、预期的结果与实现结果的过程之间的一系列关系，这些关系极其复杂、多元，甚至难以预料和控制这一系列关系，由此形成了制定新一轮课程方案的复杂性。要确立新的课程方案，就必须客观地解释这些复杂性，尽可能地了解清楚这些复杂性产生的过程和原因。譬如，课程改革对学生发展价值的评估，主要评估标准有多大价值，在哪些方面有多大价值，为什么会产生这样大的价值等，可以成为研制新一轮课程改革方案的重要基础；人们对这些问题的分析和解释，往往将采用新课程方案的学生成绩优秀的原因归功于新课程方案，而对新方案的实施过程和实施程度并未做出恰当的估计。实际上，采用了一项新方案并不意味着如方案计划那样实施。同样，一种好的教育效果，也绝非仅仅来自好的方案，即使是不太理想的方案，对于高水平的实施者，也可以取得较为理想的成效。一项研究估计，学习结果 35%的差异可归因于实施过程的差异，也就是说，即使运用了同一方案的不同学校或班级的学生，其成绩的差异也有可能达到 35%，这种差异来自实施过程的差异。如果不重视这种差异，很容易过高评价课程方案的价值，对产生问题的原因估计不充分，使问题可能延伸到新一轮课程改革方案，进而导致新方案的科学性和可行性不够可靠。

4. 有利于推广课程实施方案

通过研究课程实施，可以知晓影响课程实施的真实变量，明确课程方案在不同情境中运作的可能状况，确定哪些变量可能是制约课程实施的关键，哪些变量对课程实施没有多大影响，哪些变量对课程实施产生消极影响，明确众变量对课程实施的影响程度和作用方向，可以及时正确地干预和控制无关变量，从而估测方案在不同课程实施情境中的不同状况。我国课程实施时常常容易出现不加辨别和盲目的“借鉴”，甲地或甲校成功实施某课程方案，很快可以在乙地或乙校找到类似和相同的方案，在近期的校本课程开发活动中，很容易发现课程“复制”现象。课程实施不是“任务”使然，它更多地体现了一种为学生、为社会发展负责的责任和使命。尽责，意味着一切从学生和社会发展出发，一切从实施主体（包括地方、学校、教师）、实施环境或情境出发，科学地处理好影响课程实施的诸因素，谨慎地运行实施全过程。研究课程实施，可以为采用实施方案的地区显示一个真实的过程，帮助其理解、借鉴、修订和再造。

二、课程实施的取向

（一）三种课程实施取向

课程实施过程的具体表现为人们对课程实施取向的探讨。迄今为止，大致上有三种课程实施取向：忠实取向、相互适应取向和创生取向。

1. 忠实取向

忠实取向则是教师在实现课程实施过程时看成是教师忠实地执行课程方案的线性过程，其理想的成果就是教师按照新课程的原本意图在课堂上落实这些新的教学活动。根据这一取向，预期课程方案的实现程度是衡量课程实施成功与否的基本标准，即追求最大程度地依据课程计划的原本意图去实施课程。这种取向需要假设课程是既定的课程文件或产品，课程计划在设计上是完善的，课程开发只是一项技术性工作。教师在实施课程时越接近既定的课程计划，课程实施的效果表现就越成功。因此，这类研究主要探讨两个主题：① 测量课程实施对预定课程方案的实现程度；② 确定促进或阻碍课程实施的因素。

忠实取向认为知识是由学校之外的机构创造的客观事物，课程也是预定的、一成不变的。好的课程方案应该是“防教师”的，并且应该给教师的课堂实践提供详细的说明和指示。课程实施则是一个按部就班的线性过程，教师在这个过程中的任务只是忠实地“执行”变革方案的规定和要求。他们无须对课程计划做出改变，只要忠实地落实既定的课程计划，实现专家课程设计的意图即可。因此，衡量课程实施成功与否的基本标准是所实施的课程与预定的变革方案之间的符合程度，符合程度越高则课程实施越成功。出于这种目的，忠实取向的课程实施研究以量化研究作为基本方法论，认为问卷调查、访谈、观察以及文献分析是进行此类研究的有效方法。

忠实取向的课程实施曾在20世纪60年代备受推崇，因为通过控制教师的课程行为、监督课程实施的成效，可以在学生的学习结果和课程计划之间建立联系，有利于评价最初的课程计划的优劣，从而提供反馈、改进课程计划。但实践证明，这种取向的课程实施并不能按专家设计的意图成功地运行。因为教师总是会对课程做出增删或调适变化，完全忠实地“复制”课程内容的实施方案在实践中是不存在的，而对教师行为的控制在实际上消解了教师作为专业人员的自主权，不利于教师能动地、创造性地实施课程方案。

2. 相互适应取向

相互适应取向源于 20 世纪 70 年代中期，伯曼和麦克劳夫林主持的兰德变革动因研究项目。他们发现，成功实施的特征在于它是一个相互调适的过程。课程是变革方案与学校实际情境在课程目标、内容、方法、组织等方面相互调整、改变与适应的过程。即相互适应取向强调课程方案的使用者与学校情境之间的相互适应，主张根据学校或班级的实际情境在课程目标、内容、方法、组织形式诸方面对课程方案进行调整和改革。它包括两个方面的内容：一方面，课程计划为适应具体实践情境和学生特点而进行调整；另一方面，课程实际情境为适应课程计划而可能发生改变。因为课程实施不可能只是一个事件，更重要的是一个过程，在过程中，实施者可能要对课程方案进行修订甚至改变，以达到其自身的目的。相互适应取向的研究关注两个问题：① 从社会科学中借鉴新的方法和理论以发现那些关于教育问题的详尽的描述性资料；② 确定促进或阻碍课程计划实施的因素，特别是各种组织变量，以提高变革方案与课程实施之间互动的效果。它的研究重心在于把握实施过程中既定课程方案与特定教育情境之间是如何相互适应的。这类研究又体现出两种倾向：实用性倾向和批判性倾向。前者更接近忠实取向的研究，关注实现程度、影响因素以及研究方法论的问题；后者则更加注重互动和情境的影响，关心变革涉及人员的观念及行为的意义。

相互适应取向将知识看作复杂的社会互动的产物。课程方案并非固定的，而是可以随着情境进行调整，这种调整之后的产物更加适应学校的教育情境。在相互适应取向下，教师可以不按照专家的意图和既定的课程计划去实施课程，因为既定的课程计划更多考虑的是学校教育的共性，但不同学校、不同班级以及不同教师的课程实施是个性化的，为了更好地实现课程意义，需要教师对课程做出相应的调适。这就要求课程本身一定要有灵活性，留出空间让教师对课程目标、课程内容、课程的组织方式和评价方式等做出调整。在课程实施的评价上，相互调适取向的方法论基础更为宽广，既包括量化研究，又包括质性研究。持这种取向的学者认为个案研究、参与式观察、访谈、问卷调查以及文献分析都是了解实施过程的有效手段。

这种取向的课程实施假设，要成功地落实课程计划的意图，必须在课程和教师的实施之间做出相互的调适；课程实施的关键就在于调适，而不是标准化的行为。在这种取向下，教师成为积极的协调者和课程的共同决定者，教师的角色和功能受到重视，有利于发挥教师的积极作用，创造性地实施课程计划。

3. 创生取向

创生取向认为知识是个人化、情境化的，课程不是预先决定的，而是形成于个体建构过程中。课程变革实际上就是学生和教师的个体发展过程，成功的实施需要变革的参与人员主观上的理解和认同。在这种取向下，课程实施和教学是内在地整合在一起的，教师实施课程的过程同时也是教师和学生创生课程的过程。因此，这种取向的课程实施消解了专家的权威角色，教师和学生成为课程创生的主体，教师不再需要忠实于专家的意见，而是扮演着课程开发者的角色。这种取向的课程实施不注重原先的课程计划被实施的程度或课程如何被教师所调适，而强调将教师和学生的经验与课程相互融合。在研究方法论上，创生取向以质性研究为基础，提倡通过个案研究、深度访谈、行动研究来理解课程实施，并进一步提升学校实践。

课程实施的创生取向是教师与学生在具体情境中联合创造新的教育经验的过程，课程不是既定的计划或产品，而是教师和学生经验的总和；教育政策制定方已经设计好的课程方案是教师和学生进行或实现创造的材料或背景，是一种课程资源，借助这种资源，教师和学生在不断变化和发展。随着教师和学生的创新发展，课程本身也在不断地进步。这类课程实施研究取向关注以下问题：① 创造的经验是什么？教师与学生是如何创造这些经验的？② 诸如课程资料、程序化教学策略、各级教育政策、学生和教师的性格特征等外部因素是如何影响创造课程的？③ 实际创造的课程对学生有怎样的影响？怎样赋予教师和学生权利以得到这些经验？隐性课程有何影响？可见，与前两类研究相比，这一取向的研究已经有了重心，研究重心已转移到教育经验的实际创造过程。

（二）三种课程实施取向的关系

三种课程实施取向在对课程知识的产生，对课程变革的假设、研究方法以及教师角色的理解等方面存在很大差异，它们各有其适用的条件和优缺点，由于教育和社会情境极其复杂，教育变革的需要多种多样，在不同的情境中，三种取向的价值都可以得到不同程度的体现。

首先，三种取向各有其存在的价值。它们从不同方面揭示了课程实施的本质。忠实取向强化了课程政策制定者和课程专家在课程变革中的作用。相互适应取向则把外部专家所开发的课程与对这种课程产生影响的学校情境、社区情境的因素均予以考虑。课程创生取向则把处于具体教育情境中的教师和学生在课程开发、课程创造中的主体性发挥出来。所以，三种取向都有其存在的合理性。

其次，三种取向各有其局限性。忠实取向把课程变革视为线性地实施预定课程计划的过程，使课程变革成为一个机械的、技术化的程序，这就抹杀了课程变革的直接参与者——教师和学生；相互适应取向本身是比较模糊的，带有折中主义色彩，它在兼具另外两种取向的优点的同时也不可避免地具有它们的局限性；课程创生取向具有浓厚的理想色彩，它要求教师不仅要善于对专家开发的课程做出正确的判断、选择和解释，而且要善于根据具体情境的特殊需要创造自己的课程，它要求学生也应成为课程的主体。这种取向对实践者的要求是很高的，因此，它推行的范围是有限的。

最后，从忠实取向到相互适应取向，再到课程创生取向，反映了课程变革的发展方向。尽管三种取向彼此之间各有存在的价值和局限性，但三种取向间的层次性是不容否认的。三种取向彼此之间不是绝对排斥和对立的关系，而是包容与超越的关系：相互适应取向是对忠实取向的包容与超越，课程创生取向则是对相互适应取向以及忠实取向的包容与超越。课程实施研究从忠实取向经相互适应取向发展到课程创生取向，反映了人们对课程变革的本质的认识在不断深化。课程变革不是变革策划者对变革计划实施者的控制过程，而是参与者之间的民主交往过程。在这个民主交往过程中，每一个参与者的主体性都获得了尊重与提升。教师和学生是课程变革的主体。衡量课程变革成败的基本标准是看教师和学生的主体性是否获得解放、教师和学生的个性是否发生理想的发展与变化。

三、课程实施的基本模式

基于不同的课程观、知识观和课程取向，在课程实施过程中形成了不同的实施模式。其中，有代表性的课程实施模式有“研究—开发—推广的模式”“兰德变革模式”“变革阻力消除模式”“组织发展模式”“情境模式”五种。

（一）研究—开发—推广的模式

在20世纪50年代和60年代的“新课程运动”中，许多国家都采用了“中心—外围”的方式进行课程改革，即由某个“中心”编制课程，然后再直接提供给散布于“外围”的学校使用。这种改革的过程大致如下：由国家组织学科专家与课程专家针对具体的学科或课程问题进行研究，并根据研究结果设计出新的课程方案，然后再到学校中推广使用。这种模式认为课程改革是由以下四个阶段按计划线性展开的过程：① 研究：建立某种教育理论。② 开发：根据理论设计新的课程方案。③ 推广：将新方案系统地传递给学校与教师。④ 采用：学校与教师无权对课程方案进行修改或调整，只负责使用。

波斯纳指出，这种“研究—开发—推广的模式”具有下列特征：① 需要实施的技能被假定为可以学习的及可以特定化的。② 课程方案由专家设计并使其趋于完美。由于假定课程方案能适合不同的学校情境，教师很少有机会进行现场修改。③ 假定课程目标已得到课程开发者、教师和学生的认同，并且，这些目标成为评价学生的主要依据。④ 评价课程的方法主要是心理测量式，如成就测验或态度调查等。⑤ 课程实施以“忠实”程度作为评估的基础，课程方案的使用者是变革的被动接受者。

（二）兰德变革模式

随着“新课程运动”的失败，学者们开始怀疑“研究—开发—推广”模式的合理性。他们认识到课程实施必须关注教师依据特定的教育情境对课程方案的调适。兰德社团于1973年至1977年对美国联邦政府资助的教育变革展开研究，认识到课程实施必须关注教师依据特定的教育情境对课程方案的调适，成功的课程实施在于它是一个相互调适的过程，进而提出了兰德变革模式。

兰德变革模式的研究者认为，实施变革的主要障碍在于学校的组织动力，因此他们强调在实施阶段给学校加入一些鼓励变革的组织变量。这一模式由以下三个阶段组成：① 启动。变革的发起者致力于使人们支持课程变革计划，这需要对课程变革计划的目标做出解释，寻求教育实践者的理解和支持。② 实施。成功的课程实施取决于课程变革的特征、教学和行政管理人员的能力、社区环境以及学校组织结构等因素。因此，课程实施的关键是对既定课程变革计划做出适当调整。③ 合作。所实施的课程方案已经成为现行课程制度的一部分，需要课程专家、教育行政管理人员、教师、社区代表甚至家长等密切合作，相互适应，使变革计划不断进行下去。

兰德变革模式的特征表现有：① 课程实施的关键在于课程专家、校长与教师等方面的相互适应。② 良好的教材知识是缄默知识，最好是让教师通过观摩相互学习，而不是让有关专家或顾问来界定和传授知识。③ 课程实施并非由一套预设目标指引，而是由一套与学生、教学方式、教学内容以及学校教育等有关的信念指引。④ 教师可以根据特定的教育情境对课程方案进行调适，课程实施是教师对课程方案的多元诠释过程，他们会从多个侧面来认识与实践课程方案。

（三）变革阻力消除模式

变革阻力消除模式一般在计划性课程变革遭到抵制的情况下应用，而计划性课程变革的成败取决于课程领导者是否有能力克服教师对新课程计划的阻力。

消除变革阻力的方法之一是在课程领导者和教师之间建立一种权力平衡关系。课程领导者应该与教师共享，让教师参与课程计划的制订，使得教师把变革视为自己的分内事，感到自己是变革的参与人，从而认真负责地推动变革。消除变革阻力的另一方法是处理好教师关注和忧虑的事情。这种模式假设个体的改变要先于组织的变革。变革也指一种个人的经验活动，必须允许教师的个性特点在课程变革与实施中有所体现。此外，在课程变革中必须明确教师和其他参与者的需求。

霍尔和洛克斯的研究指出，人们对课程变革的关注可以分为四个发展阶段：① 无关关注。在这一阶段，教师们还没有明确他们与课程变革之间的关系。如学校设置了一门新课，某位教师意识到这需要有人为之付出努力，但其认为这是与己无关的事，这位教师不会抵制这项变革的原因是其还未意识到自己的专业领域会受到影响。② 自我关注。这一阶段，教师已经把自己和课程变革联系起来，他们关心新的课程与现行课程之间的异同特征，意识到自己必须投入到新课程的实施中去，发现自己面临着如何教好新课程的问题。③ 任务关注。这一阶段，教师关注课程变革在课堂上的实际推行。如：教授新课程要花多少课时？提供的材料足够吗？最佳的教学方法是什么？④ 影响关注。到了这一阶段，教师会更多地关注新课程对学生、同事和教育团体的影响状况。教师会考虑新课程是否有助于学生的未来生活，学生学习新课程需要哪些新的有效方法。

采用变革阻力消除模式，必须处理好教师在第二、三、四阶段所关注和忧虑的事项。如果忽略这些，教师不仅不会认同课程变革，还会以与变革不相关的方式进行工作。因此，课程领导者应使全体教师理解课程变革的情况，让他们在一开始就直接参与课程计划的制订工作；并且应该让教师们聚在一起彼此分担所关注和忧虑的事情，共同找出解决问题的办法。当教师明确了各自所关注的问题后，就会接受变革，而且会充满信心地去努力实现相应的变革，进而按既定的方式推广新课程。

（四）组织发展模式

斯迈克和迈尔斯指出，许多教育改革方法没有成功的原因之一是教育领导者把方法的应用视为一种理性化的过程，过于强调进行技术层面的推广，而忽视了学校组织在实施过程中需要不断地发展和革新，进而提出了组织发展模式。组织发展模式强调学校组织的发展，强调提升学校组织解决问题与自我更新的能力，强调进行团队工作与形成组织文化。

弗伦奇和贝尔进一步描述了组织发展不同于传统的组织介入方式的七个特点：① 重视团队在处理问题中的作用；② 重视团队的活动过程和团体间的活动过程；③ 运用行动研究；④ 强

调组织内部的合作，并将其作为主流文化；⑤ 文化视为整个组织系统的一部分；⑥ 让组织的负责人充当顾问和促进者；⑦ 赞赏组织在不断变化的环境中所表现出来的动态性。

组织发展模式的一个重要假设是“个体关注未来”。基于此，这一理论认为，人们渴望积极地参与到设计、发展、实施和评价教育系统的活动中去；他们期望通过实施新课程，使师生们达到他们的目标，并鼓励主要参与者确认新的使命，以最终促进社会的进步。因此，组织发展模式认同课程实施者的主体性，赞同教师和学生对课程知识进行个性化处理，认为课程实施是人类的社会活动，是一个新观点不断产生，新材料和新方法不断涌现的永无休止的过程。通过不断地创生和实施新课程，教师和学生在丰富多彩的学习活动中得到发展，并达到最佳的学习状态。

（五）情境模式

美国学者帕里斯对课程实施持创生取向，由此提出了课程实施的情境模式。情境模式基于以下三个假设：第一，课程知识包括情境知识，这些情境知识是教师在不断地教与学的实践过程中创造的；第二，课程变革是个体在思维和行动方面成长与变化的过程，而不是课程设计与实施的组织程序；第三，教师不论是创造和调整自己的课程，还是对别人创造和强加的课程做出反应，他们的课程实践总是基于他们对特殊情境的知觉而发生变化。

帕里斯认为，有必要把课程作为教师在复杂环境中所创生的东西来考察，有必要用对教师有意义的观点来解释课程实施的过程、结果和情境。从这一观点出发，教师就是课程知识的创造者而非接受者；创生课程所需要的知识与技能是情境性和具体化的，是教师通过探究性的实践而不断获取与更新的。创生课堂的最佳途径是实现课堂探究、与同事的讨论以及共同观察、正规教学。通过这些途径获取的课程与教学理念，不再是别人强加给自己的，而是教师在实践活动中的感悟与收获。

四、影响课程实施的因素

课程实施是一个复杂的过程，有很多因素会影响课程实施的进程。随着人们对课程实施的深入研究，实施的影响因素越来越多地显露出来。课程改革在实施层面上的问题，主要集中于对影响课程实施因素的认识与把握。由于影响因素的多样性和复杂性，具体分析和认识课程实施的影响因素变得十分重要。影响小学课程实施的主要因素归纳为四大类：

（一）课程改革本身的性质

课程改革本身的性质是影响小学课程实施的第一类因素，它包括改革的必要性、改革方案的清晰程度、改革内容的复杂性、改革方案的质量与实用性。

1. 改革的必要性

课程改革本身是否必要，对于人们是否接受和理解改革至关重要。一项改革可能是复杂的，需要人们花费许多精力去实施它，但如果人们认为它是必要的，就会使他们觉得做这件事是值得的，从而增加改革实施的有效性。当然，一项改革不能对所有人来说都是必要的，这里的必要性是从整体的角度来看，对教育的发展，特别是对学生的发展是有利的和必要的。

2. 改革方案的清晰程度

改革方案的清晰程度是指方案本身的结构和表述是否清晰和明白。一项新的改革方案往往包含许多新的概念和新的结构方式，如果人们不理解这些新的内容，就会给实施过程带来困难。在选用概念和使用语言上，在不影响改革性质的前提下，应尽可能使用人们熟悉的语言和结构，以避免表述上的问题而影响改革的实施。

3. 改革内容的复杂性

改革内容的复杂性对实施会产生很大影响。改革的内容越复杂，实施起来就会越困难。复杂性可能由于要改变的东西太多，也可能由于改革的内容跳跃性太大。有研究发现："雄心勃勃的计划，其成功率较低，但这样的计划会比内容较少的计划促使教师改变更多的东西。"这里存在一个两难的问题：一方面改变的内容越多越广，成功的机会就越大；而另一方面，所要改变的东西越多，就会导致越多的失败。

4. 改革方案的质量和实用性

这里的"质量和实用性"是指改革方案中采取的措施、方案规划内容的质量和可利用性。实用性越强的改革方案，越会受到实施者的理解和接受。符合实际需要的、符合学校和教师实际情况的、有针对性的可操作内容和方法在实施的过程中最容易产生实效。

总之，越简单的、改革幅度越小的方案可能复杂程度就越小，就越容易表达清楚，也就更容易被人们理解；而改革幅度较大的方案其复杂性就会比较大，在表述上也会出现一些新的和生僻的概念。因此，改革的设计者应尽可能避免由于表述和具体的措施而影响改革的实施。

（二）学区的特征

学校所在的行政区即学区。学区的特征是影响课程实施的又一重要因素，这类因素包括以下六方面：

1. 学区从事课程变革的历史传统

学区从事课程变革越积极、历史越久远，对一项新的课程变革计划的实施程度也就越深。反之，对一个保守的学区而言，实施一项新的课程变革计划则困难重重。

2. 学区对课程计划的采用过程

学区对一项课程变革所做出的人与物的规划质量越高，就越能应对实践中遇到的各种问题，实施该课程变革的程度也就越深。比如，"兰德课程变革动因研究"发现，常规性的、经常性的人员规划能够提供有效的反馈，并能够提供一种有效处理偶发事件的机制，这是成功的课程实施的基本保证。

3. 学区对课程变革的行政支持

学区对课程变革的"真正的"行政支持越大，课程实施的程度也就越大，这一点已为许多研究所证明。当学区的组织管理与课程变革的要求不一致的时候，就会阻碍课程变革计划的实施。

4. 课程变革人员的发展水平与对变革的参与程度

课程变革人员的发展水平越高，对变革的参与程度越大，课程实施的程度也就越大。研究认为，只在课程实施之前对有关人员进行培训并不能保证课程实施的效率，课程变革人员的不断发展、彼此之间持续的交互作用应贯穿于课程变革的始终。因此，为提高课程实施的程度，学区应不断创造条件，对课程变革人员进行持续培训。

5. 课程变革的时间表与评价体制

这包括两个方面：第一，根据对课程实施的理解而对课程变革事件的时间安排越合理，课程实施的程度就越大。所以，课程变革的时间表一定要根据特定的课程变革的性质来确定，而不能随意发布行政指令。第二，对课程变革的评价与学校或班级变革课程的需要的联系越密切，课程实施的程度就越大。如果学区对课程变革的评价脱离了课程变革的实际，就会阻碍课程变革的进行。

6. 学区教育委员会与社区的特征

学区教育委员会与社区的共同利益越大，越能够相互支持而非彼此争执，课程实施的程度也就越大。这一点已得到众多研究的证实。

（三）学校的特征

学校的特征是影响课程实施的又一重要因素，这类因素主要有校长的作用、教师间的关系、教师的特征与价值取向等。

1. 校长的作用

学校是改革的基本单位和中心，在学校中，改革的主要动因是校长和教师。校长常常对改革的理念和措施产生困惑。在学校水平上，如果校长对新的课程改革缺少必要的准备，就很难保证改革的理念和措施得到贯彻，更难期望创造性地实施新课程。面对改革所带来的心理的和社会的问题，校长可能比教师所面对的压力更多。校长不仅要做学校教师的工作，而且还要面对社会和上级行政部门。对校长进行专门的培训，使校长认识到课程改革的必要性措施是课程改革有效实施的重要保证。

2. 教师间的关系

教师的教育行为不是孤立的，而是与学校群体的影响分不开的。一所学校的文化和氛围对教师教育观念的建立和教学方式的改变有很大的影响。教师间工作关系的性质与课程实施也有很大关系。学校的学术气氛、开放的交流、信任、支持和帮助、在工作中学习、分享成果和工作的满足感等都是密切相关的因素，在不同程度上会影响实施的效果。一项新的课程改革会提倡一种新的课程理念和教师文化，只有这种新理念和新文化被多数教师接受，并转变成他们的自觉行为，新课程的实施才能变为现实。

3. 教师的特征与价值取向

教师是课程实施过程中最直接的参与者，新的课程计划实施效果是否能够成功，教师的素质、态度是其中关键因素。教师参与课程变革的积极性和主动性越高，课程实施的有效性就越大。这种积极性和主动性是建立在一定的知识、技能和能力的基础上的，是支配课程实施的重要的内部动机，它不是由奖励诱因引起的，而是基于课程实施这项专业活动本身而产生的驱动力。伯曼和麦克林指出，教师对课程变革的态度很重要，没有对课程变革这项活动的“专业关切”，教师将不会为课程变革付出额外的努力。也有研究指出，除动机因素外，教师缺乏实施新课程模式所必备的知识和技能也是阻碍课程实施的重要因素。事实表明，一些课程变革没有取得预期效果，并不是课程计划本身的问题，而是由于教师的缘故。因此，加强对教师的培训，有助于课程实施。

（四）外部环境

学校外部环境是影响课程实施的又一类重要因素，它包括政府机构的力量、社区与家长的影响以及社会团体的影响。

许多课程实施改革的经验和教训说明，学校与教育行政部门、外部机构以及家长之间的关系会在很大程度上对课程的实施产生影响。学校的教育活动不只是学校内部的问题，政府等权力机构对课程改革的理解与支持，对课程实施会产生很大影响。这种支持表现在财政上、物质上以及政策上。一项课程改革需要一定的物质条件，这些条件有些可以在学校内部解决，有些就需要来自学校外部的支持。而来自外部的评价也会对课程本身的操作产生很大的影响。

1. 政府机构的力量

政府机构是影响课程改革的重要力量。若学校的课程改革与学校所在地的需要的一致性联系越紧密，就越能得到当地政府的支持，课程实施的有效程度也就可能越大。当然，课程改革获得政府的支持并不意味着学校要被动地顺应当地的现状，而是要充分发挥学校教育的主体性，通过课程改革对当地现状做出建设性的批判。例如，国家或地方政府政策的倾斜、财政和物质资源、技术支持等因素，都会对课程实施产生很大的影响。

2. 社区与家长的影响

不同地区在以往改革中的表现，在很大程度上会影响当前的改革效果。学校区的改革经验和舆论是影响改革成功与否的重要因素。以往改革的成功案例，可能会使更多的人接受新的改革；如果以往的改革没有取得成效，甚至引起许多人的责难，那么推动新的改革可能就会出现许多阻力。国外的一些学校在进行改革时受社区的影响很大，许多重大决策在制定时都要征求社区代表的意见。家长更是一个影响实施的重要因素和直接因素。家长对学校的关注程度，要比社区的其他人更强。因为学校教育改革直接关系到他的孩子的发展，每一项改革都可能会关系到学生的成长。因此，要使社区与家长认识和了解改革的意义和目标，使多数人保持正面的视角看待课程实施改进工作和拥有一个有利于课程实施改革的积极健康的心理状态。新一轮改革在实验和推进过程中，十分重视社会宣传，通过各种媒体使更多的人了解新课程、关心新课程、支持新课程改革的推进，这对于新课程的有效实施起到了重要的作用。

3. 社会团体的影响

学校改革能否得到社会团体的支持是一个重要的因素。有研究发现，学校外部环境的改变，对改革会起到一定的冲击作用。学校得到具有相当实力的社会团体的支持，将会获得更多的资源，有利于课程实施的推进；而一些偏远的地区学校往往对改革了解不多，或由于得不到社会团体的支持，而难以有效地进行实质性的改革。

第二节 教学过程

教学过程是课程实施的核心环节和基本途径，离开了教学过程，课程实施是不可能实现的。

一、教学过程的本质与特点

（一）教学过程的本质

教学活动具有区别于其他事物和人类活动的特定的过程特性。关于教学过程的本质，教育学界拥有不少论述，如教学过程是一种“特殊的认识过程”、教学过程是一种“以认识为基础的特殊实践过程”、教学过程是一种“促进学生发展的过程”、教学过程是一种“师生特殊的交往过程”，等等。这些观点无疑具有一定的合理性，但都没有揭示教学活动复杂性的过程本质，缺乏从发生学意义上说明教学的过程属性及其特征。

1. 过程性：教学过程的本质

人们组织参与的任何活动都会有一个过程，是以过程的形式存在和发展的。恩格斯曾说：“世界不是既成事物的集合体，而是过程的集合体。”所谓“过程”，就是事物的各个因素之间在时间上和空间上构成的联合体而进行的内在的、复合的运动。过程是事物的存在方式，世界的本质就是过程的存在，离开了过程，事物不可能存在，也无法变化和发展，事物存在的过程就是变化和发展的过程。过程是事物变化与发展并走向目标的必经环节，离开了过程中的变化、价值延伸和价值拓展，任何事物发展目标的实现都只能是一纸空谈。

教学作为一种培养人的活动，是以过程的形式存在，并以过程的方式展开的，离开了过程就无法理解教学活动，更无法实现教学目标。过程属性是教学的基本属性。杜威在批判“传统教育派”并阐述他的“教育无目的论”时指出：“教育的过程，在它自身以外没有目的；它就是它自己的目的”，“教育的过程是一个不断改组、不断改造和不断转化的过程”。他充分认识到过程对教育教学的意义，离开了过程就不可能有真实意义上的教学目的，认识到过程就是教学活动的存在和展开方式，教学的过程就是儿童的生长过程。杜威的“教育无目的论”反映了一种实在的教学过程论。

2. 教学的过程属性即生成属性和发展属性

教学过程不仅仅是一种活动进程、活动阶段、活动环节，更重要的是，教学过程是师生围绕一定的活动主题在特定的情景（有组织的课堂环境和有发展意义的开放活动情景）中通过互动式交往活动进行的建构性实践活动，是教学要素之间交互作用的变化和发展过程。在这一过程中，师生在信息互通、情感交融、思想交流的基础上，达到学生知识与技能、情感态度与价值观由量变到质变的飞跃。从某种意义上说，教学的过程就是学生发展的过程，而这一过程具有预设和生成的双重属性。“预设”突出的是过程的计划性、预期性和规范性，但真实的教学活动由于主体因素的参与，互动式交往活动的深化，以及情景因素的参与，教学的过程充满着变数，未来的不可预知性就意味着过程的创造性，这正是过程的魅力、意义和发展的个性特征。只有认识并实现教学活动的过程属性，学生的创造能力、个性发展才能实现，教学活动才能成为一种“艺术”。否则，教学活动只能是没有生命活力的“复制”和“刻写”活动，只能是千人一面、千校一面的机械运动。因此，教学的过程属性本质上就是教学活动的生成属性和发展属性。

3. 教学目的和教学结果之间真实的教育活动就是教学过程

教学目的是可预设的，但教学结果并不一定。真实的教学结果实际上是教学过程的结果，是师生在教学情景中围绕教学活动主题进行交互作用而实现的创造性、发展性的结果。“传统教育派”和应试教育倾向也有“过程”，但其过程是全预设的，是本质先定、一切既成的，其过程在实施之前就已经有了理性设计和程序规定，教学实施只能是按照预设程序展开，从而，“过程”演变成了丧失“生成”意义的“流程”。流程不是过程，流程不具有充分的发展性，没有意义拓展和衍生价值。“流程”指向的是过程之前设定的某种单一的目标或某几种功利型的目标，“流程”是对教学过程中丰富的教育价值的减损、忽视和漠视。雅斯贝尔斯曾一针见血地指出了这种机械的教学过程观的弊端，“教育决不能按人为控制的计划加以实行。教育计划的范围是很狭窄的，如果超过了这些界限，那接踵而来的或是训练，或者是杂乱无章的知识堆积，而这恰好与人受教育的初衷背道而驰。”因此，超越传统教学观的局限性和克服应试教育的弊端，客观上要求我们准确把握教学活动的过程属性。

（二）教学过程的特征

教学活动作为一种过程而存在，具有以下根本特征：

1. 转化与生成

教学过程不是横亘在教学目标和教学结果之间的中介，而是影响教学活动的性质和价值，直接实现现实的教学结果，也是教学目标达成并拓展的必由之路。教学过程不是“形式”，而是教学活动本身，教学目标与教学结果不是一种线性关系，二者不是教学活动中清晰的起点和明确的终点，教学的过程对于教学目标和教学结果而言，其根本特征在于转化和生成。美国教育家多尔从复杂思维和过程思维出发，明确地指出了这一点：“今日主导教育领域的线性的、序列性的、易于量化的秩序系统——侧重于清晰的起点和明确的终点——将让位于更为复杂的、多元的、不可预测的系统或网络。这一复杂的网络，像生活本身一样，永远处于转化和过程之中。”转化和生成是教学过程的基本特征，从这个意义上说，教学的过程就是转化和生成的活动过程。

转化什么？概括地说，就是转识成知，转知成智，化知识为能力，化知识为美德；将公共知识转化为学生个体的知识，将人类积累下来的历史存在形态的知识转化为学生认知结构中的现实存在的知识，将社会道德规范转化为学生个体的品德认知、品德情感、品德意志和品德品为；化教学内容为学生的人生智慧，化人类的文化成果为学生的文化品格，教学活动的文化性格和智慧品格的形成都只有通过教学过程来实现。转化的具体活动形式包括接受、理解、内化等。转化不是教学过程中知识的量变过程，而是发展的质变过程，是以认知为基础的飞跃性发展过程。转化的主体是教师和学生，教学过程中既有教师指导下的转化，也有学生自主建构性的非指导性转化。转化的依据是教学过程中产生的主要矛盾。

教学过程的本体意义就在于过程的生成性。如果转化活动还具有一定的预设性和规范性，那么，生成活动则体现出强烈的现实性和动态的发展性。对任何一种教学活动而言，过程总是现实的、真实的、当下的过程，总是教学要素在特定情境中在时空上的意义联结，正是在特定的教学情境中教育主体之间的交互作用，通过内隐的思维活动、精神活动以及外显的操作活动，过程总是伴随着无数的非预设性、不确定性、动态性，以及形形色色的体验、顿悟、灵感，这为超越预设性的教学目标提供了现实基础。不同层次的创造充满着过程，并随着过程的“绵延”而流动，恰如柏格森所说：“真正的实在就是绵延。绵延乃是一个‘过去’消融在‘未来’之中，随着前进不断膨胀的连续过程。”这种前进中不断膨胀的连续过程，便是不断地产生新的结果、新的经验、新的体验、新的观念、新的价值的过程，即动态生成的过程。只关注预设的东西，忽视甚至无视过程中的动态生成的结果和价值，教学的过程便没有了活力，没有了创新，没有了鲜活的经验流动，没有了情感和思想的冲突，更没有了创造，剩下的只能是“训练和杂乱无章的知识堆积”。当然，生成并不否定引导、指导、接受，并不怀疑预设和计划的作用，生成应该有方向性。但从过程的意义上讲，忽视生成性远比忽视预设性对教育价值的实现更有害处，因为过程的根本意义就在于变化、发展和创造。

2. 情景化与关系结构

教学过程的转化性和生成性是由教学过程的具体性、情景化和复杂的关系结构决定的，理解教学的过程属性，需要把握其情景化和复杂关系结构的特征。在传统教育派的视野里，教学活动是有规律的、简单的、客观的、可控的、可简化的和形式化的。而被简化的、被形式化的正是过程中最真实的、具体的、生动的、情景化的东西，从而具体、生动的教学活动的过程被“去情景化”，最终被“去过程化”。无论是“去情景”还是“去过程”，本质上是“去发展”“去人的生成”。教学过程区别于其他活动过程的基本特征是主体建构以教学环境、教学情景为基础的主体建构。情景的多样性决定了过程的具体性和丰富性，而且反映了过程的性质和价值。按照传统教育派的理解，一切教学活动都可以被形式化或抽象化为固定的形式阶段，“去情景”的教学活动在本质上没有什么差异。从这个意义上说，过程的存在离不开情景的多样性。情景化是教学过程的基本特征，富有教学艺术的教师就善于捕捉情景的教育价值。

当然，情景是人活动的具有发展意义的情景，情景是师生活动的情景，离开了以师生主体活动为核心的多重教育关系，情景也不具有教育意义。以师生关系为基础的复杂关系，构成了教学过程的复杂关系结构。从某种意义上说，教学的过程作为一种实在就是教学关系存在，教学的过程是复杂的教学关系运动的载体。正因为如此，过程性思维特别注重事物的关系而不是事物的实体。要把握过程的具体性和丰富性，务必把握过程中的复杂关系及其运动。

3. 确定性与不确定性的统一

教学自身的复杂性决定了教学过程的复杂性。这种复杂性表现在：教学过程既具有确定性、客观性、稳定性、科学性、绝对性、终极性、中立性、普遍性和一致性等性质，也具有不确定性、主观性、非线性、文化性、相对性、境域性、价值性、特殊性和差异性等基本性质。即使是教学过程中的知识也具有双重特征，当然，生成性的教学过程观崇尚动态的知识观，主张用发展和变化的观点把握知识的本质和性质，一方面，人们不再把知识看成是一成不变的永恒真理，注重把握知识的不确定性；另一方面，人们不再把知识完全抽象为某种“符号表征”，尤其注重把握知识的文化性和价值性，超越单一的“工具理性”观念，把知识与人们的境遇、命运和幸福关联起来。从教学过程中的主体之间的关系来看，教师和学生之间的主客体关系是动态呈现的，没有一成不变或确定性的主体与客体的关系，教学过程中活动阶段的不同、任务的变化、学习方式的差异直接引起主客体关系的变化，由于师生主客体关系的不确定性和不稳定性，导致了人们接受师生之间的“主体间性”。从时间序列上看，教学的过程具有计划性与规范性、动态性与变化性的特征。

教学过程是确定性与不确定性的统一，过程的不确定性并不意味着对确定性的全盘否定和机械性排斥。相反，不确定性是对确定性的动态呈现。确定性与不确定性、规范性与开放性、客观性与主观性、科学性与人文性、认知与情感等各种对应状态动态地交织在过程之中，并通过动态的转化和生成实现教学活动的过程价值。

二、几种主要的教学模式

（一）教学模式的含义

最早提出“教学模式”一词的是美国学者乔伊斯和韦尔，他们于 1972 年合作出版的《教学模式》一书被认为是教学模式理论研究开始的标志。20 世纪 80 年代，国外一些先进的教学模式陆续传入我国，对我国深入开展教学实践产生了较大的影响。我国随后也产生了一系列教学模式。

“模式”的英文是“model”，也称作“模型”“范例”等。它将不能直接观察的现象转换为较具体化的东西以便观察，试图说明整个结构或过程的主要构成要素及其各要素之间的关系。

乔伊斯和韦尔认为，教学模式是“一种可以用来设置课程（诸学科的长期教程）、设计教学材料、指导课堂或其他场合的教学的计划或类型”。国内学者从不同角度对教学模式做出了不同的解释。从理论范型的角度讲，教学模式“是在一定的教学思想指导下围绕着教学活动中的某一主题，形成相对稳定的、系统化和理论化的教学范型”。从教学结构的角度讲，教学模式是“人们为了特定的认识目的对教学活动的结构所做的类比的、简化的、假定的表达”。从设计与组织教学的角度讲，“教学过程的模式，简称‘教学模式’，它作为教学论里的一个特定的科学概念，指的是根据客观的教学规律和一定的教学指导思想而形成的、师生在教学过程中必须遵循的比较稳定的教学程序及其实施方法的策略体系。”这些定义从不同角度解释了教学模式的特征。“结构说”强调对各种教学要素组合的静态描述；“过程说”强调对教学各环节有效运作的动态描述；“方法说”强调具体教学方法的组合运用。可见，一个完整的教学模式是静态和动态的统一，既有合理的结构，也有内隐程序的有效运作；既注重理论功能，也注重实践功能。

我们可以理解为：教学模式是在一定教学理论指导下，为设计和组织教学而在实践中建立起来的关于教学活动的一套基本结构或者是开展教学活动的一套方法论体系。教学模式包括五个要素：理论依据、教学目标、教学程序、实施条件与教学评价。教学模式具有操作性、整体性、简约性和变革性的特点。

（二）教学模式的种类

1. 探究训练教学模式

在一个四年级的教室里，学生们正要交算术练习本，教师哈里森夫人请学生们注意将要发生的事。正当学生抬起头看着哈里森夫人的时候，讲台顶上的电灯突然熄灭了，孩子们很疑惑。哈里森夫人问：“看到许多电灯都熄灭了，大家有什么想法呢？为什么会这样呢？”接着她拧下了那个灯泡，拿在手上。学生们都围在她身边，她把灯泡传给学生们看，说：“你们能否对发生的事情做一个假设呢？”一个学生这样问：“玻璃里面有什么东西？”哈里森夫人说：“恐怕我不能回答这个问题。可以换种方式提问。”“玻璃中有空气吗？”另一个学生问。“没有。”“里面是否有气体？”一个学生问。“也没有。”“它是真空的吗？”“是的。”“完全真空吗？”有学生进一步问。“差不多。”又有学生问：“那根细细的电线是用金属做的吗？”“是的。”她让学生们不断地提出诸如此类的问题，渐渐地，学生能识别制作电灯泡的各种材料并理解发生的各种情况，最后他们对所发生的事情大胆做出假设，在做出四五个假设之后，他们开始查阅资料，希望能证实这些假设。

以上是对探究训练的简要描述。探究训练教学模式是由美国教学专家萨奇曼设计的，他坚信“人们感到疑难时自然会去探究”，通过创设问题情境，培养学生调查、分析和解释问题的能力。

（1）理论依据

萨奇曼坚信当个体面对疑难问题时会本能地进行探究。所以，他认为学生面对问题情境的时候会本能地对其感兴趣，并且会想方设法弄清楚究竟发生了什么。教师可以利用学生的好奇心，让他们共同探究并给予指导，帮助学生意识到自己的思维策略并学会分析这些策略。他认为，帮助学生进行探究的最好方法就是训练，即促使学生面对一个令人疑惑的问题，通过收集和组织资料尝试对问题给予解释。

（2）教学目标

萨奇曼认为，利用学生对问题内在的探究渴望，帮助学生发展独立探究和合作探究的能力。通过探究活动培养学生搜集资料、分析资料和解决问题的能力，进而提高他们的探究性思维能力。

（3）操作程序

探究教学模式分为四个阶段：第一阶段，呈现问题情境。教师给学生提供问题情境。第二阶段，收集资料。学生根据疑难情境探索确认探究对象及情境的性质，并验证假设。第三阶段，组织资料并尝试解释。学生组织资料，试图分析并给予尝试性的解释，最后得出结论。第四阶段，总结。学生分析并寻找自己和他人有效的探究方式。这四个阶段之间互相联系，存在着逻辑顺序，若忽略这一顺序，将达不到预期效果。

（4）实现条件

探究训练模式中有两个重要的支持条件：第一，可供探究的问题情境，而且这个问题情境应该来自与我们的观念或现实相冲突的现象。第二，了解探究过程和方法的教师。

（5）师生角色

在探究训练教学模式中，教师和学生是平等的参与者。教师扮演着指导者的角色，为学生创设问题情境，根据学生的已有水平确定探究范围，根据探究进展提供信息资料，鼓励学生大胆探究。学生是探究活动的主体，教师通过“是否”的提问把分析问题的权利还给学生。教师只是为学生提供条件，并非代替他们进行探究。在探究训练刚开始，主要由教师进行计划和指导。经过一段时间后，可从教师主导转向学生主导，让学生有更多的自主性来进行探究活动。

（6）评价

探究训练注重的是活动的过程而非结果，它并不是一定要让学生做出正确合理的解释，而是使学生通过探究树立独立学习的信心，培养学生提出问题、分析问题和解决问题的能力。

2. “传递—接受式”教学模式

“传递—接受式”教学模式是我国长期使用的教学模式。这种教学模式源于赫尔巴特的“四段教学法”的思想，其弟子对“四段教学法”进行改造成“五段教学法”后，又经过凯洛夫等人的改造后传入我国，是我国小学教学实践中运用较多的一种模式。

（1）理论依据

“传授—接受式”的教学模式建立在唯物主义认识论的基础上，同时吸收了有关心理学和教育学方面的理论知识。在这种思想指导下，教学活动就是教师引导学生学习的特殊认识过程。学生在教师的指导下以掌握间接知识为主，学习各种科学文化知识。

（2）教学目标

“传递—接受式”的教学模式是以传授知识技能、技巧为核心，它的主要目的就是使学生在教师的指导下，掌握基础知识和基本技能，强调学生对文化知识的掌握，而忽视了学生的智力发展和能力培养。

（3）操作程序

在这一模式中，一般分成五个环节：激发动机—复习旧课—讲授新课—巩固运用—检查评价。第一，教师要使学生做好上课的心理准备和物质准备，激发学生对学习的兴趣，使学生集中注意力，自觉投入学习。第二，要检查、复习已经学过的内容，使学生加强新旧知识的联系，为学习新知识做好准备。第三，教师教授新知识，学生进行学习。第四，教师让学生当堂练习，及时解决问题，做到当堂消化。第五，教师布置作业，让学生运用所学新知识解决问题，并对学生的练习情况进行评价。

（4）师生角色

教师是教学活动的中心人物，在教学过程中起主导作用。教师在教学过程中围绕“三中心”进行教学，即以教师为中心、以课堂教学为中心、以教科书为中心。而学生总是处于“被教”的地位，学生在教学过程中就是要配合教师的教学，发挥学习的积极能动性，学习教师教授的文化知识和技能等内容。由于这一模式片面强调教师的主导作用，所以学生变成了被动接受知识的容器。

（5）实现条件

“传递—接受式”教学模式强调教师的主导作用，因而教学活动的顺利开展对教师提出了较高的要求。教师的思想道德品质和教学业务水平等都要达到一定水平。比如，教师要合理制定教学计划，运用各种教学方法进行知识传授等。

（6）评价

“传递—接受式”教学模式以教师评价为主，一般运用考试和测验的形式，强调教师对学生掌握知识质量的检查，以便了解学生掌握知识的情况，及时纠正学生学习的缺陷。

3.“自学—辅导式”教学模式

“自学—辅导式”教学模式是针对“传递—接受式”教学模式的弊端提出来的。为了改变学生被动接受的局面，它提倡学生要以自学为主，并讨论交流，实现学生之间与师生之间的多向交流。自学辅导教学模式是在教师的指导下，学生自己独立进行学习的模式。它承认学生在学习过程中试误的价值，培养学生独立思考和学会学习的能力。

（1）理论依据

“自学—辅导式”教学模式是由卢仲衡教授主持研究的。其理论依据有：第一，“教为主导，学为主体”的教学观。卢仲衡认为，应摒弃“以教师为中心”的观念，转变为“以学生为主体”。在课堂教学中，教师要把学生学习的自主权交给学生，以学生为主体，发挥学生的主动性和积极性。而教师应对学生进行多方面辅导，对学生进行启发、检查、督促等，发展学生的自学能力。第二，卢仲衡提出了个别化教学和集体教学相结合的理论。这个理论克服了班级授课制和个别化教学的缺点，吸收了它们各自的优点。在强调统一进度、统一要求的基础上，学生能够依据自己的进度进行学习。如果课堂上未完成老师定的步调，可以课后补上。第三，卢仲衡在实验的基础上提出了学生类型说。他认为，学生的学习心理品质可以分为四种：敏捷而踏实（快而准）、敏捷而不踏实（快而不准）、不敏捷而踏实（慢而准）、不敏捷而不踏实（慢而不准）。教师可以根据不同学习类型的学生给予分别指导和辅导，达到因材施教的目的。

（2）教学目标

“自学—辅导式”教学模式要达到如下教学目标：第一，促使学生有效掌握所学知识，提高学习成绩。自学辅导教学使学生成为学习的责任者，学习的主动权掌握在学生手里，学生的学习是由自己的积极性出发，通过自学获得的，因此，学生可以更加有效地掌握知识，并能较快地将知识迁移到其他学科里去。第二，发展学生的自学能力。自学能力是一种综合能力。在卢仲衡看来，自学能力包括主动阅读能力、独立思考能力、善于自练自检的能力、自我管理能力、自我控制能力、自觉探究能力、加速形成概括能力、能动应变能力和创造思维能力。第三，培养学生的自学信心，养成学生的自学习惯。自学辅导教学不仅可以促进学生自学能力的增强，而且也能促进自学信心和自学习惯这些非智力因素的形成。自学习惯包括阅读习惯、自练习惯、自检习惯和思考习惯等。学生在自学中不仅发展了自学能力，而且在教师的指导下，学生的非智力因素也被充分调动，智力因素和非智力因素得到统一发展。

（3）操作程序

自学辅导教学一般可分为五个阶段，其基本模式是“启—读—练—知—结”。“启”和“结”是教师在刚上课和即将下课时向全班进行的，约占 15 分钟。所谓“启”就是由老师向全班学生进行启发，对于学生在预习中遇到的疑难问题，教师可提供提纲，从旧知识引发新问题，设置激发学习新情境，大约 5 分钟左右。“结”就是老师向全体学生进行小结，将本课主要内容概括地向班集体进行统一讲授，指出上课时在课堂内巡视时发现的问题，以便解决问题，加深学生的理解，并引发学生积极思考、自我总结，小结的时间大概 10 分钟。中间的“读”“练”“知”是学生自学的阶段。“读”就是学生以粗细精的方式阅读和理解课文的过程。“练”是学生在自我阅读的基础上在练习本上做练习。而“知”就是当时知道结果，学生自我校对答案。学生在这一步要注意三点：做完一大道题目所包含的全部小题目之后才核对答案；之后再标注对错记号；不能把错误擦掉，要在旁边做改正。学生自学时老师要积极巡视课堂，进行个别指导。学生学完老师规定的进度内容后，可阅读课外参考书，做课外练习题；未完成老师规定的内容者，可在课后完成。这个部分大概 30 分钟。

（4）师生角色

由于学生类型不同，因而在自学辅导教学中，教师要始终承担“辅导者”的角色，根据学生的类型、学习的进度施教。教师的指导主要集中在刚上课后和即将下课的阶段，对学生进行启发指导、检查监督，促使学生形成自学能力。而学生则扮演“自学者”的角色，学生在自学的过程中要掌握方法，并树立自学信心，养成良好的自学习惯。

（5）实现条件

在自学辅导教学中，教师一方面要提出明确的自学目标，设计具体可操作的自学提纲；另一方面还要提供必要的自学材料，如学生参考书、学习辅助工具等。

（6）评价

自学辅导教学中采用自评、他评、自评与他评相结合的方式。自我评价能力是自学能力的重要组成部分。自评能力的发展是渐进的，教师要有目的、有意识地培养学生的自检能力和自检习惯。初期一般由教师对学生的情况进行评价；过渡阶段可采取教师评价和学生评价相结合的方式进行；随着自检能力的增长，他评与自评的比重会逐步发生变化；到了完全能自评的时候，学生也形成了自评能力。

4. 情境教学模式

我国的情境教学模式是以江苏省南通师范第二附属小学特级教师李吉林为主在实践研究中构建的。情境教学经过了李吉林老师研究的单科实验—多科综合—整体优化的探索过程，通过创设优化的德育情境、教学情境、测试情境，课内外、校内外构成多向折射的心理场，促进儿童主动发展、整体发展、和谐发展，形成了以“美”为突破口、以“情”为纽带、以“思”为核心、以“儿童活动”为途径、以“周围世界”为源泉的情境教学操作模式。

（1）理论依据

情境教学是以我国古代文艺理论“境界学说”中“心物交融”的思想和直观认识原理为依据的教学方法。“心物交融”就是指通过外界事物和内心情感的相互作用，进而使“情动而言形、理发而文见”，从而达到情境交融的目的。直观性原理是教学的重要法则，它认为人的认识过程就是客观存在的反映，通过提供直观的事物刺激人的意识，加深对客观事物的认识。因此，在教学过程中，教师就是要创设特定的情境，为学生提供各种感知觉的刺激，调动学生的情感，促使学生展开积极的思维和想象，“物、情、辞、思”相互作用，从而发展学生的思维能力和创造能力。

（2）教学目标

情境教学通过创设生动形象的情境，使学生的情感活动与认知活动结合起来，获得智力与非智力整体的和谐发展。第一，在情境教学中，学生获得各种情感体验，心灵产生共鸣，并因情感的驱动而产生学的需要，进而积极有效地掌握各种知识和技能。第二，情境教学通过各种途径优化情境，使情境作为一个整体展现在学生的面前，教师引导学生从形与情中感受作品的美，并引发学生无限的想象，大大促进了想象力的发展。第三，学生通过对情境的整体把握，初步理解所学知识，从而引发学生多方面的思考，提出问题或新的观点等。在这个过程中，学生的思维能力得到锻炼，智慧的萌芽得到启迪。

（3）操作程序

情境教学要经过感知—理解—深入三个阶段。由于情境教学是在小学语文教学中提出的，这里以作文教学为例简单说明。第一，引导学生观察情境。在教师富有启发性的指导下，学生对大自然、社会生活进行观察，并选取鲜明的感知目标，获得较为具体而丰富的印象。第二，激发学生内在兴趣。学生在周围世界中获得大量感知材料的同时，教师激发学生内心丰富的情感，进而引导他们展开丰富的想象。第三，拓宽学生的写作思路。作文教学的目的在于培养学生的思维能力。在学生感受情境的基础上，教师通过深化情境、拓宽情境、灵活安排材料等方式打开学生思路，激发其写作热情。第四，提供范文，促进发展。发挥教材的范例作用，使学生获得写作的初步知识，提高其写作技巧。学生在学习的过程中把读与写相结合，认知与情感相协调，获得整体和谐发展。

（4）师生角色

在情境教学中，教师扮演着“设计者”“引导者”的角色。教师围绕教材，引领学生进入生活世界，借助实物、图画、音乐、表演和语言等创设特定的教学情境，加深学生对教学内容的感知，激发学生学习的兴趣，促使学生展开丰富的想象，进而提高学生对事物的理解能力和领悟能力，最终实现学生的整体发展。学生在教师创设的情境中发挥着主体性，担当和扮演着特定的角色。在生动形象的场景中，学生通过角色扮演，通过感官与心智去感受和体验课文的美感。一方面，加深了学生对教材的认知和理解，另一方面使学生的想象力得到充分发展。这样，学生在教学活动中就从被动的接纳者转变成积极的参与者，体验着成功的喜悦。

（5）实现条件

情境教学是以“情境”为中心展开的。不同情境的设置对教师提出了不同的要求，教师要具备设计多种情境的能力。比如，在感知阶段，教师要有优化情境的能力，有取有舍，使情境具有鲜明性和新颖性；在理解阶段，教师要教会学生合理观察的程序，设法唤起他们的兴趣，丰富他们的感知；在深入阶段，教师要使学生在感知之后掌握知识并启迪智慧。

（6）评价

情境教学中，教师不仅要对学生掌握知识的情况进行评价，而且更重要的是对学生的思维能力、想象力和创造能力进行评价。

（三）小学教学模式的选择与运用

教学模式直接关系到教学的进程和教学的质量。因此，作为教学过程的组织者和实施者的教师，应该善于选择和运用教学模式。

1. 教学模式的选择

教师在选择教学模式时，应统筹兼顾、权衡利弊、择优从善地依据如下因素进行选择：

（1）根据教学内容的性质选择教学模式。教学模式总是相对于某种教学内容而存在的，不同的学科或同一学科的不同内容，往往选择不同的教学模式。

（2）根据教学目的、任务选择教学模式。各种教学模式的功能是不一样的，应该选择那些有利于更好地完成教学任务、达到教学目的的模式。

（3）根据教学条件选择教学模式。教学模式的实施是要借助于一定的教学条件的，应该选择那些适应于本地、本校的教学条件的模式。

（4）根据学生的年龄特征和知识水平选择教学模式。同一教学模式对不同年龄、不同发展水平的学生，其效果是不一样的，应选择那些符合学生年龄特征、适应学生身心发展水平的教学模式。

（5）依据教师的教学风格和特长来选择教学模式。教学模式的运用总是要通过某个具体的教师来实现的，每个教师都应该选择那种最能表现自己的才华、施展自己的聪明才智的教学模式。

2. 教学模式的运用

教学模式的运用应考虑如下因素：

（1）教学过程的完整性和教学模式的整体性。教学模式是教学过程的模式，每一种教学模式的使用总是与某一个相对独立的教学过程相适应的，而这个相对独立的教学过程，并不仅是一堂课、一次活动所能完成的。因此，在变换教学模式时要考虑到教学过程的完整性和教学模式的整体性。

（2）在理解的基础上运用。教学模式虽然有其固有的程序、结构和阶段，然而这种程序结构的划分并不是绝对的，教师不应把这几个教学阶段当作不变的程式，机械死板地套用，而要从整体的角度，融会贯通地理解和运用。

（3）优化组合地灵活运用。每一种教学模式都以自己的独特风格与其他模式相区别，但是各种不同类型的教学模式之间也是彼此渗透的。实际上，无论哪种教学模式都已不是它原先刚产生时的那种模式了，每一种教学模式都是在其发展过程中，各自程度不同地吸取了其他模式的长处，克服自身的短处，逐步得到发展完善起来的。因此，在运用教学模式时，既要充分认识这一模式的特有功能，以便扬其长，借鉴其他模式的成功之处。同时也要认识到这一模式的薄弱环节。总之，教师要从教学实际出发，灵活地运用教学模式，创造性地组织教学过程。

思考题

1. 简述几种课程实施的教学模式。
2. 结合实际，谈谈影响小学课程实施的因素有哪些。
3. 简述教学过程的本质。
4. 简述几种主要的小学教学模式，并阐述如何进行小学教学模式的选择与运用。

第七章

课程与教学方法

学习目标

- 识记教学方法内涵的概念。
- 能区分教学方法、教学方式与教学手段的不同。
- 了解教学方法的各种类型。
- 掌握三分钟课堂教学展示法。

第一节 教学方法概述

一、教学方法内涵

通常而言，教学方法是指教师和学生为了完成一定的教学任务而在教学活动中采用的教学活动方式的总称。

人们在开展活动时总会使用一定的方法，如果方法得当，活动往往会达到事半功倍的效果，反之则可能事倍功半。由此可见，选择和使用正确方法将对活动效果产生积极影响。教学是公认的极具复杂性的活动，教无定法、贵在得法，教学方法的科学性将影响甚至决定着教学活动的有效性。为此，我们必须对教学方法进行全面而深入的认识。

（一）教学方法由教师的教法和学生的学法的有机组成

教法是教师在教学过程中，为了实现教学目标、完成教学任务所采用的方式和手段。学法是学生在学习过程中，为了掌握知识、技能，发展力所采用的方法。教学相长是教学活动的基本规律之一，教学相长说明了教师的“教”和学生的“学”是相辅相成、不可分割的密切关系。具体在教学方法上，教学方法也不是单方面教师的教法，而必须是教师的教法和学生的学法的有机组成。有些人认为教学方法就是教师的教法，这种观念是违背教学规律的。脱离了学习方法的教学方法是不可能达成好的教学效果的。相应的，学法与教法同样是不可分割的关系。

教学方法由教师的教法和学生的学法组成，但两者的地位和发挥作用的方式并不一样。在教学方法中，基于教师在教学活动中的主导地位，教师的教法在教学方法中同样居于主导地位，且是第一位的。但这并不是说学生的学法不如教师教法的地位重要，而是说学生的学法受教师教法主导。在发挥作用的方式上，教师的教法必须基于对学生学法的认识和把握，学生的学法需要教师教法的设计、引导和调整。在小学阶段，由于小学生主体性发展不成熟，再加之参与教学活动经验不足等原因，小学生的学习方法尤其需要教师在设计教学方法时予以预设和引导，小学教师要帮助小学生去探索、发现和形成适合自身的学习方法及体系，最终的目的是帮助小学生能灵活使用各种学习方法以适应不同的教学活动。

总之，教师的教法和学生的学法必须相互观照、相互适应、相生相融，如此才能构建成有机的、科学的教学方法，才能相辅相成、相互促进，达到事半功倍、提升教学效果的作用。反之，如果教师的教法与学生的学法毫不相涉，背离甚至相互冲突和矛盾，则会阻碍教学目标的达成，产生事倍功半的恶果。

（二）教学方法是为完成一定的教学任务服务的

方法总是为活动目的服务的，教学方法也不例外。教学方法的选择和使用必须具有指向性，必须围绕教学任务来展开。所谓“工欲善其事，必先利其器”，这里的“器”即方法和手段，而“事”即具体活动的目的和任务。要想很好地完成任务，就必须选择合适的方法。对于教学活动而言，总的目的和任务无疑是促进学生的全面发展，但教学是极其复杂的，为达到这个总的目的，教学活动必须构建一个极其庞杂的活动体系，这个活动体系是由无数的教学活动及教学任务组成的。因此具体来说，要想实现无数具体教学活动的目的任务，最终实现教学活动对学生全面发展的育人目的，就需要构建一个与教学活动相匹配的科学教学方法体系。所谓“教无定法”，正是说明了教学活动的海量工程和复杂性对教学方法在体系和灵活性上的要求。

总之，没有哪一种教学方法是适应一切教学活动的，所有的教学方法都是为完成相应的教学活动任务而服务的，因此我们必须根据具体教学活动的情况灵活选择和使用教学方法。

（三）教学方法与教师的教学个性和教学风格相关

教学方法的选择和使用受多种因素的影响，如教学方法的使用者、教学内容、教学环境和条件等。不同的教学方法有自身不同的特点，其使用的条件要求和作用发挥也有区别。人是影响教学方法选择和使用最重要的因素，在教学方法选择和使用上拥有主导地位的教师是影响教学方法最重要的人的因素。教师的自身条件，如知识、技能、观念等都会影响他们自身的教学方法。教师，尤其是拥有丰富教学经验，形成了较稳定的教学个性和教学风格的教师，往往对教学方法有自身独特的理解和运用，也更容易构建一套与自身教学个性和风格相匹配的教学方法体系，使其教学方法在促进教学任务完成的效果上也更好。

当然，教学方法也与学生的个性等自身情况密切相关。学生的学法受教师的教法影响，但并非由教师的教法决定。对于小学生而言，小学生学法受教师的影响相对较大，但小学生的学法同样会具有自己的个性和特点，这一点是毋庸置疑的。教师需要关注学生的具体情况，基于学生发展的追求，结合教学任务，引导小学生形成适合自身特点的学习方法。教师教法的选择也需要主动适应学生学法的情况，而非让学生被动地适应自己的教法，要体现“以学生为中心”的教学理念。

（四）教学方法必须建立在对教学活动要素的正确认识的基础上

教学活动既有人的要素，如教师和学生，也有物的要素，如教学内容等。在教学方法的选择和使用上，作为人的教师和学生固然是最重要的影响因素，但教学方法同样受教学内容等其他教学活动要素的影响和制约。相同的教学任务，不同的教师、学生、教学内容和教学环境等，只要教学活动的要素存在差异或变化，对教学方法的要求就可能发生变化。即使在上述各方面情况都相差不大甚至相同的情况下，教学方法对教学任务的适应情况也可能改变。如有时教学活动中，人的心境发生了变化，其驾驭教学方法的情况和效果会与平常大不一样。因此教师在教学方法的选择和使用上必须对教学内容、教学环境等要素进行全面、深入的认识，在此基础上再结合自身等各方面的情况，才能确定科学的教学方法。

除了上述方面外，我们还应该认识到，影响和制约教学方法的因素还有许多，如社会文化、教学活动的组织形式、教学技术和手段等等，这些都是我们在选择和使用教学方法时需要予以考虑的因素。

扫一扫

教学方法辨析

二、教学方法辨析

（一）教学方法与教学方式

在日常生活中，人们往往不太能正确地区分教学方法与教学方式，有人甚至认为两者差不多，但实际上两者虽然密切相关，却存在实质上的区别。教学方式是运用各种教学方法的技术，是教师施教和学生学习的具体动作。教学方式是指教学方法的活动细节，教学过程中具体的活动状态，表明教学活动实际呈现的形式。如讲授法中的讲述、讲解、讲演；练习法中的示范、模仿等。没有独立的教学任务，服务于某一方法所要完成的任务。同一教学方式可以用于不同的教学方法，不同的教学方式也可包含于同一教学方法之中。它能使教师的工作方法形成独特风格，赋予教学方法以个人特征，也能影响学生掌握知识的个人特点。教学方法是教学方式的上位概念，任何一种教学方法都是由一系列教学方式组成的。

（二）教学方法与教学手段

教学手段是人们在使用教学方法时经常会联系起来使用的一个词，这充分说明了教学手段与教学方法关系的密切。但两者同样是有区别的，教学手段是指在教学过程中使用某种具体的物体和工具，而教学方法不是某种东西，而是对教学手段的操作和运用。举个例子，演示法是小学教学中经常使用的一种直观形象的教学方法，演示法往往需要借助一些工具或者手段，譬如老师使用演示法在向学生讲述世界五大洲、四大洋的位置分布时往往会借助于地球仪，此时地球仪便是教师使用的教学手段。老师也可以不使用实体的地球仪，可以借助于电脑、投影仪、投影仪幕布等，使用更加形象直观的方式来对五大洲、四大洋进行介绍。上述这些材料和工具都是教师在使用教学演示法时使用的教学手段。

三、教学方法的分类

前文我们已经论述过，鉴于教学活动的复杂性，我们要想在纷繁复杂的教学活动中完成教学任务，就要根据不同情况使用不同的教学方法。事实上，教育实践中的教学方法是非常丰富而庞杂的。为了更有效地认识和使用教学方法，我们有必要将教学方法进行科学分类。依据分类标准不一样，可以将教学方法分为不同的类型：

（一）以语言表达为主的教学方法

这类教学方法主要是教学活动参与者以语言（主要是口头语言）为载体和媒介来开展教学

活动的教学方法，典型的如：

1. 讲授法

讲授法主要是指讲授者（通常是教师）使用连贯的语言向学生传授系统的科学文化知识，培养和提升学生对科学文化知识的探索求知欲，丰富学生对各类科学文化知识和技能的认识和理解，发展学生各方面能力的教学方法。这种教学方法使用时间最为悠久，即使是现在，其使用范围也最为广泛。讲授法有突出的优点，即经济便利，可以在短时间内向学生传授大量的科学文化知识。从“教”的角度看，讲授法在单位时间内的教学效率很高。但这种教学方法以讲授者为主，固然充分发挥了讲授者的主体性，但讲授对象的主体性不容易被充分调动。因此，在教学实践中为弥补讲授法的不足，人们通常将之与其他的教学方法结合使用。讲授法根据教师在使用过程中出现的变化，如因为学科、内容和任务等的不同而在讲授方式上的变化，又可以具体分为讲述、讲解、讲读和讲演等不同的类型。

在教学实践中，有时会出现一些对讲授法的误解，有人甚至认为讲授法就是“填鸭式”，就是“满堂灌”，这实则是对讲授法的曲解，是对讲授法固有短板的无限放大。讲授法虽然有以讲授者为主的特点，但如果讲授者能充分发挥其主观能动性，辅助以各种方式和手段，同样可以克服讲授对象主体性不易调动的不足，甚至可以有效调动倾听者的主体性，积极参与和融入讲授活动之中，从而达到很好的教学效果。这就正如优秀的相声演员可以把相声讲得精彩绝伦，让观众们全情投入、乐不可支、拍案叫绝。事实上，讲授法直到今天仍是老师在教学中使用最多的一种教学方法，这正好说明了其突出的优点和良好的适应性。

2. 讨论法

讨论法是指根据教学的要求，学生在教师的指导下，围绕某些问题各抒己见、展开辩论，明辨是非、真伪，以此提高认识或弄清问题的方法。讨论法在教学实践中也运用很广，它除了具备经济便利的使用特性外，还因为讨论这种形式如果组织得当，可以有效启发学生思维，促进学生研究能力的提升和创新品质的培养。在当今社会越发重视创新能力培养的背景下，讨论法日益受到人们的青睐，在教学实践中得到广泛应用。但讨论法的使用也需要注意一些问题，如选择讨论话题。并非所有教学内容都适合讨论，如那些约定俗成的知识或话题，其讨论的价值就不大，而那些容易出现疑问甚至争议的，需要学生去思考和探索的教学内容则往往适合讨论。另外，讨论法还需要注意时间的有效利用，如果不能科学地组织和安排讨论的过程和环节，就不能够有效激发讨论者的兴趣和热情，甚至可能出现无法持续或过于拖沓和冗长等问题，从而导致教师对教学时间利用不高问题。

除了讲授法和讨论法外，以语言表达为主的教学方法还包括谈话法、读书指导法，等等。我们需要说明的是，以语言表达为主的教学方法，其载体和媒介主要是口头语言，即教师和学生在教学活动中口头语言的交流。但并非仅指口头语言，事实上除了口头语言外，还可以是书面语言、肢体语言等。以谈话法为例，教师与学生的对话既可以是口头语言的直接对话，也可以通过书信或其他语言载体、媒介来开展。

（二）以观察为主的教学方法

这类教学方法是教师在教学过程中主要通过实物、教具或带领学生进行教学性参观等方法来进行教学，而学生则主要以直观的方式来进行学习。典型如下：

1. 演示法

所谓演示法是指教师配合讲授和谈话，通过给学生展示实物、直观教具、示范性实验或采用现代化教学手段的方式，使学生获得知识的方法。演示法的突出优点是直观形象，尤其适用于小学生身心发展的特点，在小学中使用广泛。演示法可以使学生获得直观形象的感性认知，有利于培养和训练学生的观察力，在感性认知的基础上形成理性认识。可以达到由感性认知上升至理性认识的目的，在教学活动中，演示法和讲解法等往往结合在一起使用。

2. 参观法

参观法主要是指教师根据教学任务，并紧密配合教学，教师组织学生到校外的一定场所进行直接的观察、调查和研究等，以此获得知识、锻炼能力的方法。参观法同样具有直观形象的优点，契合小学生身心发展的特点，而且使用参观法可以使小学生将教学和生活密切结合，有利于小学生理论联系实际，参观法理应在小学广泛使用。但因为出于对小学生参加校外活动时安全问题的顾虑，目前参观法在教学实践中使用并不多，其优势未得到很好的发挥。这也从侧面反映了参观法的一些局限，如不经济、不便利。但俗话说，“读万卷书，行万里路”，参观法不仅直观形象，而且还有利于学生在身临其境的实践活动中将理论与实践进行结合。虽然其存在不经济、不便利的局限性，甚至在使用时还需要冒学生安全的风险，但的的确确是一种在小学教育教学中具有突出优点的教学方法。当前，许多地方推广的中小学校学生研学旅行是活用参观法的一种较好的形式，如果组织得当，将会对学校教育教学活动发挥不错的助推作用。

（三）以操作为主的教学方法

这类教学方法的特点是主要以教师和学生实际操作的方式来开展教学，借此促进学生在操作中获得知识，培养和发展学生的能力。典型如下：

1. 实验法

实验法是指在教师的指导下，学生运用一定仪器设备进行独立作业，观察事物和实验过程，探索事物的规律，以获得知识和技能的方法。这种方法的优点有助于培养学生的动手操作能力。另外，还可以培养学生从事科学研究的兴趣和探究意识。实验法在自然科学类课程中使用较多。但实验法相对来说要求较高，实验法对实验设备、设施、材料、场所等都具有要求，并不经济，但无论是从学科课程要求，还是学生发展需要，实验法在小学教学中的使用都是必要的。目前，总体来说，无论是从教师的教学意识还是从学校的教学条件来看，实验法在小学教学活动中的使用情况并不普遍，效果也并不太好。

2. 练习法

练习法是指教师根据教学的要求，给学生布置一定的作业，然后学生在教师的指导下，通过课内和课外完成作业的方式让学生运用所学知识反复完成一定的操作，以巩固知识，形成技能、技巧的方法。这也是一种使用最为广泛的教学方法，如果练习得当，可以促进学生对所学知识或技能的理解、强化和巩固。练习法使用的时候需要明确练习的目的，在练习的数量和形式上也要合理。另外，练习的时候需要得到教师或家长的指导和帮助。当前，在小学教学活动中，练习法使用非常广泛，对学生的学习起到了很大的促进作用。但也存在练习过度，从而造成学生学业负担过重的情况。另外，还有一种在小学教学实践中对练习法使用不当的典型情况，即安排布置学生的练习任务较多，但在批阅和讲解等相关环节却做得不足，有一部分教师甚至将批阅和讲解的任务转移到家长或学生干部身上，严重地降低了练习法的使用效果，有时甚至对教学质量造成了负面影响。因此教师一定要合理使用练习法，要根据学生的情况，科学设计和安排练习的题目、数量和练习时机等，更要注重练习的评价和反馈等。

第二节 三分钟课堂教学展示法

教学方法的选择和使用受多种因素的影响和制约，如学科特点、教学目标、教学内容、教学对象、教学条件以及方法本身的优势和局限等。“教无定法”，教学方法的使用是非常灵活的，要根据具体情况具体分析、灵活使用，才能达到预期的教学效果。正如前文所述，演示法、参观法等教学方法因为其直观形象的特点，符合小学生认知发展的特点，理应在小学教学中广泛使用，但其他诸如讲授法、讨论法等教学方法也有其突出的特点，同样在小学教学活动中有重要的作用。除了上述的教学方法外，本节我们重点介绍三分钟课堂教学展示法，它也是一种比较适合小学的教学方法。

一、三分钟课堂教学展示法的内涵

三分钟课堂教学展示法是指学生在教学活动中在规定的时间内进行教学展示，培养和训练学生主体性和创新品质的教学方法。要想理解三分钟课堂教学展示的内涵，我们需要从以下几个方面展开：

（一）学生是课堂教学展示的主体

在课堂教学展示中，学生是展示的主体。在整个展示活动中，学生既是活动的准备者，也是展示者，同时也是自我评价和自我训练的主体。除了展示者本身外，其他学生同样要以主体的身份参与到展示活动中，仔细地观看和聆听，积极地思考和认真地评价，为展示活动的改进献计献策。而教师则以另外一种主体身份发挥作用，教师既是展示活动的组织者，同时也是辅导者、评价者和监督者。同样，其他的教学活动主体，如家长等也可以间接参与到学生的三分钟课堂教学展示活动中来，如协助学生收集资料、为学生的展示活动提供建议等。总之，学生是展示活动的主体，是所有参与人员的核心，其他教学活动主体是辅助者，也是参与者。

（二）课堂教学展示的内容要结合教学内容

总体而言，小学生课堂教学展示的内容相对较灵活，但要结合教学内容进行选择和组织，特别是要结合课程内容和教学进度情况，以及要完成的教学任务等，结合学生的生活经验和兴趣特长等进行展示主题的选择。当然，在特殊情况下，课堂教学展示的主题也可以与课程教学内容无关。但展示主题必须要有教育性，不仅对展示者本身具有意义，而且，也要对其他学生发挥积极的教育作用，而且必须征得任课教师的同意，具体内容需要任课教师进行审核。小学生虽是展示主题和内容的主体，但受限于小学生自身各方面的能力不足，成人，包括家长和教师，尤其是教师，在展示主题和内容的选择上要发挥好引导、辅助和把关的作用。

（三）课堂教学展示活动在规定的时间内进行

课堂教学展示活动是有时间限制的。该教学方法以三分钟课堂教学展示命名，但在时间上只是一个相对的概念，具体展示的时间可以结合小学生情况、展示内容和任务进行灵活调整，但在具体展示活动开展前，必须对展示的时间提出明确的要求，让学生在规定的时间内，科学规划，把握好展示节奏，完整地进行教学展示。如小学低年级的学生可以把展示时间限定为 1～2 分钟，而小学中高年级则可以调整为 3～5 分钟。展示的时间过短或过长都不科学，过短学生无法完整地呈现展示内容，过长则小学生可能难以驾驭。

（四）以培养和训练学生的主体性和创新品质为核心

三分钟课堂教学展示法要求围绕课程教学内容进行选题和组织，与课程教学任务密切相关，这无疑可以促进学生对课程内容的学习和掌握。同时，小学生走上讲台进行自我展示，对其表达和沟通的技巧和能力也能发挥很好的训练作用。该教学方法最大的作用不是以学习知识或训练技能为主，贯穿整个教学方法在使用过程中是对学生主体性的培养和训练。对展示效果进行评价时，其核心指标也是学生创造性地对知识进行加工和使用的情况。

综上所述，三分钟课堂教学法对学生的发展作用是全方位的，其既是知识的学习、技能的训练，也是对创新意识和创新能力的培养和塑造。如果使用得当，将对学生的主体性发展具有很大的促进作用。同时，三分钟课堂教学展示法可以有效促进各类教学主体在教学活动中的协同作用，促进教学共同体的建设。小学生主体性发展的程度不高，但处于主体性快速发展时期。在小学教学活动中广泛采用三分钟课堂教学展示法，可以充分彰显小学生在课堂教学中的主体地位，有效锻炼小学生的主体性，为其主体性的良好发展进而实现个性化的全面发展奠定扎实的基础。因此，这是一种值得在小学应用并推广的教学方法。

二、三分钟课堂教学展示法的作用

总体而言，小学生身心发展处于相对较低的阶段和水平，如主体性发展水平较低、知识储备水平较低等。但同时小学生又处于快速发展阶段，我们应该创造条件，对小学生的主体性发展进行培养和训练，使其能够得到快速的发展和提升。三分钟课堂教学展示对小学生的培养和训练是全方位的，即知识的学习、技能和能力的培养和训练，最主要是主体性的发展和促进，特别是小学生创新素养的培养，具体来说有以下几方面的作用：

（一）培养学生的勇气和胆识

小学生尤其是中低学段的小学生年龄较小，学习和生活经验都相对欠缺，在教学活动中往往会表现得不太自信。通过三分钟课堂教学展示法让小学生走上讲台进行展示，并培养他们勇于上台的习惯，可以有效培养学生的勇气和胆识，让小学生更加自信。如果能将三分钟课堂教学的方法形成常态的教学机制，让每个小学生都能经常性地走上讲台进行教学展示，就能实现对小学生勇敢、果断、坚毅等良好性格品质的群体性培养。

（二）培养和训练学生的表达能力

小学生的表达和沟通能力相对较低，但同样处于快速发展期，采用三分钟课堂教学展示的教学方法，通过台上展示的训练，可以有效提升小学生的各种表达能力和沟通能力，如语言表达能力、肢体表达能力、面部情绪表情和眼神沟通等能力。此外，小学生在展示的过程中还可以通过提问等形式与其他小学生甚至教师进行沟通，还可以使用板书和利用其他教学手段和工具进行展示，如此可以有效培养和训练小学生的表达能力和沟通技巧。

（三）培养学生的创新创造能力

三分钟课堂教学展示时间虽然短暂，但小学生若想达到较好的展示效果，必须对展示内容进行精心的准备，无论是选题还是内容组织，再到展示时的方法、手段和形式，都需要学生在教师、家长和同学等的帮助下，创造性地开展工作。如果不能创造和革新，很难达到预期的效果。这无论对展示的个体还是参与的群体都是较大的挑战，需要大家集思广益、群策群力，对小学生的创新思维品质能发挥很好的训练作用。

（四）培养学生的欣赏、鉴别和评价能力

三分钟课堂教学展示并不是展示学生的个体行为，其发挥的作用也绝对不限于对展示学生个体的培养和训练，否则的话，这种教学方法的价值和作用就会大打折扣。在三分钟课堂教学展示的开展过程中，除了少部分环节只能由展示学生本人完成，其余大部分环节和内容都要求全体学生共同参与，如学习同学的展示内容，收获知识，欣赏同学的展示活动，积极思考和讨论，对同学的展示提出意见和建议等，这些都可以有效地提升学生欣赏、鉴别和评价的能力，这种欣赏、鉴别和评价的行为对展示的学生也同样适用。这些能力的培养都为学生主体性的发展打下了坚实的基础。

（五）培养学生收集、整理信息的能力

三分钟课堂教学展示法以相应的选题和内容为载体，这需要学生结合教学内容和自身的兴趣和特长，去收集、整理相关信息，在此基础上形成自己的展示内容。这对学生的信息收集和整理能力提出了较高的要求，如怎么确定展示的主题？怎样收集资料？怎样整理资料？等等，这些都需要小学生去学习，去亲自动手做，并在这个过程中不断地思考，不断调整自己的思路和行为，同时还要积极地去与相关人员沟通协调，寻求他们的帮助，这些对学生都能发挥很好的促进作用，尤其可以提升小学生收集和整理信息的能力。

（六）培养学生的团队意识、主人翁意识、集体责任感和荣誉感

三分钟课堂教学展示既是个人行为，也是团队行为。学生展示的整个过程和环节都需要教学活动相关人员的参与和协助。以选题为例，教师、家长和其他学生都可以发表自己的意见和建议，而且选题最后还需要教师审核通过。另外，学生的展示需要教师和其他学生的欣赏、讨论和评价，需要大家提出改进的建议，以便学生在展示活动结束后有针对性地进行改进、进行

再次训练，为下一次更好地展示打下基础。另外，三分钟课堂教学展示法可以是个人展示，也可以是团队展示，这就更需要团队合作。总体来说，教学展示需要教学活动中的相关人员共同参与，唯有如此才能取得好的展示效果。在向这个目标努力的过程中，三分钟课堂展示法可以很好地培养学生的团队意识、主人翁意识、集体责任感和荣誉感。

综上所述，三分钟课堂教学展示法这种教学方法可以充分调动教学活动中各类主体的主体性，打造教学共同体，促进学生创造性思维的训练和发展，有效加快小学生主体性的发展。

三、三分钟课堂教学展示法的程序

（一）准备

三分钟课堂教学展示法需要教师进行精心的准备。首先，要确定展示的主题和内容。具体做法是由任课教师提前做出说明并提出要求，如说明展示在时间、内容和形式等方面的具体要求，让学生提前做好准备。一般来说，教师应提前进行说明和提出要求，如提前一周，让学生有充分准备的时间。当然，如果经过较长时间的施行并取得不良的效果，教师也可以临时在教学活动中提出展示主题，让学生即时准备并展示。通常情况下，在获取教师关于展示的安排后，学生首先根据教师发布的任务及相关要求进行展示主题的选择，提交给教师审核并获得批准。其次，是学生搜集、整理资料和信息，形成展示的文本内容，征求意见并进行调整修改，最终形成展示用的文字、图片、视频和音频以及制作展示用的幻灯片等。最后，是展示学生在熟悉展示文本的基础上做好训练和预演，如选择家长或部分同学为展示对象，多次预演，以达到较好的展示效果，这些都属于展示的准备工作。

（二）展示

在学生充分准备的基础上，第二步就是课堂上的教学展示活动，即讲的环节。为保证全体学生在三分钟课堂教学展示活动上的参与度，避免“搭便车”的情况出现，除非教学活动需要教师提前指定展示对象，一般情况下，确定上台展示的学生是教师在课堂上临时随机选择的。在具体方式上，教师可以先让学生自愿举手报名上台展示，根据学生的报名情况再决定是否随机选择。这种形式可以将学生主动参与和教师督促结合起来，将学生敢于展示和勇于展示变成学生的一种习惯。在学生台上展示时，台下有人（学生或教师）专门计时，在时间截止前用倒计时 30 秒的提示牌提醒学生。学生讲的时候，根据学生讲的内容，台下听讲的教师和学生要积极观察和聆听，配合学生的展示活动，同时认真记录学生的表现行为，为即将开展的讨论和评价做准备。

（三）讨论

在展示活动结束后，在认真观察和聆听的基础上，全班学生要根据学生的台上展示情况进行一次简短的讨论活动。讨论的时间一般控制在 2 分钟左右，为确保在规定的时间内形成明确的讨论结论，学生在台上展示的时候就要做好讨论内容的简要记录。在讨论前，教师可针对学生的展示，对讨论的内容和方式提要求并做引导，也可让学生自由讨论。在讨论方式上，鉴于时间短暂，一般不分组，而是采用同桌讨论的方式。讨论的内容涉及展示学生的整个展示活动，如学生展示内容的科学性和启发性，展示学生的表达方式和能力，以及学生对展示活动节奏和时间的掌控等。讨论的时候可以不限于展示学生本身的展示活动，可结合以前展示同学的情况进行对比讨论。学生在讨论的同时要做好讨论的记录，为评价做好准备。值得一提的是，讨论的环节并非一定要安排在课堂教学活动之中，可以安排在课堂教学活动之后，这样可以节约课堂教学时间。但不管怎样，根据展示学生的表现进行讨论是必要的，这样既可以训练观看展示的学生群体的观察、思考和表达能力，也可以为展示学生的评价提供了依据。

（四）评价

评价即是师生结合观察和讨论的情况对展示学生的展示情况进行评价。评价的时间一般也控制在 2 分钟左右，要求评论者简明扼要地对展示学生的展示活动做评价，评价一般可围绕三个方面展开，即展示的优点、展示的不足和今后努力的方向。一次展示活动一般请 1～2 名学生评论，也可采用学生主动评论和教师随机指定相结合的形式。教师也可以对学生的展示进行评论，但一般在学生评论之后，以避免对学生的评价产生导向性影响。除了师生评价外，也可以采用学生自评的方式，以更好地发挥评价的借鉴价值。评论不是走过场，评论对全体师生都有重要价值，除可以直接促进展示学生的后续改进工作外，还可以发挥对教师组织展示活动的促进作用，也能发挥对全体学生的借鉴作用。因此要求教师对评价情况做好记录，包括展示学生在内的全体学生也要做好评价记录。同样，评价环节也可以根据需要放在课后进行，评价的方式也可以是言语沟通和书面评价等。

（五）反思

反思包括两个阶段。第一阶段是在学生展示期间，教师和学生在观察和聆听的同时进行的思考活动，也包括展示学生在展示过程中的即时思考。这个阶段的思考主要是针对展示学生及展示活动的，为即将开展的讨论和评价打下基础，思考的主体是全体学生。第二阶段是在学生展示结束后，全体师生在讨论和评价的环节中引发的思考和总结。这时的思考不局限于展示活动本身，可以前后结合，从更广阔的空间去总结和反思展示活动，为下一阶段的展示活动厘清思路，做好准备。对于参与展示的学生来说，重点则是结合教师和其他同学的反馈意见，以及自我认识情况，对自己的展示活动进行总结和反思，为后续的改进措施做好准备。反思是展示活动中非常重要的一个环节，在提升展示效果和价值方面发挥着承上启下的作用。

（六）练习

在讨论、评价和反思等环节后，教师针对展示活动存在的问题，为完善教学活动，需要开展练习活动，借此巩固和强化展示活动的优点，修正和改进存在的缺点。对于已经展示的学生来说，这个环节的练习具有很强的针对性，即扬长避短，为下一阶段的展示夯实基础。当然，除了展示学生的后续改进性练习外，练习的环节也包括展示学生准备性的练习，他人的展示过程可以给予即将展示的学生以借鉴，也可以使其准备更具针对性。从这个角度看，练既是一个独立环节，即三分钟教学展示的总结后的巩固强化和修正阶段，同时也是下一轮三分钟课堂教学展示活动的第一环节，即准备的环节，从而使这个教学方法的活动程序进入了螺旋循环上升的程式。

需要说明的是，展示后的议论和评价环节必须事前制定明确的标准和要求，这样议论和评价才有科学依据，才有针对性，才能以评促改、以评促建，进而推动展示活动效果的作用。三分钟课堂教学展示活动的“议”和“评”的环节既可以在课堂上进行，也可以不在课上进行。但课后一定要对“议”和“评”的活动进行完善和补充，关键的是必须把“议”和“评”的结果反馈给参与活动的学生和教师，一则有利于学生有针对性地改进，二则可以让教师收集信息和素材，更好地组织课堂展示活动。

总而言之，备、讲、议、评、思、练等六个环节共同构成了三分钟课堂教学展示法的完整程序，六个环节相辅相成、不可或缺，共同组成了螺旋式上升的训练程式，不断强化和提升学生的主体性。这六个环节可以在一堂课上完整呈现，也可以课上课下结合，课上只呈现部分环节。一般来说，鉴于教学活动的完整性和提升教学效率的考虑，三分钟课堂教学展示可采用比较灵活的方式进行，即在课堂上只利用3～5分钟进行，在课上进行讲、议、评的环节，也可以只进行讲的环节。但不管怎样，对于三分钟课堂教学展示法来说，这六个环节必须完整，这样才能最大化地发挥作用。

总之，这种教学方法几乎可以与小学各学科的教学内容相结合，对教学环境、教学设备、设施等教学条件没有特别的要求，是一种效率高且经济便利的教学方法，非常适合小学阶段使用。

四、使用三分钟课堂教学展示法需要注意的问题

总体而言，我们认为，我们建构的三分钟课堂教学展示法这种教学方法比较适合小学阶段使用。相对而言，小学阶段的学习任务不如中学阶段，而小学阶段同时又是小学生身心发展的快速成长期，小学阶段是小学生主体性发展的最终情况的重要的奠基阶段，小学阶段尤其应该注重对小学生的主体性发展进行很好的培养和强化，而三分钟课堂教学展示法则是一种很好的训练小学生主体性发展的方法，它无论对小学生个体还是群体，还是教学活动的其他群体，如教师、家长等，都能很好地调动他们参与其中，形成与学生主体性发展一致的共同体。同时，这种方法几乎适合小学教学的所有学科和内容，在具体操作上也非常便利和经济，值得在小学教学活动中推广使用。不过，在具体运用这种教学方法时，我们需要注意以下问题：

（一）三分钟课堂教学展示法与小学生的身心发展特点及知识储备情况相结合

三分钟课堂教学展示法对学生的基本要求总体并不高，但要达到较好的展示效果却非常不易。初入学的小学生，就群体而言，他们的总体表达能力和知识储备都相对有限，教师在组织开展三分钟课堂教学展示的时候，要适当降低展示难度，更多地给予学生指导和帮助。这个阶段的展示，展示的时间可以适当缩短，形式也可适当简化。如主要是学生上台演说，省去其他的展示形式。另外，在进行各个环节时，教师和家长等都可以在旁辅助，让学生尽快进入正轨。这个阶段的展示，不一定要求学生全员参与，可以选取班上部分表达能力和知识储备情况较好的学生作榜样示范，发挥辐射引领的作用。随着小学生的成长发展，当他们已经习惯了这种教学方法后，可逐渐展开，要求全员参与，并且逐渐地提高展示要求，教师等成人逐渐放手，在旁边辅助，各环节都以学生为主，充分发挥学生在此教学方法运用中的主体性。总之，

这种教学方法的使用要结合教学活动的具体情况，尤其是小学生的发展情况，调整各个环节的内容、方式以及活动主体的参与形式等，以便充分发展其促进师生主体性发展的作用。

（二）充分调动相关教学主体的主体性，发挥其在展示中的应有作用

三分钟课堂教学展示法这种教学方法最主要的作用是促进教学活动主体的主体性发展，尤其是学生的主体性发展。具体来说，在这种教学方法的使用中，各教学主体的主体性发挥方式是不一样的，通过这种教学方法各教学主体达到的促进和发展程度也是不一样的。毫无疑问，学生主体性的发挥对此教学方法的运用最为关键，备、讲、议、评、思、练等六个环节，每一个环节的主体都是学生，都要求学生在这些环节中发挥主体性作用，否则就达不到教学展示的要求和效果。当然，这种教学方法对学生的主体性发展的促进作用也是最大的，通过这种训练，学生的主体意识和主体能力，特别是沟通能力、探究能力、团队合作能力和创新能力等都会得到较大的提高。同样，学生的主体性发展与其他教学活动主体的发展休戚相关，其他教学活动主体，如教师和家长，他们通过参与教学展示活动，如引导、帮助和监督等，他们主体性得到了体现，同时也促进了他们的主体性发展。

（三）构建科学的评价指标体系

人的主体性发展的核心指标至少应该包括自觉性、自由性、创新性等。要促进学生等教学活动主体的主体性发展，就必须以主体性发展的内容为指标去衡量教学活动的效果。因此，三分钟课堂教学展示法的整个活动环节，尤其是展示评价，必须建立科学性的评价指标体系，整个教学展示的所有环节都必须依据这个评价指标体系来展开和运作，唯有如此才能真正促进教学活动主体，尤其是学生的主体性发展。毕竟人的主体性发展不是自说自话，人的主体性的发展既有内在的观念和意识，又有外显的活动和行为。科学的三分钟课堂教学展示评价指标体系的构建，可以有效发挥对教学展示活动的标准依据作用，使教学活动的主体有依据、有方向。

（四）注重各环节间的有效衔接和整体联动效用的发挥

教学展示活动是包含“备、讲、议、评、思、练”六个环节的完整闭环。每个环节既具有独立性，又是整个活动过程中的一个链条，承上启下，对整个活动过程发挥着各自独特的作用。“备”是教学展示的初始环节，在整个教学展示中发挥着奠基的作用，准备情况是否充分将关系到展示活动的基本走向；“讲”是教学展示的核心环节，是教学展示的集中成果的体现，也是教学展示活动成败的关键，体现了学生主体性训练的阶段性成果；“议”是教学展示的延伸，是展示活动由个体走向群体，体现了在主体性发展中群体的重要作用，是教学展示共同体建设的重要一环；“评”是教学展示的巩固和强化，既是对教学展示活动效果的评判，也是对展示效果的沉淀和提炼，对教学展示效果的整体性提升非常关键，具有不可取代的作用；“思”是教学展示的进一步提炼和内化，是教学展示理论与实践的融合，是对教学展示活动进行分析、判断和综合的成果，是实现教学展示效果质变的关键环节；“练”既是教学展示活动一个阶段结束的总结，又是下一个教学活动展示阶段开始的准备，在教学展示活动循环提升过程中发挥着承上启下的关键作用。六个环节相辅相成、密不可分，只有发挥好每一个环节的作用，才能提升整体教学展示的效果，真正促进教学活动主体的主体性发展。

最后需要说明的是，教学活动中的教学方法的使用往往不是单独使用，而是综合使用的。以我们提出的三分钟课堂教学展示法为例，在整个程序和环节中，可能会综合使用多种教学方法，如在准备环节，为收集资料，可能会使用读书指导法；在展示环节，可能会使用到讲授法、演示法；在讨论环节，可能会使用到讨论法；在评论环节，可能会使用到讲授法；在思考环节，可能会使用读书指导法、讨论法等；在练习环节，可能会使用演示法、练习法；等等。因此，对教学方法的理解要全面、深入，某种教学方法既可以是单独的教学方法，又可以是多种教学方法的集合，而且这种集合还是可以根据教学活动主体和教学任务等情况的不同进行调整和变动的，而三分钟课堂展示教学方法显然是属于后者。一般来说，在教学实践中，单独使用的教学方法是较少的，因为单独使用的教学方法可能因其形式单一而不能应对复杂的教学活动，进而导致教学效果不佳。

思考题

1. 简述教学方法、教学方式与教学手段的不同之处。
2. 列举你知道的教学方法。
3. 试述三分钟课堂教学展示的程序。

第八章

课程与教学评价

学习目标

- 理解课程与教学评价的内涵、类型、历史发展及走向。
- 掌握课程与教学评价的几种基本模式。
- 掌握学生学业成就评价的内容与标准。

第一节 课程与教学评价概述

正如学者们对课程与教学内涵理解的多样性那样，学者们对课程与教学评价的内涵也没有一个统一的认识。在对学者们已有观点进行深刻剖析的基础上，在对课程与教学评价历史发展及趋势把握的基础上，下面我们将对课程与教学评价的内涵进行深入剖析。

一、课程与教学评价的内涵

（一）评价的内涵

在西方世界，如同课程概念一样，人们对评价的定义也是多样的。概括起来，主要有三方面的观点：

第一，人们将评价定义为“与活动目标或方案的一致性程度”。譬如，泰勒认为：“评价是一个过程，基本上在于确定课程和教学方案达成教育目标的程度。”

第二，人们将评价界定为“对事件、事物或活动的价值追问”。如沃森与桑德斯把评价定义为“确定某事物的价值，或者旨在达到指定目标的备择方法的潜在效用”。

第三，人们将评价定义为：“是否选择某目标或方案而进行的信息搜集过程。”如斯塔费尔比姆认为评价是“为判断决定备择而描述、获取和提供有用信息的过程”。

上述三种评价定义，虽然表述不尽相同，但都隐含着评价主体的某种价值判断。在我国，大体一致的看法是，评价是评定价值的简称。从这些定义都可以看出，价值是评价的实质，做出决定是评价的核心。正因为评价会满足主体的某种需要，主体才做出决定，从而使教育者确定了选择的课程行动和课程要素的各种不同的组合，以从总体的方案目标上确保学生学习最大的可能性。

（二）课程与教学评价的内涵

基于人们对课程与教学这两个概念关系理解的不同，人们在研究课程与教学评价时，人们对其所进行的研究也一般分为两种：一种是把课程评价与教学评价分开来谈，这时课程评价研究活动包含了从设计到实施的整个过程，评价涉及课程需要、课程理念与课程目标、课程设计、课程实施、课程效果等；而教学评价涉及教学整体及教学的每一个方面和环节，不仅要评价学生的学习结果，而且还要对教学的各个方面如教学目标、教学过程、教学方法、教学管理、课程设置、教师授课质量等进行评价。

另外一种是把课程评价与教学评价整合在一起来谈，称为“课程与教学评价”，这又可以分为两种：一种认为课程评价的研究对象——教师的课程与教学表现即为教学评价，课程评价包含教学评价，而教学评价也必然要以课程目标和课程结构条件等为依据，教学评价也不可能绕开对课程设置及设计的评价。在实践中，课程评价和教学评价两者常常是相互结合进行，因此课程与教学评价研究是课程评价与教学评价两者的整合。另一种则认为课程与教学评价有广义和狭义之分，广义的课程与教学评价是指研究一门课程某些方面或全部价值的过程，包括课程需要、课程设计、课程与教学过程、教材、学生成果目标、通过课程学习取得的进步、教学有效性、学习环境、课程政策、资料分配及课程与教学成果等内容。狭义的课程与教学评价主要是指教学评价，是研究教师的教和学生的学的价值判断过程，一般包括对教学过程中教师、学生、教学内容、教学方法与手段、教学环境、教学管理等诸因素的全面评价与判断，主要是指对学生的学业成就和教师的教学质量的评价。教学评价为研究教学问题、总结教学经验和开展教学改革提供反馈信息。对这种观点细加分析，发现这里广义的课程与教学评价不仅包含前面提及的课程评价，而且还包含前面提及的教学评价，是课程评价与教学评价两者的整合，而狭义的教学评价则相当于前面的教学评价，并不包含课程评价。随着人们对课程与教学评价关系的深入理解，人们越来越认识到课程与教学不可分离的关系，因此，本文认为将课程评价与教学评价整合在一起称为“课程与教学评价”是比较适宜的。

根据上述评价的内涵，人们基本上认为，课程与教学评价是一种价值认识活动，是对课程与教学的价值判断，这一价值判断以对课程与教学的实施判断为基础，必须建立在对课程与教学真实面目或现状进行客观描述的基础上。课程与教学评价的价值判断离不开评价的主体、客体、评价方法及评价标准等要素。在进行课程与教学评价时，评价的主体不仅包含了专业评价人员、教育行政人员，而且有时家长和社会也会担任评价主体的组成成员。随着对人的主体性的尊重和评价功能的新认识，教师和学生作为评价主体的地位已被重视，教师和学生不仅是被评价者，而且也作为评价者进行自我评价，课程与教学评价的主体多元现象正在形成。

课程与教学评价对象是比较复杂的，涉及的因素比较多。评价学家沃森和桑德斯在其著作《教育性评价：其他方式与实践性指导》中将评价对象分为 14 种：① 学生发展与表现评价；② 教育资格与表现评价；③ 课程设计与实施评价；④ 学校组织结构评价；⑤ 教材及其他课程材料评价；⑥ 资助或非资助项目评价；⑦ 学校运作（学校交通、饮食服务、医疗设施等）评价；⑧ 学校的商业活动或财政预算评价；⑨ 学校的辅助设施、媒体、图书馆评价；⑩ 教育政策评价；⑪学校与社会关系评价；⑫家长参与学校活动评价；⑬学校氛围评价；⑭观点、计划及目标评价。归纳起来，课程与教学评价的对象至少有六个方面：课程与教学设计、教师教学、学生学习、学校办学水平、课程与教学系统和课程与教学评价自身。

总之，课程与教学评价是指评价主体基于自己的需要、理想及价值观等而拟设一定的标准，依据评价需要采用合适的方法和手段收集、整理、分析必要的课程与教学信息，并依据这一标准对课程与教学的设计、活动实施过程以及结果等问题进行价值判断的活动。

二、课程与教学评价的功能

（一）导向功能

导向功能是指课程与教学评价对实际的教育活动有定向引导功能。课程与教学评价直接关系着教师如何教和学生如何学的努力方向。课程与教学评价的内容、标准和方法都要符合现代教育观念，才能引导整个教学朝着正确的方向前进。在教学思想上，要树立促进学生的知识与技能、过程与方法、情感态度与价值观全面发展的指导思想；在教学内容上，要注意联系学生生活，处理好现代科学技术和学生学习内容的关系；在教学方法上，要着眼于综合运用多种教育手段和技术，使之更适合当前教育教学改革的需要。

（二）诊断功能

诊断功能是指课程与教学评价能够对教育活动中存在的问题进行揭示和分析，找到症结和原因所在，进而提出改进和补救的建议。通过评价了解课程与教学各方面的情况，从而判定它的质量和水平、优点和缺点、矛盾和问题等，这是课程与教学评价的基本功能。为此，要注意从多个途径全面收集评价信息，要注意把评价活动贯穿于整个课程与教学活动的始终，不仅要重视课程与教学活动的结果，而且，更要注重课程与教学活动的过程以及背景条件。只有通过评价记录下课程与教学活动的点点滴滴，才能为科学诊断和调整教育活动提供充分的具体的依据。

（三）反馈功能

反馈功能是指通过课程与教学评价结果的反馈，可以针对课程与教学活动存在的优势与不足，调整课程与教学计划及行为，促使其不断发展和完善。在社会和学校教育持续变革和发展的背景下，课程与教学活动始终处于不断的调节过程之中，但要确保调节更为科学有效。除了需要诊断出课程的问题所在之外，还必须把这些诊断出的问题及时反馈给被评价者，以促使其对自己的行为做出调节。否则，诊断的结果就会失去价值。当代课程评价对诊断功能非常强调，认为评价最重要的并不是得出一个客观准确的评价结论，而是要将评价的结果以科学的、恰当的、建设性的方式反馈给被评价者，促使其最大限度地接受，从而促进其进一步发展。

（四）激励功能

激励功能是指通过课程与教学评价，可以让被评价者在正确认识自己的优势与不足的基础上，从正反两个方面受到激励，增强发展的积极性和主动性。例如，在对教师课程实施的评价上，积极的评价可以增强教师的自信心，提高自我肯定度，激发进一步优化课程的动力，而适度的否定评价往往能引发教师一定的焦虑感，知耻而后勇，更加勤奋努力。此外，当代课程与教学评价尤为强调把评价过程当作给被评价者提供一个自我展示的平台和机会，鼓励被评价者展示自己的努力与成绩，让被评价者通过他人的认可和赞赏而受到激励。

（五）管理功能

课程与教学评价的管理功能就是指把评价结果与相应的管理机制挂钩，从而实现对学生、教师或学校的管理与控制。作为一种价值判断，课程与教学评价在客观上能起到对课程与教学活动进行鉴定和分等的作用，并以此作为对学生、教师或学校的工作或学习情况进行奖励或惩罚的依据。建立和健全评价制度，是加强学校教育管理的重要举措。世界各国无不利用评价的结论或是制度，作为决定学生升学与留级、分班与编组、选择教程乃至指导职业定向的依据，同时也作为雇佣或解聘教师以及向家长报告和解释学生学习状况的依据。

三、课程与教学评价的类型

20世纪中叶以后，随着评价一跃成为引人注目的研究领域，课程专家相继开发出各种评价类型，极大地丰富了评价的内涵。根据评价时间不同，可把评价分为诊断性评价、形成性评价与总结性评价；根据评价者身份的不同，可把评价分为内部人员评价与外部人员评价；根据评价与目标的关系，可把评价分为目标本位评价和目标游离评价；根据不同的思想取向，可把评价分为效果评价和内在评价；根据评价的方法，可分为量化评价和质性评价。

（一）诊断性评价、形成性评价与总结性评价

诊断性评价是在课程计划开始之前，对准备、需要、条件、不利因素的一种评价。诊断性评价的目的，不是给课程计划贴标签、下结论，证明其“行”与“不行”或“好”与“不好”，而是根据诊断结果设计一些“长善救失”的措施，最大限度地发挥课程计划的长处或优势，努力改善课程及其实施。

形成性评价是指为改进现行课程计划或为正在进行的课程与教学活动提供反馈信息而从事的评价，它是一种过程评价。形成性评价最主要的目的，在探明计划或活动的问题或失当之处，以便为修订或改进提供证据，着重分析、比较、诊断、改进。它指向于正在进行的活动，是在过程中进行的评价，一般不涉及活动的全部过程。

总结性评价是在课程实施或进行以后关于其效果的评价，是一种事后评价。它与分等鉴定、做出关于学习者个体的决策等相联系。总结性评价的直接目的是做出关于课程效果的判断，从而区别优劣和等级。它是在计划实施之后或课程与教学活动结束以后，通常是对全过程的考察。

（二）内部人员评价与外部人员评价

根据评价者的身份分类，可以分为内部人员评价与外部人员评价。这种分类的标准是看评价者是课程开发、设计的单位或个人，还是未参与其中的单位和个人。内部人员评价，其主要目的在于改进课程开发、设计的过程，首要任务是弄清楚预先设定的目标是否已经实现；外部人员评价主要有两种方式：通过测试等手段评价课程的产品、由外部人员对课程过程进行观察。形成性评价基本上是一种内部人员评价，总结性评价则基本上是一种外部人员评价。

内部人员评价可以有效地帮助课程开发、设计人员改进课程实施和教学活动，但如果处理不当，则容易出现盲目评价的情况。

外部评价可能更容易满足教育消费者的需要，但它并不能总是满意地推动学校教育实践的改进，往往对教师造成压力和威胁，反而不利于课程的改进。

在实际的课程与教学评价中，需要把这两种评价类型有机地结合起来运用。

（三）目标本位评价与目标游离评价

目标本位评价即以课程或教学计划的预定目标为依据而进行的评价。目标本位评价通常要判断的是目标实现的程度。因此，这类评价往往要求精心描述可以辨别的目标。目标本位评价在课程评价实践中运用广泛，它的特点是标准清晰、任务重点集中、易于把握。但同时，它也有一个突出的弱点，即只强调目标，往往使得评价的范围过于狭窄，而使一些有教育意义的结果落在了评价范围之外；此外，目标本位评价只强调对目标实现程度的评价，忽视了对目标本身的评价。

目标游离评价要求脱离预定目标，以课程计划或活动的全部实际结果为评价对象，尽可能全面客观地展示这些结果。

针对目标本位评价的缺陷，斯克里文于 1967 年提出了“目标游离评价”。由于目标游离评价抛开目标对评价的约束，试图通过对课程计划的全部评价来判断该计划是否符合教育者和学生的需要，因此，目标游离评价也被看作“需要本位的评价”。尽管目标游离评价不是一种完善的评价模式，它没有正式的定义，没有组织结构的详细说明，没有数据采集与发布的体制，没有具体的程序等，但作为一项指导评价的思想原则，它强调评价相对于课程计划的独立性，强调对所有结果进行考察的重要性，强调对预定，对目标进行价值判断的必要性，这些都拓展了评价的视野，对后来评价的发展产生了重要的影响。

（四）效果评价与内在评价

效果评价与内在评价也是由斯克里文提出的，这两种评价分别代表了两种不同的思想取向。效果评价是对课程或教学计划设计效用的评价，它注重课程实施前后学生或教师所产生的变化，至于课程运作的具体状况、变化产生的原因等，则被置之度外。因此，效果评价往往是通过对前测与后测之间、实验组与控制组之间的差异做出判断。这种评价也被称为“暗箱式评价”——只关注输入与输出之间的不同，忽略中间的过程。

内在评价则是对课程计划本身的评价，而不涉及课程计划可能有的效果。比如，评价可以只就课程计划涉及的学生经验的类型、课程内容的性质和组织等，来对课程计划做出判断。至于计划的效果，则在评价关注的范围之外。或者说，在内在评价的提倡者看来，只要有好的课程计划，就一定能取得好的教学效果。

效果评价与内在评价，一个关注结果，一个关注过程，二者具有互补性。理想的课程评价体系的建构应当善于把这两种评价结合起来。

（五）量化评价与质性评价

根据评价的方法，可以将课程与教学评价分为量化评价和质性评价。

量化评价就是力图把复杂的课程与教学现象简化为数量，进而从数量的分析与比较中推断某一评价对象的成效。量化评价以实证主义方法论为理论基础。它追求对被评价对象的有效控制和改进，其核心价值是秩序和一致，认为课程评价的目的在于把握课程量的规定性，即通过具体的数学统计、运算和量化分析，揭示出与课程相关的数量关系，掌握课程的数量特征和变化，从量的关系上对课程进行判断。评价过程实际上是一个确定课程计划实际达到教育目标的程度的过程。美国教育评价专家泰勒的基本原理反映了这个过程，教或学被描述成高度控制、线性和可测试的活动。

质性评价，就是力图通过自然的调查，全面充分地揭示和描述评价对象的各种特质，以彰显其中的意义，促进理解。它的目的在于把握课程质的规定性，通过对课程广泛细致的分析和深入理解，进而从参与者的角度来描述课程的价值和特点。质性评价不强调在评价开始就对评价问题进行理论假设，假设可以在评价过程中形成，也可以随着评价的进行而改变，因此质性评价本质上是一个自下而上的归纳过程。

质性评价与量化评价从不同侧面、用不同的方法对事物进行评价。在课程评价领域，两者都无法单独使用来解释所有问题。它们是互为补充、互相支持的，质性评价内在地包含了量化评价。质性评价为量化评价提供了应用的框架，而量化评价又为质性评价的深入创造了条件。

四、课程与教学评价的基本模式

课程与教学评价的模式有很多，但基本模式主要有以下几种：目标评价模式、目标游离模式、CIPP 模式、回应模式、解释模式等。

（一）目标评价模式

目标评价模式是泰勒在“八年研究”的基础上形成的。根据泰勒的看法，评价的过程就是判定课程与教学计划在多大程度上实现教育目标的过程。而教育目标本质上是描述人的行为变化，因而评价就是判定这些行为变化实际发生的程度。目标评价模式以泰勒的课程理论为依据，围绕目标达成而建立，它可以概括为以下七个步骤：

步骤一：确定课程与教学计划的目的和目标。

步骤二：根据行为和内容两个维度来界说每一个目标。

步骤三：确定表现教育目标的学习情境。

步骤四：选择和编制相应的评价工具。

步骤五：设计获取行为记录的方式和评定时使用的计分单位。

步骤六：收集反应行为变化的有关信息。

步骤七：将收集到的信息与行为目标做比较。

目标评价模式通过对目标的行为化表述，增加了其可操作性，目标是评价的起点，也是评价的标准。这种评价模式把评价纳入课程与教学设计中，使评价成为了课程与教学的一个有机环节，这使评价成为修改课程与教学计划的反馈方式，也使评价关注的焦点从学生身上转向整个课程方案。

目标评价模式为评价领域提供了第一个完备的理论模型。不过，在实际的运作中，目标评价模式也存在着一些缺陷：第一，由于目标和结果彼此相关，使人易于把注意力集中在评价结果之上，导致评价成为课程与教学的最后一个环节。第二，只囿于目标进行评价，导致对目标以外的结果的忽视；而行为化的评价方式，也使得对态度的形成等更具有教育意义的结果无法评价。

（二）目标游离模式

目标游离模式是斯克里文提出的。斯克里文认为，目标评价模式只考虑到原定的预期目标，忽视了非预期目标，而评价应当注重的恰恰是课程的实际效果而不仅仅是预期效果。他主张，评价人员不必了解课程与教学的目标，而是直接进入教育情境，观察课程与教学的实际效果和优点，收集所有影响课程与教学的数据结果进行分析，不管这些结果是预期的还是非预期的，积极的还是消极的。只有这样才能对课程与教学做出准确的判断。

斯克里文提出了一个“重要评价检查表”。其中包括多个因素：描述；委托人；背景及脉络；资源；功能；传递系统；消费者；需要和价值；标准；过程；成果；通则性；成本；比较；重要性；建议；报告；后设评价。他建议评价者可以在几个周期内使用这个检查表，前面的周期是形成性评价，后面的周期是终结性评价。

目标游离模式将评价的重点从课程的预期结果转向课程的实际结果，强调评价者不应当受到预期课程目标的影响，而应当注意收集有关课程实际结果的各种信息，无论这些结果是否在预期的目标之中。这种模式在一定程度上弥补了目标模式的弊端，但是，如果完全游离于既定目标之外，评价将是不可想象的，且价值也将是没有保证的。因此，目标游离模式只能作为目标模式的补充和发展。

（三）CIPP 评价模式

CIPP 评价模式是由斯塔弗尔比姆等人提出的，CIPP 是背景（context）、输入（input）、过程（process）、结果（product）的英文名称的第一个字母的缩写。他们认为，评价最重要的目的不在于为评价对象的优劣提供证明，而在于改良评价对象，使评价对象更富成效。因此，课程与教学评价应当为课程与教学的决策服务。具体来讲，课程与教学的决策可以分为四类：规划性决策——指向确定课程与教学目标的决定；结构性决策——涉及修改计划或比较计划优劣的决定；实施性决策——指向计划的具体实施的决策；考核性决策——了解改革的效果之后，决定是否纳入课程重新修订，或再次实验。与上述四种决策相对应，就存在四种方案评价：背景评价、输入评价、过程评价和成果评价，即 CIPP 评价模式。

1. 背景评价

确定课程与教学计划实施机构的背景；明确评价对象及其需要；明确满足需要的机会；诊断需要的基本问题，在此基础上确定目标，并判断目标是否已经反映了这些需要。背景评价常常从两个维度进行：关联性和符合性。所谓关联性即辨别学校系统以外影响课程与教学的力量（如社区的态度或政府的政策）；符合性是指比较教育系统的实际表现和预期表现，以确定实践的成功程度并分析差距，作为建立目标和决定变革的基础。

2. 输入评价

输入评价是为了帮助决策者选择达到目标的最佳手段，而对各种可供选择的课程方案所做的评价。输入评价通过对不同策略达到目标的可行性、成本效益和实际效益等进行分析，以寻求变通的实施策略，确定如何运用资源以达到目标的途径。输入评价应当回答以下问题：考虑过哪些课程计划？为什么选择该计划而不是其他计划？这个计划的合理性程度如何？有多大的成功把握？等等。

3. 过程评价

过程评价主要有三个目标，即为决策者提供反馈信息；预测课程在实施过程中可能出现的问题并为修订或详细解说计划提供指引；记录课程的实施过程，包括实施涉及的成本、参与者和观察者如何判断实施的质量等。过程评价的范围包括实施步骤、教学法、学生活动等。评价常常回答的问题主要有：有关活动是否按照预定计划得到实施？现有资源是否得到有效利用？等等。通过对这些问题的回答，为决策者提供修正课程计划的有效信息。

4. 结果评价

测量、解释和评判课程计划的成效，并帮助决策者决定是否应当终止、修订或继续使用课程计划。它要收集与结果有关的各种描述和判断，把它们与目标以及背景、输入和过程方面的信息联系起来，并对它们的价值和优点做出解释。

CIPP 评价模式全面考虑了影响课程方案的种种因素，把评价视为课程与教学方案开发的有机构成。这对我国目前课程改革中的新教材试验、校本课程开发等具有一定的指导意义。不过，由于其牵涉的因素很多，实施过程比较复杂，所需要的各种投入也相对较高，所以难以被掌握。

（四）回应模式

回应模式是由斯塔克首先提出的。回应模式是对所有与方案有利害关系或切身利益的人所关心的核心问题的一种评价。斯塔克认为，评价者应该向听取评价结果的人提供他们所关注的信息，评价者应该充分了解评价听取者感兴趣的问题和关注的焦点。他认为，如果一项评价，① 牺牲某些测量上的准确性以换取对评价听取人的有用性；② 更关心方案的活动而不是方案的意图；③ 更注意反映与方案有关的各类人的意志，而不是特定一部分人的意志，那么，这种评价就是回应式评价。

回应模式的评价步骤是：① 评价者与一切跟评价对象有关的人员广泛交谈，了解他们的愿望，从而确定评价的目的、意义；② 根据获取的信息，确定评价范围以及相应的评价事项或问题特征；③ 评价者亲自对整个评价活动做概括性的纵览；④ 通过对不同方面参与者的商谈，找出评价的真正目的；⑤ 找出并明确评估中最为关键和基础的问题，为确定收集哪些资料做准备；⑥ 通过对各种争议问题与实际事项的反复探讨，确认要收集的真正重要和需要的资料范围；⑦ 规划收集和整理的活动，根据不同要求，选择不同的收集信息的方法；⑧ 观察并探讨各种潜在因素、实施因素和结果因素，探讨计划的理论基础等；⑨ 分析所得资料，找出其中的主题，以准备对计划进行描述或进行个案研究；同时，还要对计划的意向与实际观察资料间的符合程度、三种因素的联系进行分析；⑩ 通过有关各方人员对分析描述做出的各种反应，检验评价是否达到了向委托人提供服务的目的；对各方人员的反应进行筛选并加以组合，报告组合的结果，使各方人员都能了解这一结果，以使评价产生最大的效用；根据委托人的需要，准备正式的评价报告。

回应模式的评价步骤并不代表一种标准的操作程序，在实际的评价中，操作究竟如何运行，要视委托人的需求和问题而定。它只是提供了一个大体的框架，表明了回应性评价的内在精神，也就是评价人员在与有关各方的实质性沟通贯穿整个评价过程，他们的疑问和关注焦点是评价进程随时调整的依据。

总之，重视评价为当事人服务的意识、重视实际的活动过程、反映多种价值观对课程计划的关照，这是回应模式的三个主要特点。它更适合一个多元的、复杂的客观世界的现实和处于不同地位、持不同观点的评价听取人的需要，它的结果具有相当的弹性和应变性。因此，它代表了评价发展的方向。

（五）解释模式

课程与教学评价的解释模式是由英国课程评价专家帕勒特和汉米尔顿提出来的。这种评价模式重视历史、文化和社会等因素对计划的影响。它主张评价者不应该在评价前就确定某些因素作为关注的焦点，而是应将计划及其背景脉络中的各项因素都视为重要的、相关的；评价的方法不只是对某些变量进行预测和测量，而且是对整个课程计划及其背景进行描述和阐释。

解释模式主要包括三个阶段：观察、探究和解释。

在观察阶段，评价者充当的是社会学家的角色，他除了观察课程与教学计划的日常活动外，还要观察其他相关的事件，并且要把观察到的各种事件、进程以及非正式的言谈等，连续地记录下来。有些观察记录也包括观察者与师生进行的讨论，以便澄清观察中发现的问题。在整个观察过程中，评价者仔细观察复杂的学习环境，但绝不试图控制或操纵环境。相反，观察的任务是找出其中发生的复杂的交互作用，并对实践和活动的类型做连续的记录。

在探究阶段，评价者要寻找共通的原则。在这一阶段，评价者至少应该能够识别因果关系类型，并能够得到一些关于课程计划如何在实践中协调运行的陈述。要做到这些，通常需要对资料进行筛选，以便从几个不同的来源中找到确凿的证据。并且，为了解释整个类型的差别，也有可能需要寻找一些新的资料。

在解释阶段，解释模式无意于为人们提供一些不变的评价方法，它提供的只是一般的研究策略。至于评价的目的、规模、方法和技术等，都要视具体的评价情境而定。

五、课程与教学评价的历史走向

（一）课程与教学评价的发展历程

课程与教学评价是一个既古老又年轻的领域。说它古老，是因为比较正规的课程评价可追溯到我国隋朝即已出现的科举考试，距今已有 1400 多年的历史；说它年轻，是因为从教育自身发展着眼的系统评价活动，是于 19 世纪末才出现在美国的。不同的学者根据各自的标准进行了不同的划分，提出了不同的见解。本节根据美国评价专家古巴和林肯对评价历史的划分，将评价理念分为以下几个阶段：

1. 测验和测量时期

这是第一代评价，盛行于 19 世纪末至 20 世纪 30 年代。这一代评价在本质上是以测验或测量的方式测定学生对知识的记忆状态或某项特质。20 世纪初，随着自然科学的发展，各种统计、测量技术得以长足发展，一批教育、心理学家开始把这些技术运用于教育领域，如英国遗传学家、心理学家高尔顿的《英国科学家：他们的禀赋与教养》、法国比奈和西蒙的“比奈—西蒙智力量表”、德国冯特的《实验心理研究》和美国桑代克的《心理及社会测量理论》都相继问世，各种智力的、学业成就的、人格的测验工具也随之涌现，这一切都为评价的正规化、系统化创造了条件。同时，“科学管理运动”也对学校教育产生了深刻影响：“学校被视为工厂”“学校被视为原料和产品”“教师成为加工者”。学生这一“产品”是否符合需要，教师教学有何成效，学校教育是否成功，似乎都可以通过“测量”来检验，这为评价的发展提供了客观的社会需要。评价由此得以兴盛。

第一代评价的基本特点是：认为评价就是测量，评价者的工作就是测量技术员的工作——选择测量工具、组织测量、提供测量数据。因此，这一时期也被称为“测验”和“测量”的时期。

2. 描述时期

这是第二代评价时期，这一代评价在本质上是“描述”——描述教育结果与教育目标相一致的程度。

20 世纪 30 年代，美国完成初等教育的人数激增，但经济大萧条又使大批青年找不到工作而无处可去，只好到中学注册学习，中等教育因而急剧膨胀，原有的中等教育目标、课程、评价标准都受到前所未有的挑战。由美国的进步教育协会主持的“八年研究”试图面对这些挑战回答如下问题：除了学术性课程，中学是否还应增加其他课程以适应那些完成中等教育后并不打算进一步接受高等教育的学生的需要？增加了其他课程是否会降低教育质量，进而影响高等教育质量？等等。

“八年研究”推动了课程与教学评价领域的发展，可以说，在 1935 年以前，对学生的考查基本上都是依据事实性知识和掌握基本技能的情况。泰勒指出，通过简单的测验不能引发高级心理过程，促进事实性知识的教学并不可能促进甚至会干扰其他重要的教育目标。评价应该是一个过程，而不仅仅是一两次测验。评价过程中不仅要报告学生的成绩，更要描述教育结果与教育目标的一致程度，从而发现问题，改进课程、教材和教育教学方案与方法。泰勒的成就和观点在评价领域产生了巨大影响，一时间，美、英等国出现了诸多针对评价而设计的教育目标体系，其中以布卢姆的教育目标分类学影响最为广泛。

第二代评价的基本特点是：认为评价过程是将教育结果与预定教育目标相对照的过程，是根据预定教育目标对教育结果进行客观描述的过程；评价的关键是确定清晰的、可操作的行为目标；评价不等于考试和测验，尽管考试和测验可以成为评价的一部分。与第一代相比，第二代评价使评价步入科学化的历程。

3. 判断时期

判断时期，这一代评价在本质上是“判断”。在这一时期，评价人员开始关心一个问题，即对已经确定的目标是否需要评价？是否需要价值判断？判断是否应该成为评价的一项基本活动？判断是否需要标准？如果需要标准，能否建立科学、客观的“价值中立”的标准？这个时期的代表人物是艾斯纳、斯克里文、斯太克等人。

第三代评价的基本特点是：把评价视为价值判断的过程，评价不只是根据预定目标对结果的描述，预定目标本身也需要进行价值判断；既然目标并非评价的固定不变的铁的标准，那么评价就应当走出预定目标的限制，过程本身的价值也应当是评价的有机构成。由此看来，第三代评价是对第二代评价的重要超越，它走出了第二代评价“价值中立性”的误区，确认了价值判断是评价的本质，确认了评价的过程性。

4. 建构时期

建构时期的到来是与质性评价方法的应用联系在一起的。20 世纪 60 年代末 70 年代初，随着对课程改革运动的深刻反省，传统的评价方式受到猛烈冲击，人们渴望发展新的评价理论和方法。1972 年 11 月，在英国剑桥大学的丘吉尔学院，14 位学者会聚一堂，讨论评价理论和方法的创新问题，以代替传统的占统治地位的目标模式。会议认为，传统的评价方法源于教育研究中一直占优势的实验或心理测量传统。这种评价方法适应范围狭窄，不能解决评价中所遇到的复杂问题。因此，会议建议采用新的、文化人类学的研究范式取代旧的范式，即评价不是对预期的教育结果进行测量，而是要对整个方案，包括前提假设、理论推演、实施效果以及困难等，进行全面而深入的研究。

第四代评价的基本特点是：它把评价视为评价者和被评价者“协商”进行的共同心理建构过程；评价受“多元主义”价值观的支配；评价是一种民主协商、主体参与的过程，而非评价者对被评价者的控制过程，学生（被评价者）也是评价的参与者、评价的主体；评价的基本方法是质性研究方法，如“档案袋评价”“苏格拉底研讨法”“教育行动研究”等。

第四代评价鲜明地突出了评价中的价值问题，从而突破了评价领域长期以来所寻求的“客观性”和“科学性”，使评价的理念发生了质的飞跃。在过去的一个世纪中，大多数评价专家所追求的是评价在过程、手段以及结果上的客观科学化，这在某一方面是具有积极意义的，但把它强调到极端，就会导致忽略评价的价值特性，造成评价中的不合理现象，以致人们对评价失去信心。第四代评价意识到这一缺陷，回到起点，首先探讨“评价是什么”，在确认评价的价值本质的基础上，再来探讨评价的方法、过程和结果，从深层次上促进了评价理论的发展。在此基础上，它所倡导的“协商”式的“共同心理建构”，实质上是尊重每一个个体的主体性，并在此前提下寻求共识的达成。这反映了一种深刻的民主意识，极富时代精神。

（二）课程与教学评价理念的走向

1. 在评价功能上：由侧重甄别转向侧重发展

传统课程与教学评价的一个基本假设是，只有极个别的学生学习优秀，而大多数学生属于中等。为此，评价就是要把优异的成绩给予极少数学生，其余的只获得较低的成绩。这样，评价在无形中变成了一种甄别过程。而在这一过程中，只有少数学生能够获得鼓励，体验成功的快乐，大多数学生则成了失败者。发展性评价不是为了给出学生在群体中所处的位置，而是为了让学生在现有基础上谋求实实在在的发展。它关注让学生学会更多的学习策略，给学生提供表现自己所知所能的各种机会，通过评定形成学生自我认识和自我教育、自我进步的能力。当前，透过课程与教学评价，促进学生各方面的成长和进步，促进教师专业发展，促进学校的发展已经成为课程与教学评价改革的热点，很多研究者和实践者已经在探索旨在促进被评价者发展的评价模式和方法。

2. 在评价内容上：注重综合评价，关注个体差异

学业成就无疑应该是考查学生发展、教师业绩和学校办学水平的重要指标，但对成功或优秀学业成就的理解却又不同。随着信息化时代的到来，现代社会对人才的标准也有了新的要求。学会学习、学会生存、学会合作、学会做人，掌握知识与技能成为当今学生学习的重要任务，但是学生积极的学习态度、良好的学习习惯、正确的学习方法、创新精神、分析问题和解决实际问题的能力、正确的价值观和人生观、积极的情感态度、健康的体魄、良好的审美素质和技能等同样是学生发展不可或缺的。学生是有个体差异的，每个学生都有其潜在和已经发展的优势，在评价时不应只采取整齐划一的标准，评价的内容应依据学生的特点设定。教师是研究者，教师是学生学习的指导者、合作者等，一系列角色的新变化也要求教师评价从关注教师的专业知识和教学绩效到关注更为多元的目标。每个教师都有其各自的教学风格，在评价时同样要关注教师自身个体的差异。

3. 在评价方法上：强调质性评价与量化评价相结合

量化评定具有简明、精确的特点，它能减少人的主观推论。然而，对课程与教学而言，量化的评价是把复杂的课程与教学现象加以简化，或只评价简单的课程与教学现象，它不仅无法从本质上保证对客观性的承诺，而且往往丢失了课程与教学活动中最有意义、最根本的内容。随着人们对量化评价的批判与反思，20 世纪 60 年代后期，人们开始借助于社会科学研究中不断完善的质性研究方法，70 年代起相继出现了回应性评价、解释性评价、教育鉴赏与教育批评等质性评价模式。需要指出的是，质性评定的出现，并不是对量化评定的简单否定和扬弃，作为研究的一种新范式，质性研究是对量化研究的一种反思、批判和革新。但从根本上讲，质性研究应该内在地包含量化研究。因为它作为一种新的评价范式，更逼真地反映课程与教学现象。质性评价和量化评价各有优势，在评价上发挥的作用不同，课程与教学评价应采取多样的评价方法，注重量化评价与质性评价的结合。

4. 在评价主体上：强调评价主体的多元和自评

将评价对象看作参与评价的主体，力求将自我评价与外部评价相结合是现代课程与教学评价发展的重要趋势之一。自我评价是一个不断自我反思、自我教育、激发内在动力的过程，它对提高师生的自我意识、培养自我评价能力及自主学习能力有重要意义。重视发挥被评价者的自觉性和积极性，承认被评价对象有能力认识自己的长处与不足，这不仅有利于被评价者的自我分析、自我认识，而且也有利于他们对他人评价的理解与感受。当今，许多国家在课程与教学改革评价方面，都关注评价的民主性和被评价者自身的主体性，评价时注重课程与教学有利益关系的各方面意见的采集，注重被评价者的感受和体验；课程与教学评价的主体除了专业人员和上级领导外，还有教师、学生、家长、社会人士等的参与，评价注重自评与他评相结合，使评价结果更为客观、公正，也利于被评价者自身的反思。

5. 在评价重点上，注重终结性评价与形成性评价相结合

长期以来，课程与教学评价的重心在于对课程与教学的结果进行评价，如对学生某一学习阶段成绩的测试。终结性评价不能正确评价学生在学习过程中的探究、努力以及情感态度方面的情况，也不能更好地了解学生在学习过程中遇到的困难、问题等。缺少对思维过程的评价，

会导致学生对思维过程的轻视，只关注问题的结论，这不仅有可能使学生在探究知识过程中形成一些似是而非的认识和习惯，不利于学生良好思维品质的形成，而且会限制学生对思维乐趣的深刻体验，进而抑制学生解决问题的灵活性和创造性。随着课程与教学评价观念的转变，对课程与教学的过程进行评价成为评价的重要转向。当前，西方世界正形成一场所谓的“评定改革运动”。在这场运动中诞生了一系列新的评定方式，如“档案袋评定”“苏格拉底式研讨评定”“表现展示评定”等。这种评价把学生置于课程教学中完整而真实的表现，可以及时了解课程与教学的情况，发现问题，及时指导、调整和解决，弥补了终结性评价的不足。课程与教学评价应将终结性评价与形成性评价相结合。

第二节 学生学业成就评价

学生学业成就评价，就是评价者根据一定的标准，对学生的学业进行价值判断的过程。科学地实施学业成就评价，既可使学生明确自身学业的发展方向，制定正确的发展目标，实现其自我认识、自我教育和自我发展，也可使教师树立正确的学生学业评价观，掌握科学的教育评价理论和方法，转变教育方式，促进自身专业发展。

一、学生学业成就评价的内容与标准

评价的内容解决“评什么”的问题。学生学习成就评价的内容是以教育教学的培养目标为总体参照的。2002 年教育部制定了新中国成立以来发布的第一个较为全面的中小学评价与考试改革的指导性文件——《关于积极推进中小学评价与考试制度改革的通知》，它提出对学生评价的内容要多元，既要重视学生的学习成绩，也要重视学生的思想品德以及多方面潜能的发展，注重学生的创新能力和实践能力的培养。为此，我们将学生评价的内容分为基础性发展目标和学科学习目标两个方面。

（一）基础性发展目标

基础性发展目标是评价学生发展的指标体系，是学生通过相应学段的学习应该达到的基本素质目标。它包括以下六个方面的内容：

1. 道德品质

包括爱祖国、爱人民、爱劳动、爱科学、爱社会主义；遵纪守法、诚实守信、维护公德、关心集体、保护环境。

2. 公民素养

包括自信、自尊、自强、自律、勤奋；对个人的行为负责；积极参加公益活动；具有社会责任感。

3. 学习能力

主要指有学习的愿望与兴趣，能运用各种学习方式来提高学习水平，有对自己的学习过程和学习结果进行反思的习惯；能够结合所学不同学科的知识，运用已有的经验和技能，独立分析并解决问题；具有初步的研究与创新能力。

4. 交流与合作能力

包括能与他人一起确立目标并努力去实现目标，尊重并理解他人的观点与处境，能评价和约束自己的行为；能综合地运用各种交流和沟通的方法进行合作。

5. 运动和健康

包括热爱体育，养成体育锻炼的习惯，具备锻炼健身的能力、一定的运动技能和强健的体魄，形成健康的生活方式。

6. 审美与表现

包括能感受并欣赏生活、自然、艺术和科学中的美，具有健康的审美情趣；积极参加艺术活动，用多种方式进行艺术表现。

（二）学科学习目标

学科学习目标就是通过学科学习应该达成的基本目标。其中各学科课程标准已经列出本学科学习的目标和各个学段的学生应该达到的目标，并对评价方式提出了建议。如：小学语文学科关注小学生通过语文学习所获得的，以正确理解和运用祖国语文的能力为核心的语文素养水平。语文学科能力的内涵十分丰富，主要包括字词句篇等语文材料的积累，语感，识字写字、阅读、写作和口语交际的能力，语文学习方法和习惯，以及知识视野、思维品质、审美情趣、文化品位、情感态度、思想观念等内容。小学数学学科以关注小学生的数学素养为核心，表现在小学生掌握基本的数学知识和技能的基础上，具备数学思维和数学意识，能够借助数学语言、符号与他人合乎逻辑地交流；能够探讨一些基本的数学现象和问题，运用数学的方法解决现实生活和其他学科领域的一些简单问题。小学英语学科以关注小学生的英语素养为核心，表现在小学生通过英语课程掌握基本的英语语言知识，掌握基本的听、说、读、写技能，形成用英语与他人交流的综合语言运用能力，用英语做事的能力以及提高学生综合人文素养。

虽然各个学科都有自己的学习目标、评价标准，但是它们也包含着共同的部分，即都强调知识与技能、过程与方法、情感态度与价值观三个方面的有机结合，综合评价学生的学习水平。在实际教学中，学科学习目标和基础性发展目标是不可分割的，基础性发展目标蕴含在学科学习目标中，学科学习目标的评价也要融合基础性发展目标。

二、学生学业成就评价的方法

（一）纸笔测验

测验是学生学业成就评价中最常用的传统方法，包括教师自编的测验和标准化测验两种基本类型。纸笔测验主要是用来评价学生认知领域的发展水平，它可以测量学生对知识的掌握程度以及对各知识点之间的理解；可以评价学生的分析、综合、归纳、演绎和判断等智力技能。

传统的纸笔测验因其“重认知、轻能力，重甄别、轻发展”而备受批评和指责。但作为一种收集学生信息的工具和手段，从组织命题到实施考试，再到对结果进行分析处理，纸笔测验已经形成了一个相当完备的系统，它能够相对高效地完成评价目的，客观公正地反映评价结果。所以，纸笔测验是一种不可替代的评价方式，它能否发挥其正向价值，关键在于评价者如何去应用。

1. 纸笔测验的编制步骤

(1) 明确测验的目的

测验的目的和形式与试题的类型有着密切的关系。在测验之前，要先明确测验的目的，主要是测验什么，做什么用途。测验目的决定了测验内容，是了解学生现有水平还是发现学生发展潜力，是为了掌握学生学习全貌还是了解学生对某部分知识的掌握情况。课堂测验目的一般是考查学生某一学科的测验成绩，了解学生当前知识的掌握情况，为接下来的教学做准备。

(2) 设计测验蓝图

测验蓝图是试卷设计的最关键部分，试卷的蓝图通常是指命题的双向细目表。命题双向细目表是将测验内容的分类与认识活动（即测验目的和学习结果）的分类综合成一个列表的做法。它既是教师命题时全面掌握内容及其比重大小的依据，又是最终进行测验评价的根据。有了双向细目表，教师命题时就可以做到心中有数，使测验所反映的内容全面而有重点。

在编制试题的过程中，一般运用双向细目表。双向细目表可以看成是一个二维矩阵：一维是内容维，它是由各科教学内容确定的；一维是目标维，反映学生认知水平。整份试题结构要有合理的目标层次，试题一般应该包括三个以上的层次水平。可根据布卢姆的目标分类，将测验目标分为六大层次，即知识、领会（理解）、应用、分析、综合、评价。其特点是由低到高排列，高一层次包含了低一层次，体现了对不同程度测验的要求。各层次试题的比例可以根据不同的课程特点和要求具体确定。不可否认，从操作的角度看，双向细目表科学、规范地为教师命题提供了便利。如从内容及认知要求上，双向细目表具有较高的内容效度，也比较好地回答了一些该门考试在能力上“考什么”的问题，体现了基于标准命题的一些特点。但是，双向细目表也存在不足。首先，它只关注测试的内容，而命题的其他必要因素，如试题背后所蕴含的价值问题、评分细则、难度、题型、题量等，并没有得到应有的重视。其次，双向细目表缺乏总体规划。命题是由一定的程序组成，如命题目的、题目的评分方法、测试时间等，但双向细目表只关注了试题编制中的一部分。基于此，我们将双向细目表进行改进后呈现如下（如表8-1），为了便于陈述，我们称其为测试设计框架。由于课程和教师经验层次的差异，需要指出的是本表只是提供了一种命题分析框架，命题时，不同的教师应视具体情况灵活加以应用。

表 8-1　测验设计框架

考查内容	考查目标						其他考量				
学期___单元	知识 ___%	领会（理解）___%	应用 ___%	分析 ___%	综合 ___%	评价 ___%	难度	题型	题量	价值取向	评分细则

续表

考查内容	考查目标						其他考量				
知识点 1											
知识点 2											
……											

测试时间：____分钟

（3）根据命题设计编制试题。测试题目可以分为客观性试题和主观性试题两大类。前者包括选择题、是非题、匹配题；后者可分为自由应答题型和部分限制型试题两种，其中自由应答型包括论述题、写作题、实验题、翻译题、设计题、证明题，部分限制型试题包括简答题、名词解释、填空题、改错题等。客观性试题一般由主试通过试题把格式固定的答案提供给被试，给分标准易于掌握，评分不容易受主观因素的影响。主观性试题是指应试者在解答问题时，可以自由组织答案。

主观试题和客观试题各有优势和不足，编制测试题应将两类题型都包含其中，才能实现对学生多角度、多层次的测评。但是也要根据测试的特点与要求，有所侧重地选择具体形式。比如，当测验的内容多、范围广、覆盖面大时，可多用客观题。考查学生对事物内在的联系的深层把握，考查学生综合问题的能力及表达能力时，可以多用一些主观试题。但是，无论是主观性试题还是客观性试题，在编制的时候，都要遵循以下原则：试题的题材宜均匀分布，而且应包括教材的重要部分；试题的文字要简短，题意明确；各个试题彼此相互独立，不出现相同或相近的试题，不要有相互暗示或相互启发的现象；试题的答案要具体明确，不应有争议；要掌握好试题的区分度和难度；最好提供答题的时限和题目的分值。

2. 测试试题内容与方式的改进

相对于传统的测试试题，学生学业成就评价，应在以下方面做系列改进：

（1）加强考试内容与学生生活的联系。传统考试多以答案唯一的记忆性、技巧性、速度性的内容为主，而且试题内容的抽象性难以体现知识的应用价值，而加强试题与社会生活的联系有助于提高学生解决实际问题的能力，帮助学生学以致用。

（2）拓宽试题类型。多种类型的试题可以从不同角度、不同方面来考查学生知识掌握情况以及高级心智发展情况。试题设置既要注重对学生解题结果的考查，更要关注对学生解题过程的考查，据此有效评价学生的逻辑、推理、分析、判断等解决问题的能力。因此，在传统题型的基础上开发新的试题类型，如材料分析题、任务表现题等，多角度测试学生掌握知识的情况，以及学生的综合应用能力和自身潜能的发挥。

（3）注重对基础知识与技能的考查。基础知识与技能依然是考试内容的重要方面，它与能力的发展是密切相关的。如果离开知识与技能的掌握去发展能力，则能力就成为无源之水，无本之木，同时能力的发展又会促进知识的掌握与技能的发展。我们应该辩证地看待二者关系，在考试中力求知识技能与能力考查并重。

（二）表现性评价

表现性评价是与只有一个正确答案的客观纸笔测验相对的评价形式。它是指在尽量合乎真实的情境中，运用评分规则对学生完成复杂任务的过程表现或结果做出判断。表现性评价可以让评价者通过主观判断来搜集有关学生智力技能、表现性技能和成果创建能力的信息。

1. 表现性评价的特点

①关注学生知识的应用能力和实际生活的表现。表现性评价要求学生完成一系列比较复杂的任务，要求学生综合运用多学科的知识和技能解决复杂问题。同时，需要解决的问题是现实中比较实际的问题，是学生在现实生活中有可能会遇到的问题。表现性评价就是考查学生利用所学知识解决现实生活中遇到的实际问题的能力，因为在表现性评价中更强调直接的评价，更强调评价内容的真实性。

②强调评价的主体性。表现性评价强调学生对知识的自我决定、强调学生对知识的自我组织、强调学生自我鉴定与自我矫正的能力。由于表现性评价的评价目标和评价计划是教师与学生双方协商制定的，这样做就可以使评价活动变成了学生主动参与、自我反思、自我教育、自我发展的过程。在相互沟通协商中，增进了双方的了解和理解，易于形成积极友好、民主平等的师生关系。

③采用多元的评价方式。表现性评价对学生进行评价时，不仅仅单靠一次考试就给学生划等级、论成败，而是采取各种方式对学生进行评价。例如，对学生的学习作业进行比较，对学生参与活动的表现进行观察，对具体问题的解决能力、对生活的态度、与人合作的能力、交际能力等各方面进行观察，然后再给学生一个比较公正的评价。

④要有可供参考的评价标准。为了更好地完成表现性评价，教师必须在评价前给出一个完善、公正的评分标准。这个评分标准通常是教师与学生共同商量、讨论得出的。表现性评价事先给学生一个评分标准，学生知道在学习完成后教师对自己的期望是什么，自己在学习结束时要达到什么样的标准，这样学生才有学习的目标和动力。

⑤考查的是学生的高层次学习能力。表现性评价可以对高级的认知活动，如批判性思维、解决问题技能的能力等能很好地评价。它能使学生将所学的概念、规则等灵活地运用到实际的问题解决当中，从而提高学生的分析问题、解决问题的能力。同时，评价的范围不仅仅局限于认知领域，还可以评价学生的情感与社会技能。

2. 常见的表现性评价类型

（1）纸笔任务

表现性评价中的纸笔任务类型有别于传统的客观纸笔测试，但也不需要借助于其他设备或资源。如结构化的反应题和论述题并说明解决问题的方式。有时，评价所关注的是书写出来的东西，如故事、报告或者图画等；有时，可能对学生解决问题的过程更感兴趣（例如，学生记录他完成实验的各个步骤或者解释他是如何解决问题的）。下面是一些纸笔任务的表现性评价的例子：

① 解决算术应用题，并解释你是如何解决的。

② 理解所给的时间表，然后根据表中所给信息写一段典型的生活短文。

③ 画图说明你解决以下应用题的思路。

（2）示范与展示

示范，需要学生能使用知识和技能来展示一个良好界定的复杂任务。示范不像项目那样历时长久，也不如项目复杂。示范的任务一般都是良好界定的，并且学生和评价者都知道正确的解决方向。然而它也允许个体间存在差异。当学生示范时，他所采取的风格和方法都会被考虑在评价之内。在学习过程中，学生需要通过适当的技巧来展示他们的技能。例如：

① 示范做面包前的揉捏面团。

② 示范使用显微镜来观察污点的滑动。

③ 示范在绳子上爬行。

④ 示范在因特网上查询信息。

一般而言，示范关注学生如何使用他们掌握的知识技能，而不是看他如何解释他的思考或者表述现象背后的原理。

（3）实验与调查

实验与调查是学生制定计划、执行计划，并且解释实验研究（调查结果）的过程。研究需要关注回答具体的问题（如，是否本校大多数学生都支持法律规定的死刑?）或者调查具体的研究假设（如，醒目的广告易于人们长久记住它）。实验或调查包含了发生在自然或者社会科学领域的广泛的研究活动，包括田野研究和调查研究，也包括实验或小组控制实验。它们可以是由学生个体执行，也可以是小组合作执行。

实验评价的是学生是否能合理运用所要检测的技能。可以评价学生是否掌握了合适的概念框架或理论，以及对研究现象的基于原理的阐释。评价后者，需要关注学生的文献资料质量，他们对研究问题的理解，他们如何设计研究，他们列举的问题和假设的质量，他们对数据间关联关系所提供的解释。通过实验或调查来进行评价，特别需要关注学生在以下学习目标维度的达成：

① 在收集数据之前做估算和预测。

② 综合数据，分析数据，展示数据结果。

③ 得出结论，并引用收集到的合理资料来支持结论。

④ 陈述假想，确定方法或数据上可能的错误来源。

⑤ 有效地交流实验或调查结果。

（4）口头表达与戏剧表演

口头表达要求学生以访谈、演讲或其他口头表述等方式来展现他们所掌握的相关知识，运用他们的口头表达技能。明确学习目标是口头表达特别要强调的一点。例如，在口语交际课中，许多学习目标关注的是表达的风格和交流技巧，而不是内容的正确性。流利地讲一口外语是外语课程的重要目标之一。演讲是口头表达的重要形式之一；而辩论是口头表达的另一种形式，是双方学生就一个问题进行逻辑性辩解。评价关注逻辑性和辩解的说服力。

（5）项目和课题

通过项目（课题），可以评价学生综合运用知识的能力。项目（课题）可以是学生独立完成，也可以是合作完成。

第一，学生个人项目（课题）。个人项目的结果可展示为：一个模型，一件科技作品，一个真实报告，或一项研究。下面是一些学生个人项目的例子：

① 收集假期里的报纸、杂志广告，并给它们分类。

② 使用本学期所掌握的手工工具做一件小家具。

③ 用本单元所学的光学原理制作照相机的工作模型。

④ 收集和运用资料，写一个研究报告，分析在初选时选民人数稀少的原因。

图 8-1 展示的是一个经过完整设计的项目，它要求学生应用并整合一系列的知识技能。举例来说，当学生写研究报告时，学生将应用资料搜索、文献引用等技能，列提纲、组织结构、计划报告、使用书面语言遣词造句，呈现他对主题的理解等。一个好的项目任务将促进学生思维的严谨性、创造性以及解决问题能力。虽然一般来说，项目在教育活动中都很有价值，但是它们作为学生个人的评价工具的效用要取决于评价者的设计。

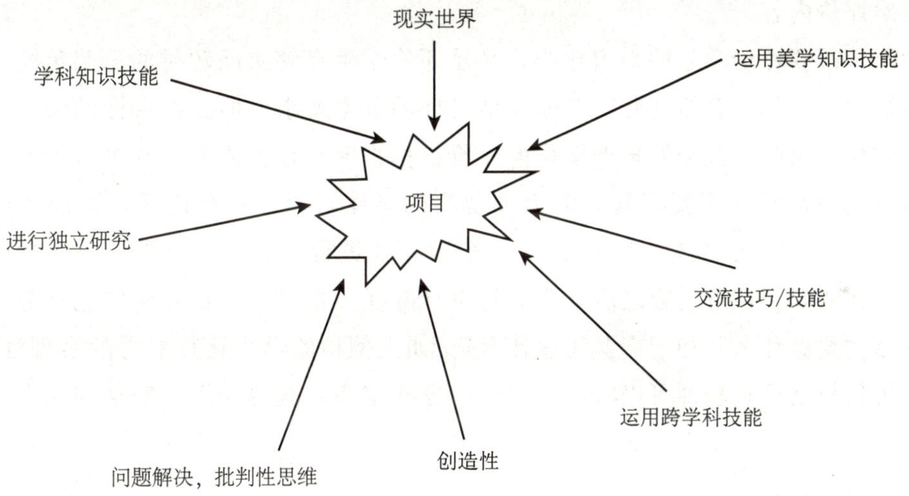

图 8-1　整合各种知识和技能的项目图

第二，小组项目（课题）。小组项目要求两个或两个以上的学生一起合作完成。将小组项目作为表现性评价的类型之一，主要是评价学生是否能合作完成高质量的成果。小组项目的评价目标取决于学科性质以及学生的水平。通常我们可以从以下几种类型的目标出发来设计小组项目：

① 行为导向的学习目标（建立一个通信软件）。

② 学生兴趣导向的学习目标（写一篇感兴趣的主题论文）。

③ 学科性质导向的学习目标（理解河流是怎样形成的）。

第三，兼顾小组和个人的项目（课题）。在小组和个人结合的项目（课题）中，小组成员一起合作完成长期项目（课题），在项目（课题）结束后，个人准备好自己的报告，不得借助同组其他人的帮助。当项目（课题）复杂，并且要求几个学生在合理时间内展现合作能力来共同完成时，这种结合的方法很有用。这个学习目标要求学生有能力准备最后的报告，自己解释结果等。在这种情境中评价学生，需要同时准备小组和个人的学习目标以及评分规则。

3. 表现性评价任务开发的步骤

（1）制定评价目标

在开发表现性评价的任务时，教师想要知道，或者说想要推论到的东西都是评价的目的，因此，开发表现性评价任务的第一步就是制定评价目标。

评价目标要体现三维目标的精神。在表现性评价的任务开发中，教师要依据三维目标的要求，将自己的评价目标明确地、具体地描述出来，以便在任务的开发过程中时常提醒自己。如让学生做一道应用题，以检验学生的运算能力，教师可以设计表现性任务来进行评价：让学生用 10 元钱（可以是模拟的）去书店或模拟书店购买低于 10 元钱的一本课外读物（可以是用图画画出的商品），售货员应找回多少钱。在这个过程中，教师要清楚地知道学生对减法知识掌握到什么程度，掌握知识不好的学生问题出在什么地方，掌握基本知识的学生为什么没有达到灵活运用的程度，掌握知识好的学生有哪些可取之处。同时，教师还要激发学生学习的热情，增强学生的学习信心。

（2）明确评价内容

表现性评价既要评价学生的知识建构，又要评价学生在解决问题时的思路策略，还要考查学生的表达能力。可见，它体现着新课改三维目标的基本要求，但三维目标的每一个方面还可以进一步被细化，因此，教师要根据细化的评价目标来明确评价内容，并进行严密论证。在明确了评价内容之后，教师还要将其分解为可观察的具体行为，只有这样，评价才可能顺利进行。一般来说，我们每次课选取其中的 2～3 个方面来进行观察，避免在任务开发时所出现的偏差。同时，在明确了评价内容之后，我们要设计好任务指导语。指导语要把任务说清楚，让学生知道自己“要做什么”和“需要注意什么”。如上例检验学生运算能力的表现性评价任务，在确立了评价目标之后，教师可以将主要评价内容确定为：获得与组织信息的能力以及问题解决的策略。

（3）建立评价规则

表现性评价规则的建立是表现性评价任务开发的关键，因为制定的评分规则要符合其目标，真实反映学生参与评价时所表现出来的素质。评价规则至少有三方面特点：一是评价规则中要包含用来决定学生反应质量的各种指标；二是对于每一条评价标准，学生反应的质量区别到底如何表现，评价规则中要有具体的描述；三是评价规则必须说清楚，其标准是以整体评分法的形式使用，还是以分项评分法的形式使用。因此，教师在开发任务时，可以对要评估的活动自己先实际操作一下。这样做的好处有：研究自己的活动表现和可能成果，进而找出其中重要的部分作为评价学生活动表现的标准，并在此基础上按照活动的顺序列出评价标准，以便对学生的表现进行观察和判断。在建立评价规则时教师要注意，评价标准的数量不要太多，要尽可能用可观察的、可量化的表现性评价标准。如在上例“购买课外读物”中，教师就应该将评价的标准告诉学生：“展示买卖活动过程”的有 10 分，有创造性表现的另奖励 5 分等。

（4）考虑重要事项

测试规则的确定以及任务如何在学生中开展，是表现性评价任务开发的最后环节。常用的测试规则有：时间、参考资料、其他人、设备和评分标准。使表现性评价标准有效的关键是让学生参与评价，因此，在活动开始时，教师要多给学生一些鼓励，激发他们的好奇心，以便调动他们的积极性。如在“购买课外读物”中，教师可以让学生在上课的前一个小时内准备好他们的“书店”“给课外读物标价”等，并将学生分成若干个小组，每个小组要进行买卖活动的展示以及确定展示的时间、提问时间的要求等。

第三节
教师教学工作评价

教师教学工作评价是指教师个体教学工作为评价对象，对教师教学工作进行价值判断的过程。它处于学校内部教学管理工作的核心地位。教师教学工作特点不同于其他行业。影响教师教学质量的因素是多方面的，要找到一个反映多因素的完美无缺的评价方案是不可能的。我们只能从教师教学工作的整体出发对教师教学做出评定。教师教学工作评价包括教师素质评价和教师教学行为评价两部分。

一、教师素质评价

（一）教师素质评价的内容与标准

教师素质是指教师在教育教学活动中表现出来的，决定其教育教学效果，对学生身心发展有直接而显著影响的心理品质的总和。其主要表现在教师的文化素质、业务素质和思想品德素质上。

1. 教师文化素质的内容与标准

文化素质是教师从事教育教学工作的基础。教师文化素质的积累是一个动态的发展过程。教师文化素质的内容和应有的标准应从以下几方面来评价：

（1）学科基础知识要扎实

掌握学科的重点、难点、关键点，有丰富的实践知识和熟练的技能，对学生提出的问题能做到科学地回答，并能指导其理论联系实际，不仅了解学科发展的历史、现状和趋势，而且对临近学科的知识熟悉。这是教师教学最基本的文化素质。

（2）兴趣广泛，知识面广

教师应通过多种渠道及时了解教育教学所属学科及相关学科的最新消息和动态，对学生答疑、解惑或提供解决疑惑的有关线索和方法。因此，教师的知识结构必须渊博，这是时代对教师文化素质提出的要求。

（3）勤于学习，善于学习

教师要有勤于学习的精神和善于学习的本领。只有具备这种素质，才能使自身知识不断充实和更新，才能适应教育改革的新要求。

2. 教师能力素质的内容与标准

教师的能力素质是一个相对宽泛的概念，既包括传统的教学科研能力，还包括协作与竞争能力、社会交往能力。教师业务素质应有的内容和标准表现在以下方面：

①要有敏锐、准确的观察能力，能及时发现倾向性的问题；要有分析问题的能力，能换位思考；要有解决问题的能力。

②要有建立良好的师生关系的能力。教师是学生的良师益友，做学生的知心朋友，在与学生平等的基础上，相互合作，彼此尊重，创建民主平等的教学氛围。

③要有组织管理学生的能力。善于发挥学生的主体作用，启发学生自我教育、自我管理、自我展示。

④要有对学生做思想品德教育的能力。

⑤要有转化后进生的能力。

⑥要有驾驭教材、处理教材，选择适当的教学方法的能力。教材是教师上课的依据，课前研读是教师上好课的前提，根据教材选择适当的教学方法是教师上好课的关键。

⑦要有较好的运用语言和非语言的手段进行表达的能力。语言的运用是一门艺术。教学语言必须是科学性和艺术性的结合。

⑧能以教育学、心理学等理论总结教学经验，并有运用教育教学规律，进行教学科研和教改实验等创新活动的能力。

3. 教师思想品德素质的内容和标准

良好的思想品德素质是教师人格素质的必然内容，包括正确的世界观、人生观和价值观，爱岗敬业、治学严谨的工作作风以及友好合作的团队精神。教师的职业道德是保证教育活动顺利开展的前提，对学生和社会具有深远的影响作用。教师思想品德素质的标准具体表现在以下方面：

①树立正确的世界观、人生观和价值观是教师思想道德素质的基础。

②树立正确的学生观是教师思想道德素质的基本要求。所谓学生观，是指在教学过程中如何认识学生和对待学生。

③“学高为师，身正为范”，要以身作则，作风正派。

④教师要有创新、拼搏精神。面临新的挑战，教师应当具有自觉的创新精神、开阔的知识视野以及富有开创性的思维方式和实践能力。只有这样，才有利于形成学生创新能力发展所必需的宽松环境和自由空间；也只有这样，才能使教师在教育学生、培养学生的同时，既锻炼提高自己，又在不断地创造实践中享受无穷的乐趣。

（二）教师素质评价的原则

1. 立德树人原则

立德树人原则强调教师要将德育放在首位，以培养学生正确的世界观、人生观、价值观为核心任务。教师自身需具备良好的道德品质和职业操守，通过言传身教，引导学生树立崇高理想信念，塑造健全人格，不仅传授知识与技能，更要培养学生的社会责任感、创新精神和实践能力，为学生的终身发展和社会进步奠基。

2. 科学分类与过程导向原则

依据教师不同的学科领域、教学阶段、岗位类型等进行科学分类，确保评价标准的针对性和合理性。同时，注重教学全过程的评价，包括备课、授课、课后辅导、教学反思等环节，关注教师在教学过程中的成长与进步，及时给予反馈和指导，促进教学质量持续提升。

3. 实践能力与育人实效原则

考查教师将教育理论转化为实践的能力，如教学设计、课堂组织和实践教学指导等方面的表现。以学生的成长和发展作为检验育人实效的根本标准，关注学生在知识掌握、能力提升、品德修养等方面的实际收获，强调教师教学对学生综合素质全面提升的实际效果。

4. 技术赋能与数据支撑原则

鼓励教师积极运用现代信息技术，如在线教学平台、教育软件、智能教学工具等，创新教学方式方法，提升教学效率和质量。借助大数据技术收集、分析教师教学过程和学生学习过程的数据，包括教学行为数据、学生学习反馈数据等，为客观、精准评价教师素质提供数据依据。

5. 弹性化与人文关怀原则

考虑到教师工作的复杂性和个体差异，评价体系应具有一定弹性，避免过于僵化和刻板。尊重教师的个性化教学风格和创新尝试，为教师提供发展空间。同时，在评价过程中体现人文关怀，关注教师的工作压力和职业幸福感，营造和谐、宽松的评价氛围，激发教师的工作积极性和创造性。

（三）教师素质评价的实施步骤

1. 提前一定时间公布教师素质评价方案

教师素质评价最重要的意图不是为了证明什么，而是为了改进教师的教学工作。因此，评价工作要有充分的准备，要提前一定时间把评价方案向教师公布，组织教师学习讨论，充分理解评价工作的积极意义，只有教师的积极参与和认同，才能做好这项工作。同时在实施中，要注意评价方案的相对稳定性和延续性。

2. 收集教师素质评价信息

收集评价信息，包括选择和制作评价工具、测量评价指标、储存评价信息等过程。评价工具的选择要根据评价指标的特点。教师素质信息，可以通过教师日常行为表现出来，可以分出不同的等次，然后给不同的等次进行赋值。这类信息属于模糊信息，只有通过多次评价，而且参评者宜广，才能真正反映教师的教学行为。对教师素质的评价可以通过自我评价、教师同行评价、学生评价和学校领导评价来进行。

（1）教师自我评价

这种评价是对教师的尊重，同时能取得被评价教师的信任和支持。但作为教师本人，对自我评价应实事求是，通过自我评价，看到自己的长处与短处，明确自己后续工作的方向。当自我评价与其他评价差距较大时，此类评价收集的信息为无效信息。自我评价可选用的工具为“教师自我评价综合问卷”。

（2）教师同行评价

在学校教师群体中，同年级组、同教研组的教师相互了解。为此，教师同行评价以同年级组、同教研组的教师为参评对象。参评者应本着对被评教师认真、负责的态度进行实事求是的评价。这种评价能激励教师同行之间处理好人际关系，激励教师之间共同协作、共同提高。对参加工作不到一年的教师一般不列入参评、被评对象。教师同行评价可选用的工具为“教师同行评价综合问卷”。

（3）学生评价

学生是教师教学工作的感受者，教师的教是为了学生的学。为此，师生在教学、学习过程中应进行很好的合作，这是教师成功教学和学生成功学习的重要前提，通过学生评价，对教师转变教学思想，矫正教师的教学行为，其意义是深远的。学生评价可选用的工具为“学生综合问卷”。

（4）学校领导评价

这是教师素质评价的主要环节，这个环节一般由学校行政会议人员参加。这项工作综合教师自评、教师同行评价、学生评价，结合日常积累的各种评价信息，经过审慎的研究评议，提出学校行政会议给出的综合评价意见。这种评价意见由校行政会议人员对教师进行个别反馈，有利于教师改进教学工作。此环节要特别注重“学校领导加权评分”，帮助教师形成自己的教学风格。

3. 对评价信息的处理

在获得大量评价信息后，要进行加工处理。加工处理的过程包括去伪存真的过程和量化的过程，从中得出评价结论。评价结论用评价值和评价性描述相结合的方式表示。评价结论不是评价的终结，而是改造教师教学行为的前提。为此，教师素质评价是一个与教师日常教育行为密切结合的动态过程，应强调发挥形成性评价的作用，重视诊断性评价、总结性评价的功能。

二、教师教学行为评价

（一）教师教学行为评价的内容

教师教学行为评价的内容是与教学活动的内容相吻合的，教师的教学活动主要有以下几方面：

1. 备课

备课是进行课堂教学的基础，认真备课是提高教学质量的重要保障。备课工作主要体现为编写教案，评价备课情况主要是通过评价教案来进行的。教案必须在深入了解学生、认真钻研教材、掌握教材的特点与重点的基础上完成。

（1）教材分析

迅速准确地理解编者（或作者）的思路、意图，了解本节课在整个教材体系中的地位和作用，掌握本节课的主要内容及知识的内在联系，准确地提出教学目的（含思想教育、知识传授、能力培养三个方面），教学重点、难点和关键，讲清确定的依据以及实现教学目的、突出重点、突破难点的方法。

（2）教案设计

能从学生实际和教材内容出发，迅速而准确地确定教学目的、教学重点、难点、步骤和方法，并能从理解、巩固、有助形成技能的要求出发，选择作业练习，较快地写出内容完备、格式规范、教学适用的教案。教案的主要内容及要求是：课题和教学目标恰当、具体、明确，教学重点和难点清晰准确明了，课时安排恰当，教学方法和教具的选择恰当有效，教学步骤完整清晰，整个教学内容的容量应当是恰当的，而且应有一定的弹性，适应各类学生的需求。

2. 上课

上课是提高教学质量的关键环节，是教师履行职责的主要标志。课堂教学质量主要应从教学目标、教学过程及教学效果等方面进行综合考查与评价。

课堂教学是在特定的时间和空间进行的一种特殊的师生间的互动活动，具有很强的现场感，而其教学的效果并不是在课堂教学进行中和结束时就能完全地表现出来，一部分效果具有很强的潜在性。也就是说，这些效果会在很长时间里隐藏起来，在以后的学习和生活中以一种不易觉察的方式一点点地表现出来。不仅如此，这种效果可能会以一种变形的方式，或者和其他学习效果融合的方式表现出来。对于班级授课制来说，课堂教学对每个学生产生的效果具有很大的差异性，同一堂课对不同的学生可能产生相反的效果。所以，课堂教学质量是一个非常复杂的事件，不可主观武断地一概而论。

3. 辅导和命题

（1）辅导

作业批改准确、速度快，必要时能写出中肯、简明、有指导性的批语；批改后，能迅速了解学生对知识的掌握、理解和应用程度，分析问题产生的原因，善于解决共性问题，并借以改进教学。在这项活动中，教师能提供必要的辅导时间，根据学生的不同情况进行辅导，包括查漏补缺、学习方法指导、学习习惯的培养等方面，还要及时认真地批改作业，引导学生巩固提高。

（2）命题

考试命题应能够体现科学性、灵活性和实用性原则。命题速度快，覆盖面大，题量、难易、分数分配均符合大纲要求；试题内容科学、灵活，既能考查学生对知识的掌握、理解程度，又能考查出学生分析问题、解决问题的能力；试题题型具有启发性，符合标准化的要求，有较强的示范性。

4. 课外活动

组织和指导学生进行有计划、有目的的课外活动，培养学生的兴趣和特长，培养学生独自动手、团结协作和广泛接触社会的能力。

5. 学生学业成绩

学生成绩优劣是教学效果评价的最显著的指标，因而成为学校最重视的一项教学评价内容，所以评价学生学业成绩是教师必备的教学能力和工作，其结果也成为评价教师教学效果的最重要的指标。也就是说，学业成绩是学生学习评价的结果，同时也是教师教学评价的重要依据，通过评价学生的学业成绩来评价教师教学。

6. 教研活动

教师要经常参加一些学校组织的听课、评课及教学研讨活动，个人也应有意识地进行教学研究。通过教学研究活动，不仅可以加强教师间的交流合作，也可以提高教师的科研能力和教学能力。在这一项上对教师的具体要求是：能主动参与学校的科研课题或自己选择适当的课题；制定科研计划并按计划展开实验或研究工作，研究的态度要严肃认真，实事求是；有一定的研究成果，对教育教学工作有一定的促进，能够将自己的研究成果撰写成论文。

7. 出勤

对教师的出勤情况进行考核，是对教师坚守工作岗位、履行工作职责进行评价的重要指标。出勤考核的内容是：按课表规定的时间上课；能够严格遵守学校规定的各项规章制度；积极参与政治学习、文化学习、业务学习、教学研究、继续教育以及学校组织的各项活动，不迟到早退、不缺勤。

8. 工作量

教师工作量主要是指教师直接或间接从事与教学有关的工作数量的总合。教师的工作量主要是由备课、授课、作业批改、课外辅导、教研工作、实习指导等方面的工作量合成的。教师工作量的核算是一项复杂的工作，各学校应根据本校的实际情况进行合理的折算。

（二）课堂教学评价标准

扫一扫

课堂教学评价标准

小学课堂教学标准的制定要以素质教育思想为指导，以国家课程标准为课堂教学内容质量标准依据，以国家教育法规赋予教师教学角色要求为课堂教学活动规范标准依据，以新课程学生发展理念要求为课堂学习活动规范标准依据，以课堂教学结构元素为课堂教学内容标准依据。从课堂教学结构基本元素着眼，小学课堂教学评价有以下六条标准：

1. 教学目标明确性

教学目标是课堂教学活动的出发点和落脚点，是选择教学策略、进行教学设计的基本依据。教学目标是课堂教学的指针，一个明确清晰的课堂教学目标要具有科学性、整体性、层次性和具体性等特点。第一，科学性。从理念上说，要依据素质教育思想理念。教学目标是教育目的的具体化，要指向人的培养目标，以学生发展为本，以培养学生创新精神和实践能力为核心，强调知识、能力、情感和人格的完善，体现全面和谐的发展目标；从内容上说，要符合课程标准和教材内容要求，深入研究学科的性质和特点，掌握每一节课教学内容的重点和难点，使学生掌握基本的知识与技能；从策略方法上说，要符合学生的认知实际，尊重教学规律，贴近学生学习的最近发展区，使学生学会学习。第二，整体性。依据新课程的多维目标理论，使知识与技能、过程与方法、情感态度与价值观的三维目标形成有机整体，有利于学生个体生命的成长。第三，层次性。就是三维目标要根据学生不同学科不同年级有不同水平的要求。第四，具体性。主要是指教学目标的表述明晰，对学生行为主体要求准确适度，对学习者行为主体的学习行为描述尽量选用学生所形成的可观察、可测量的外显性行为动词，可评可测。

2. 教学内容的科学性

教学内容的科学性是指教学内容的确定、设计和要求等方面要符合教学规律，要有其适当性、合理性和适度性。

（1）教学内容具有适当性

教学内容即所要完成的教学任务，包括教材中学科基本知识与技能的基础性教学内容，学生思维与能力培养的能力发展性内容，情感与价值观培养的教育性内容。教学内容与过程方法是一体化的，要使教学内容有利于学生的内化学习，需要对教学内容进一步地选择、深化、提炼与整合，教学内容确定要适当。要依据教学目标，与精选的学科知识体系相结合，以使学生理解教材和消化教学内容。要依据学生认知规律和心理特点，从学生已有的知识基础和认知能力出发，筛选对学生发展有价值的教学内容，使学习有意义。

（2）教学内容设计合理性

教师在备课时整合课程教材资源，丰富、深化、合理地设计教学内容，使学生生动活泼地学习。一要使课程内容情境化。教师在对课堂内容有深度理解的基础上，使教学内容情境化，抽象内容具体化，以利于引导学生把课程内容与所熟悉的社会生活典型事例联系起来，进入教学情境，使学生体验、感受知识生成过程，让课程知识深入内心。二要使教学内容问题化。教师要抓住教学内容的重点、难点，设计出具有内在联系性、思想性、探索性和一定挑战性的教学问题，使学生探究和思考，在探究和思考的过程中理解、内化知识，培养学生收集、整理信息和分析解决问题的能力。三是新旧知识联系化。教师在充分了解学情和尊重学生个体知识的基础上，要找准新旧知识的内在联系，充分利用学生已有的知识经验和生活实际，引导学生从已知中探求未知，揭示矛盾，以利于学生认知。四是教学内容与方法设计一体化。要依据学科教学内容和学生认知思维水平设计教法与学法，使教学内容的呈现与教学过程中方法的使用和谐一致，使学生感受知识产生的过程与方法。

（3）教学内容要求适度性

教学内容要求，主要是指学生对教学内容的理解内化的程度要求，即对学生学习的知识、技能、方法、情感和态度的期望值。学生在必备的学科基本知识方面的理解掌握程度以及学生动口表述的准确度，在基本技能应用方面的动手演练、操作、计算的熟练程度，在动脑方面思考、分析、解决问题的实效等，都要有具体要求。教学要求并非越严越高越有利，关键要适度，要符合素质教育，以提高学生综合素质为根本，以培养学生创新精神和实践能力为核心，在多维目标培养要求上有机把握。学科知识与技能的学习质量常规要求，要依据国家课程标准，接近学生“最近发展区”，在面向全体的基础上适度分层。

3. 教师精讲的启发性

教师精讲就要依据教学内容要求有针对性地适时启发点拨，引导学生自主、探究性学习。在吃透教材的基础上，教师以学生的知识基础和生活经验为背景，抓住教学的重点、难点和疑点，抓住新旧知识的联系点，把握教学契机和有效时间，举一反三，启发思考，解疑释惑。

教学最高的技艺在于精讲启发，因势利导。精讲启发需要充分发挥教学个性，灵活运用启发性教学策略和方法，把握好教学环节和节奏，给学生创造学习条件。要把握教学内容的“关节点”，巧设教学问题情境，善于设问、激疑、点拨、诱导、激励和鼓舞，调动学生积极思考，把学生引导到其乐融融的自主学习的情境中，培养学生学习的独立性和唤起对知识探求的快乐。精讲启发性表现为一定的教学艺术性，是与学生的情感、需要、兴趣、认知、思维等学习要素和谐统一的教学艺术。

4. 学生主体的参与性

学生主体参与性是由学生的主体地位决定的，学生是学习的主人，他们的成长是一种生命体验的过程，学习主要在于主体的亲历、感受、体验、思考、领域和内涵。教师传递的信息，只有通过学生的主动建构才能转化为认知结构中的知识，只有在教师指导下靠学生自己动口、动手和动脑的学习实践中才能逐步提高。优化课堂教学，要让学生主动探索求知，积极参与学习讨论，质疑问难，参与整个教学过程。学生主体参与性，从过程上说，学生在导入、阅读、探究、质疑、讨论、练习、总结和反思等整个教学过程中，表现出生动活泼的学习；从整体上说，全体学生都积极主动参与了探索求知的教学活动，没有被动旁听者；从个体上说，全身心投入了学习中，求知欲望高，没有应付倦怠者。

5. 教学过程和谐互动性

教师在教学过程中与学生积极互动，共同发展，建立自主、探究及合作的学习机制，促使每个学生都得到充分的发展，这是由教学相长的规律决定的。教与学是一个复杂多变、互相联系、互相影响的教学矛盾统一体，教学活动本质上是教与学和谐互动螺旋式上升的探索求知、共同发展过程。

教学过程的和谐互动，主要在于互动的实际性、有序性、协调性和配合性。课堂教学互动是以教学目标为导向、以教材为凭借、以教学内容呈现为导向、以学生知识经验为背景、以教学问题探究为契机的人与物、师与生、生与生之间多重的认知交流、情感激发和心灵碰撞的探索和研究过程，贯穿从导入开始到教学结束的教学过程的各环节中。教师要关注学生的个体差异，满足不同学生的需要，激发学生积极性，培养学生掌握运用知识的态度和能力。要充分利用现代教育信息技术等多种教学优势条件，合理分配教学时间，为学生创设丰富多彩的教育情境，通过提问、质疑、探究、合作、讨论、交流、反馈、反思等多种教学互动方式，使教与学在良性和谐的互动过程中可持续发展。

6. 课堂教学实效性

一堂好课，最终落脚点是教学的有效性。教学目标是多维的，学生素质是综合的，课堂教学效果的评价因素是多元的。因学科、年级、环境不同，每一节课都有其不同特点和随机性，教学效果评价要从实际出发，综合评价。课堂教学效果评价需要智力因素与非智力因素相结合，知识技能的掌握应用与学习态度和精神评价相结合，教学结果与教学过程评价相结合。具体来说，要从实、广、深、活、和、真等六个方面着眼。

一实。从基础性教学目标的达成度来说，学生“双基”学得扎实。学生对必备的学科新知识和技能的理解掌握与应用达到了目标要求，动口表述的准确度和回答问题的正确清晰度达到了具体要求，动手操作、演练和计算的熟练程度及回执动笔能力等达到了基本要求。

二广。从学生主体参与面上说有广度。不同情况的学生主动参与了探索求知的教学活动，学习精神状态好，有自己的体验和思考，激发了学习兴趣，培养了学生主动性。

三深。从对重点教学内容理解和教学问题认识的深刻性上说，动脑思考有深度。学生有问题意识，能提出有见解和深度的问题，培养了学生的思维能力。

四活。课堂教学机制活。在教材使用、教学内容呈现、教学方法运用、教学环节把握、教学时间分配等教学机制方面，表现出了灵活和创新性，激活了课堂，使学生感受到了学习成功的喜悦，培养了学生的实践能力。

五和。从教学矛盾关系处理上说，教学过程要和谐。在整个教学过程中，教书与育人关系、知识传授与能力培养关系、教与学互动关系、教学任务与时间调配等各种教学关系处理得当，呈现出课堂教学的和谐艺术性，使学生在知识、方法、能力和思维等综合素质上都有提高。

六真。从课堂教学生态上说，教学真实、真情和真诚。课堂教学是在学生学习常态下进行的，教师以真诚的教学态度和真情激发迁移了学生情感，学生不但喜欢教师的教学，进而培养了学生学习的正确真实情感态度与价值观。

课堂教学是个复杂的、动态的、生成的教学系统，但是有教学规律可遵循的。上述课堂教学评价标准六个方面，是以常规性课堂结构元素为基点，重在从课堂教学中人的活动性教学和教学实效性等方面提出的，有利于教师发挥教学个性和创造性。

（三）教师教学行为评价方法

1. 合理建构教学行为评价的指标体系

评价指标体系是对评价内容要求的具体规定，它是整个评价活动的基础，是衡量评价是否成熟的主要标准。教师行为评价指标体系是指从评价对象中分解出来的若干评价指标所组成的集合体，以及各项指标的权重和评价标准。

教师教学行为评价指标体系建构的原则如下：

第一，导向性原则。教师教学行为评价指标体系应有明确的导向性。即通过评价使被评价者的思想和行为不断地向评价标准靠拢。为此，在确定评价指标和标准时应充分体现新的评价观念：应充分体现促进教师专业发展的评价精神；应能促使教师反思自身的教学行为，对自身教学行为的方方面面有更为客观的认识，努力调整其不合理的教学行为，进一步促进其自身的发展。

第二，人本性原则。教师教学行为评价指标体系的确立应坚持人本性的原则，充分考虑教师的意见和建议。在促进教师发展的教学行为评价体系中，教师既是评价的客体，又是评价的主体。因此，要尊重教师在评价中的主体地位，充分调动每个教师的主动性、积极性和自觉性。在评价方案的制定中要广泛听取教师的意见与建议，这样才能使评价标准真正内化为教师的行为准则，使评价工作达到预期的目的。

第三，有效性原则。教师教学行为评价指标体系的确立要坚持有效性的原则，应符合教学的特点和规律，同时要体现从事教学的教师的认同与接受。评价对信度与效度有很高的要求，信度指评价的稳定性与一致性，效度是指通过评价达到预定目的的程度。评价的有效性在很大程度上取决于评价指标与标准的有效性。即使评价再客观、再准确，一旦有效性差，最终也很难达到评价的目的，发挥评价应有的作用。

第四，开放性原则。教学是一项动态复杂的活动，教学行为评价的标准应是相对灵活的、有弹性的、开放的体系。教师教学行为的评价指标只有开放，才为评价者在评价过程中具体掌握标准留下一定的余地，根据不同的情况体现不同特点的评价标准。

2. 具体操作方法

（1）行动研究

教师对教学行为评价进行行动研究，是由于评价目的在于促进教师的专业发展，而要想达到这一目的，教师必须参与到这一过程中来，并渐渐地内化评价的内容与标准，使自身的教学行为得到改善。

行动研究具有实践性、反思性、合作性、开放性等特征。行动研究强调实践者的参与，注重研究过程与实践者的活动相结合，通过对自身工作进行审视性认识和批判性反思，并针对实际出现的问题，结合实际情况分析原因，最后寻找到问题解决的办法。教师教学行为评价的目的在于帮助教师分析自身的教学行为，使其发现自身的不足之处，并帮助其分析原因，指明今后发展的方向，并督促教师改进教学行为，最终实现自身专业的成熟。

要充分地发挥教师在评价行动研究中的作用，需要进一步做好两方面的工作：一是增加教师评价的权利，进行评价“授权”；二是通过校本培训，提高教师的评价能力。对教师“授权”，并不等于教师就已经具备了评价能力，教师评价能力的提高除了可以通过教师自身的提高以外，另一有效途径就是鼓励教师不断地进行行动研究，在评价过程中不断地提高评价能力。教师需要不断地对课堂教学评价行为进行反思和批判，可以采取写一些反思日记或者教学案例分析等方式来进行。

（2）教师同行、学生积极参与评价

在新课程评价理念的倡导下，教师教学行为评价提倡评价主体多元化，以教师自评为主，鼓励学生、同行、领导、家长等积极参与。

教师同行评价，其目的并不在于比试教师教学水平与能力的优劣与高低，而在于相互之间的交流感悟、观摩学习。为了达到这个目的，教师教学行为的同行评价建议在同一个教研组内展开，主要考虑到教师之间相互的熟悉程度、课程与教学方式的相似程度。如教师课堂教学行为评价可以采取观摩课的方式定期开展。观摩课的评价活动可以按照三个步骤进行：预备会议、课堂听课、课后讨论。在预备会议阶段，一方面是为了明确课堂听课的目的，是为了提高教学质量和促进教师的发展，而不是为了评判教师的优劣；另一方面是为了加强评价者与被评价者之间的交流，消除被评价者对评价活动的潜在抵触情绪，也便于为被评价者在课堂上的正常发挥奠定坚实的心理基础。在课堂听课的阶段，评价者进入课堂后要尽快地消除学生的怀疑和好奇心理，然后认真地按照教师课堂教学行为的评价标准来观察和记录真实的资料，应该尽量多采用描述性的评语，少用分数、等级等量化方式，必要时可以采用录音或录像等手段。在课后讨论阶段，评价者和被评价者应在课堂听课后立即一起来到事先安排好的讨论场所，保持轻松、友好的气氛，然后一起交流、探讨本节课上被评价者的教学行为的优点和不足之处。

学生是教师教学行为的主要感受者，他们应成为评价的主体之一。在实践中，应对学生“放权”，并做好学生评价的指导工作，帮助学生掌握基本的评价知识和评价技能，提高学生在教师教学行为中的主动性，进而使学生有信心、有能力去完成对教师教学行为评价的工作。

（3）观察与座谈

观察主要是指现场（即课堂教学）观察，而座谈一般是指在现场观摩之后所做的“诊断性”会谈。观察与座谈不仅是教师教学行为评价的重要方法，而且是促进教师专业发展的有效手段。当然，观察和座谈也有其自身的不足，即观察依赖于观察者事先所掌握的信息及其类型，而座谈则依赖于会谈者的已有的语言沟通能力和技能，以及被评教师在多大程度上有与会谈者谈论自己的教学工作的愿望。此外，评价者的“先见”也在很大程度上影响着观察和座谈的可靠性与有效性。

思考题

1. 什么是课程与教学评价？课程与教学评价有哪些类型？课程与教学评价的发展趋势如何？
2. 学生评价的内容有哪些？学生学习成就评价的方法有哪些？如何对学生的学习成就进行评价？
3. 教师教学工作评价的内容包括哪些？如何根据课堂教学标准对教师的教学行为进行评价？

第九章

课程与教学反思

学习目标

- 理解教学反思的内涵。
- 了解教学反思与反思性教学的不同。
- 了解教学反思的内容。

第一节
教学反思概述

一、教学反思的内涵

教学反思是教师和学生在教学活动中，充分发挥主观能动性，通过回顾和检视已发生的教学行为，调整和修正后续教学行为来提升教学效能的教学活动。

教学反思需要结合教学活动中具体的人、事、物等要素、内容和结构等来具体开展，不同学段的教学反思活动既具有教学反思的共性，又具有该学段自身所具有的一些独特属性。因此，小学教学反思需要根据小学的具体情况，如师生、教学目的和任务、教学内容、教学的环境和条件等实事求是地开展教学活动。

二、教学反思的内涵解析

要想全面而深入地理解教学反思的内涵，我们还需要着重理解以下内容：

（一）教学反思应该成为不可或缺的教学活动

教学是复杂的人类活动，要想提升教学活动的有效性，需要从事教学活动的人对教学活动进行持续不断的回顾和检视，借此发现已发生的教学行为的优缺点，扬长避短，为后续教学活动更有效地开展打下基础，更好地提升教学品质。因此，教学反思类似象棋和围棋等棋类比赛结束后选手的“复盘”，是对已经进行的教学活动信息的收集、归类、综合、分析、判断、总结和提炼。所谓“学而不思则罔”，教学过程如果缺少教学反思，教学活动便不能得到检视和审思，教学活动的主体可能犯错而不自知，教学中累积的经验也难以得到梳理和总结，教学活动的质量也难以得到持续性的改进和提升。因此，教学活动中任何一项内容和环节都应该在实施后进行教学反思。当然，教学反思是否能在教学实践中落实，还需要教学主体的自觉和自律。

（二）教学反思是教学主体主观能动性的集中体现

教学活动是提升人的主体性的重要社会活动，同时教学活动也是需要活动主体充分发挥其主体性的活动。反思是一种特殊的人类活动，它的发起者只能是活动主体自身，虽然反思的方向、过程等可以得到其他主体的帮助，但决定反思活动质量的只能是活动主体自身。教学反思同样如此，无论是教师还是学生，教学反思的实质性发起以及最终质量如何，在根本上都取决于教学主体自身主观能动性的发挥情况。我们需要注意的是，教学主体在教学反思中主体性作用的发挥，这里的教学主体既是单个的师生主体，又是师生群体，特别是群体性的主体教学反思能充分地发挥交互主体在教学活动中的整体效应，更能提升教学反思的质量。总体而言，师生在教学活动中是否进行教学反思，以及教学反思的质量如何，是衡量师生在教学活动中主体性发挥情况好坏的一个重要标志，同样，师生教学反思开展的情况也会反作用于师生的主体性发展，高质量的教学反思将会不断提升师生教学活动的效果，进而有效提升师生主体性发展的程度和水平。

（三）教学反思对提升教学质量具有重要价值和意义

教学是促进师生发展的活动，影响教学质量提升的因素很多，师生的发展，特别是学生的全面发展需要教学活动的各种因素、各个环节和过程进行有效整合、发挥合力。师生如果在教学活动中不积极地进行教学反思，很可能就会陷入不能明晰知识而迷茫的困境。如何才能有效地教学（学习）？古人早有经典的答案，“博学之，审问之，慎思之，明辨之，笃行之”，五个环节都严格要求学习者主体性的充分发挥。“慎思之”正属于教学反思，是五个环节中的中间环节，也是前后衔接的关键环节，教学反思是最能体现教学活动主体主观能动性的活动，是教学活动主体的主体性的集中体现和反映，是对整个教学过程、教学环节、教学要素等集中的回顾和检视，是以教学活动主体为中心的，是对已发生的教学活动的全面梳理，对后续教学活动发挥着重要的承上启下的作用，在教学质量的提升过程中发挥着关键性的作用，对学生的发展具有重要的价值。更进一步看，所谓“思而不学则殆”，教学反思不是终极目的，教学反思的结果需要运用于后续的教学活动中，这样才能达到不断改进教学和优化教学的效果，教学质量正是在这种反思、改进，再反思、再改进的教学循环中得到了持续的提升。

（四）教学反思应该发生在教学过程中的任何一个阶段

从教学时空的角度看，教学活动总是发生在一定的教学时间和教学空间内，但这并不意味着教学反思只能发生在特定的教学时空节点上。一般而言，从专门的活动组织的角度看，教师和学生大多是在课后进行教学反思，但事实上，师生的教学反思应该发生在教学活动中的任意一个节点，也就是说，只要是对已发生的教学行为进行回顾和检视，都可以称之为教学反思，它既可以发生在课前，又可以发生在课中和课后。因此，那种认为教学反思只能在一个完整的教学活动结束后再进行的观点是片面的，这种观点实际上是把教学反思视同于师生在课后对教学活动的一种自我评价，这种教学反思观严重地将教学反思内涵的范畴窄化了，在实践中会严重削弱教学反思的价值和作用。

（五）学生是教学反思的重要主体

师生都是教学反思的主体，这从“人才能成为教学活动主体”的角度来看很容易理解。关于教学反思，在认识和实践中有一点需要引起我们的注意，那就是学生的教学反思主体地位往往被忽视。说到教学反思，许多人很自然地会将其与教师联系起来，比如在实践中要开展教学考核，评价教师的课堂教学效果，其中有一项内容便是教学反思及教学反思的质量。但对学生的学习活动的教学反思，以及学生的教学反思质量，人们往往关注不多，或者说关注得不够深入。这实际上还是“教师是教学活动主宰”的错误教学观念在作怪。教学是教师的教和学生的学的完整统一体，教学要取得好的效果，好的教学和好的学习是基本条件，具体到教学反思的问题上，教师的教学反思和学生的教学反思同等重要，两者都需要得到好的开展，彼此不能相互替代。有的教师或许会想：我在教学时一直在强调学生要积极思考，这难道不是对学生开展教学反思吗？这种想法有一定的合理性，但并不完全正确。教师要求学生在教学活动中跟随教师的教学内容和教学节奏积极思考，这肯定属于学生教学反思的一种表现，但这并不等于学生教学反思的全部，甚至这都算不上高质量的学生教学反思。因为这种教学反思是即时性的、是碎片化的，更是条件反射式的，是学生在教学活动中对教师教学要求的一种反馈和回应。而我们所追求的学生的教学反思，应该是系统而深入的，更重要的是，它应该是自觉和理性的。教师要求学生在教学中进行思考，与学生自觉自为地对自己的学习活动进行系统反思，两者在思考的性质、程度和成效等方面均有显著差异，而后者显然更有利于提升教学活动的质量。综上，作为教学活动中最为重要的主体，学生的教学反思在整个教学反思活动中居有重要的地位，它直接影响甚至决定着教学反思的整体质量，毕竟教师的教学反思从根本上说也是为促进学生发展服务的，而学生教学反思的质量正是教师衡量学生在教学中获得发展的一个重要标准。因此，学生的教学反思是整个教学反思活动的关键，学生的教学反思不仅不能被忽视，还必须成为考查教学反思的重点。

三、教学反思与反思性教学辨析

在教育实践中，人们有时会出现将教学反思和反思性教学混为一谈的情况，虽然教学反思与反思性教学有密切的联系，但教学反思与反思性教学是两个完全不同的概念。

关于反思性教学，有学者的界定是，“反思性教学是教学主体借助行动研究，不断探索与解决自身和教学目的以及教学工具等方面的问题，将‘学会教学’与‘学会学习’统一起来，努力提升教学实践合理性，使自己成为学者型教师的过程”。从这个概念我们可以发现，这里的反思性教学指的是一种教学模式，这种教学模式具有以下特点：其一，教师是反思性教学的主导者；其二，教学途径主要是行动研究；其三，教学活动要解决的主要问题是实现学会教学与学会学习的统一；其四，这种教学模式的目的是不断改进教学实践的合理性，提升教学活动的质量。反思性教学同时也是一种教师专业发展的模式，通过这种教学模式，教师可以在行动研究中检视自身在教学实践与其他教学活动要素中的关系及相互作用，不断修正以提高教学实践的成效，同时实现教师的专业成长和发展，即成为“学者型教师”。

我们本章论述的教学反思，是从教学活动过程的角度出发，是指在教学过程中作为教学主体，主要是师生对已经发生的教学活动进行回顾、检视，借以修正自身教学行为，使后续教学活动更加科学和有效的一种教学活动和行为，是教学活动的一个组成部分。与反思性教学相比，两者虽然在目的、内容等方面具有相似性甚至一致性，但两者的视角不一样，立场和出发点也不一样。总体来说，反思性教学的范畴更大，是站在整个教学活动的角度来考虑的，而教学反思是从教学活动的特定环节来考虑的。按照反思性教学的观点，教学反思应该贯穿教学过程的始终，这一点与我们认为教学反思可以发生在教学活动的任何一个阶段的观点不谋而合。如果教师主导的教学活动能形成反思性教学的教学模式和教学状态，前提必然是师生在教学活动中的教学反思已经成为常态且已经达到了较高的质量。

第二节 教学反思的主体和内容

扫一扫

教学反思的主体

一、教学反思的主体

教学反思的主体无疑就是教学活动的主体。正如我们在前文中提到的那样，小学师生是小学教学活动的直接主体，因此小学师生同样是教学反思最为重要的主体。当然，教学反思的主体如同教学主体一样，除了师生外，还有其他许多主体也可以成为教学反思的主体，只不过他们大多以一种间接的方式进行教学反思或者参与师生的教学反思活动。如学校经常开展的教研活动，在许多时候也是一种教学反思活动。在教研活动中，除了任课教师可以结合自身教学实践进行教学反思外，学校领导、教研机构和部门的教研员，有时课程专家、教材编制者、家长等也可以参与教师的教学反思活动中，他们同样是教学反思的主体。

（一）教师

教师无疑是教学反思的第一主体。从教学活动的角度看，教师是教学活动的直接发起者和参与者，同时在教学活动中又属于居于优势地位的一方，无论是教学目的、教学内容、教学方式和手段、教学评价等教学过程、内容和环节，教师都是主导者。这种在教学活动中的地位和作用决定了教师在教学反思中同样居于首要地位。也就是说，教学活动的教学反思在大多数情况下由教师发起，不仅如此，在所有教学主体的教学反思中，教师都应该发挥主导作用，不仅主导自身的教学反思，还要对其他相关的教学主体，尤其是学生的教学反思发挥激发、引导、维持、修正、总结等作用。从某种程度上我们可以这样认为，教师在整个教学活动中的教学反思作用的发挥程度，直接影响甚至决定了整个教学活动中教学主体教学反思的质量，进而对后续的教学活动开展产生了重要的作用，影响着后续教学活动行进的方向。如果教师充分意识到教学反思对教学的重要价值，在教学活动中有计划地、系统地且有效地激发和调动了包括自己在内的相关教学主体开展教学反思活动并取得了积极的效果，这样的教学就可以称之为反思性教学。

当然，教师在整个教学反思活动中发挥的作用，与其他教学主体，尤其是学生的状态，特别是主体性发展程度密切相关。一般来说，学生的主体性发展程度越高，学生在教学反思中的主体性就越高，教师教学反思行为就越偏重于辅助的作用。除了受其他教学主体的主体性发展情况的影响外，具体的教学任务、教学内容、教学方式和手段等也会对教师教学反思作用的发挥产生影响。因为小学生主体性发展相对有限，小学生的教学反思尤其需要小学教师的引导和帮助，因此，小学教师的教学反思在整个教学主体教学反思中更为重要。小学教师在自我教学反思的同时，必须随时关注小学生的教学反思状态，采取措施激发、维持和调控小学生的教学反思行为，使小学生的教学反思充分发挥促进教学活动顺利开展，进而促进小学生主体作用。

（二）学生

学生的教学反思在现实的教学实践中往往容易被忽视。这种情况在小学的中低年级尤为明显。因为教师在教学活动中的优势地位，在很长一段时间内人们通常将教师视为教学的掌控者，受这种观念的影响，许多人，甚至许多研究者往往都从教师的角度去探索教学反思的问题，甚至干脆就将教学反思视为教师的教学行为。时至今日，学生主体的教学理念逐渐深得人心，教师虽是教学活动的主导者，但学生是教学活动最为重要的主体，学生是教学活动目的的根本指向，是教学的主要发展对象，教师的教学根本上是为学生的发展服务的，而学生的发展本质上必须通过自身在教学活动中的主体行为才能得以实现。因此，学生不仅应该，而且必须是教学反思的重要主体，学生的教学反思对整个教学活动具有重要价值和作用。从某种程度来看，没有学生的教学反思，或者学生的教学反思质量不高，整个教学活动的教学反思是有问题的。如前所述，教师教学反思的一项重要内容，就是引导和帮助学生开展教学反思活动。教师的教学反思或者反思性教学都必须得到学生教学反思的有力支撑。

教学反思对小学生的发展非常重要，虽然小学生的知识储备相对有限，主观性发展程度相对较低，但这并不意味着小学生缺乏进行教学反思的能力，更不意味着小学生没有开展教学反思的必要。事实上，进行教学反思同样是小学生学习活动的一个必须环节，而且对小学生主体性的发展具有重要的促进作用，尤其需要在小学教学活动中予以足够的重视。以小学教师为首的小学生之外的其他教学主体应该高度重视小学生的教学反思问题，共同协助小学生的教学反思逐步发展成小学生学习活动中的自觉行为，并且帮助他们建立起一套适合自身的教学反思方法、程序甚至是模式，提升小学生教学反思的质量和效果。

（三）学校管理者

教师和学生是教学反思的直接主体，他们从根本上决定了教学活动过程中教学反思环节的质量，但这并不意味着教师和学生就是教学反思的唯一主体。事实上，教师和学生只是教学反思的直接主体，因为师生是教学活动的直接发起者和参与者。在学校，各级管理者，如学校领导，特别是分管教学的校领导、年级组长（主任）、学科组长等，他们都是教学反思的重要主体。他们既是教师，是自身任课活动教学反思的直接主体，同时因为在教学管理中承担了相应职责，他们同样又是其他教师教学反思的间接主体，对其他教师和学生的教学反思发挥必要的辅助作用，推动其他教师和学生的教学反思有好的效果和质量。

学校管理者也是教学反思的主体，体现了教学活动的系统性和整体性，教师和学生的教学反思只是整个教学反思的一个组成部分，必须把其他教学主体，如学校各级管理者的教学反思纳入整体教学反思中去考量，这样才能更好地提高整个教学反思的质量。同时这也提醒我们，必须注重教学反思过程中的交流和沟通，尤其是教师要特别注重与教学管理者之间的沟通，特别是关于教学反思的沟通。在此有必要特别强调，学校各级管理者通过组织各级各类教研活动使自身具有统筹和促进教学反思的作用。学校以人才培养为第一要务，而教学则是学校人才培养最基本同时也是最重要的活动形式和途径。学校教育工作者的基本工作职责就是开展教育教学活动或者为教育教学活动服务。对于学校各级管理者来说，重视和服务教学的一项重要内容就是组织各级各类教研工作，这正是学校管理者作为教学反思主体的典型形式。通过这种组织，不仅体现了学校以教学为中心的理念，还可以切实发挥教学管理促进教学发展的作用，实现学校整体育人、协同育人的教育功能。

（四）家长

家长同样是教学反思的一个重要的间接主体。家长是教学活动最为重要的一个利益相关者，家长非常关心教学活动，通过学生，他们对教学活动有基本的认识，并且对教学活动有自己的见解，有时会通过各种不同的形式参与教学活动中。家长的教学反思具有独特的特点：首先，家长的教学反思往往是通过教师和学生来获取的，他们获取信息的通道相对单一，有时会降低其教学反思的质量甚至是正确性；其次，家长的教学反思往往具有个人立场，即家长的教学反思主要站到自己孩子的角度看待问题，有时会具有局限性甚至是狭隘性；最后，家长的教学反思往往通过教师来体现。一般而言，家长的教学反思大多通过与教师进行沟通，表达自己对学校教学活动的看法和意见。当然，家长也有其他的通道，如家长会、家长信箱、家长学校等等。

家长的教学反思大多具有一定的局限性，但对教学反思同样能发挥参考和借鉴价值。随着现代社会人们对教育的普遍重视，家长对子女教育投入越来越多的时间和精力，许多家长参与学校教育的热情不仅日益高涨，且对学校教育教学也不乏真知灼见，家长的教学反思对学校教育教学活动具有重要的参考价值。人才培养是系统工作，学生的发展不可能由学校单方面完成，协同育人、构建学生培养共同体是现代教育的基本要求，因此必须高度重视家校沟通和家校共育。我们必须吸纳家长教学反思中的合理因素，借以提升教学反思的整体质量。

其他与教学活动相关的教学主体同样可以成为教学反思的主体，他们的教学反思对教学活动同样有着重要作用。如课程建设者、教材编制者、各种教研人员等等，他们中的大部分虽然不直接参与教学活动，但他们都间接参与了教学活动，在事实上影响着教学活动的开展。特别是各类教学研究者，他们对教学反思发挥着极其重要的作用。根据其参与教学活动的形式，教学研究者大致可以分为两类，即直接参与教学活动的研究者和间接参与教学活动的研究者。直接参与教学活动的研究者如教师和学生，他们如果把教学反思进行系统化和理论化，他们就成为教学研究者。我们为什么强调教师必须进行教学研究？因为教学反思是教师进行教学的必备环节，教学反思就是一种教学研究。学生，特别是中小学生的教学反思，可能会囿于学生主体性发展的局限而无法达到真正研究的层次，但同样具有探索和研究的性质，至于大学生甚至研究生，他们的教学反思完全具备了转化为教学研究的条件。另一类教学研究者不直接参与教学活动，如各级各类教研机构的教学研究人员，他们虽然不直接参与教学活动，但他们通过各种形式间接参与了教学活动，对教学活动形成了自身的认识和理解。教学研究是他们的专职工作，他们对教学实践活动认识的客观性、准确性将决定其教学研究的质量，同时也会以研究成果的形式反作用于教学实践，对教学活动的人才培养发挥相应的作用。他们的教学研究就是基于教学实践的一种教学反思，专职的教研人员对教学活动的反思活动是推动教学活动不断前进的重要智力支撑。这些人对实践中的教学活动进行关注、检视并将反思的结果反馈给教学活动的直接主体（师生），可以有效提高整个教学反思的质量，他们同样是教学反思主体的重要构成部分，需要我们在教学实践中予以充分重视。

综上，教学反思的主体是众多的，不局限于教学活动的直接主体——教师和学生。但教学反思的众多主体又在主体类型、地位和发挥作用的方式等方面存在差异，对此我们必须要有清醒的认识。要发挥教学反思在教学活动中的关键作用，就需要我们有针对性地促进这些主体教学反思作用的发挥，形成交互式的教学反思主体共同体。

二、教学反思的内容

人是教学反思的主体，如前所述，在教学活动中，教师、学生、教学管理者甚至家长都可能是教学反思的主体。在现实教育教学实践中，人们习惯性地认为教师才是教学反思的主体，甚至有人将教师视为教学反思的唯一主体，这种观点显然是有所偏颇的。事实上，教学活动的主体都是教学反思的主体，只不过因为不同的教学主体在教学活动中所处地位和发挥的作用不同，其教学反思的内容也存在差异而已。比如教师，因为其是教学活动的主导者，其教学反思的内容最为全面、细致和具体，涉及教学过程的各类要素、结构及环节。而学生，其教学反思主要是从学习者的角度、从个体的角度出发，教学反思的内容往往是教学内容。又如教学管理者，其教学反思相对更为宏观，其反思的重点往往在教学效果和质量上。再如家长，其教学反思往往与学生具有同向性，通常聚焦在学生个体的学习行为上。因此，教学反思的内容因为教学反思主体的不同而呈现一定的差异性。下面，我们主要从教师的角度，同时兼顾其他教学反思主体，探讨一下教学反思的内容。

（一）对教学理念的反思

教学理念或教学观念是教师对教学活动的规律性认识，而且这种规律性认识会指引教师的具体教学行为。因此，教学理念正确与否，将直接影响教师的教学行为是否契合教学活动的规律，是否能达到预期的教学效果。显然，在教学实践活动中，教师必须经常对自身的教学理念进行反思，审视自己的教学理念是否正确，是否能对自己的教学行为发挥科学的指导作用。如果发现自身的教学理念存在问题，就必须进行及时的调整和更新，使之契合教学活动的规律，以适应教学活动的需要，提高教学活动的效果。有研究者认为，教学观念（理念）的转变通常基于以下三种情况的发生，“一是理论上理解并转变了教学观念，并以转变了的新教学观念指导新的教学实践；二是理论上理解并转变了教学观念，但迫于诸多内外部因素的障碍，不能以转变了的新教学观念指导新教学实践，而是继续原有的观念与行为；三是理论上不理解或没有真正理解新教学观念，也不可能以新教学观念指导教学实践”。这三种情况虽然各不相同，但通常都与教师的教学反思密切相关。一般情况下，我们提教学理念（观念）通常指的是教师的教学理念（观念），其他教学反思的主体，同样涉及对教学理念的反思问题。如教学管理者对课堂教学活动的参与虽然通常是间接的，但鉴于其对教师有着重要的影响作用，他们的教学理念往往会影响教师的教学理念，因此教学管理者更应经常性地对自己的教学理念进行反思，并将这种反思的结果与教师进行有效的交流和沟通，既要保证反思的正确性，同时又要发挥正确反思后的价值和效益。如学生，即使是低年级的小学生，其对教学活动（主要是自己的学习活动），也存在一定程度的理性认识和判断，作为教师，要重视并引导学生对自己的学习理念（观念）进行反思，使学生进而及时调整自身的学习行为，提高学习的效果。

（二）对教学内容的反思

教学内容是教学主体开展教学活动所依据的基本材料，是达成教学活动目的的基本依据。教学内容是否科学、是否适合教学活动的需要，对教学活动的质量有着极其关键的作用。对教学内容的反思是教学主体进行教学反思的一项重要内容。

对教学内容的反思首要解决的是教学内容的科学性问题。师生在教学交往中起作用的教学内容必须是科学的，是客观规律的揭示和反映。教材是教学内容的重要载体，要保证教学内容的科学性，师生必须选择正确的教材，这是教学内容正确的基本保证。对于我国来说，国家规定的相关教材已经为教学内容的正确性打下了坚实的基础，但教材转变为教学活动中师生的教学内容还必须经过师生在教学活动中的处理。对教学内容的反思要求师生认真思考自己是否真正领悟了教材等教学内容载体的精神内核并将其转化为实践中的教学内容。对于小学阶段而言，鉴于小学生在认知方面的局限，小学教师在教学内容的反思上，尤其是在教材科学性的贯彻和执行上应该承担起更大的责任。小学教师在教学反思中必须吃透教材，特别是国家教材的精神，在具体教学活动中最大限度地保证教学内容的思想性和科学性。我们需要注意一点，对教学内容科学性的认识要避免绝对化的倾向。在教学实践中，有教师经常向学生强调，自己传授的知识是真理，是经前人反复验证的，是无可辩驳的，容不得学生质疑。固然，教学内容，尤其是教材中精心选择的教学内容基本都是符合客观规律的正确认知材料，但事物是变动不居的，过去有些曾经被人们奉为经典的知识也可能随着社会的发展，尤其是随着人们认识水平的不断提升而被革新甚至彻底推翻，因此师生在对教学内容反思时要避免绝对化的思维倾向。我们要敢于质疑，要用发展、辩证的目光和视野去审视教学内容，不断促进教学内容的优化和提升。

对教学内容进行教学反思，我们还有一点必须重点考虑，即教学主体与教学内容在作用问题上的适切性。前面已经强调了在教学内容的选择上必须保证其正确性和科学性，这是教学内容发挥其预期作用的基本前提。但教学内容最终是否能达成预期目的，还必须看教学内容在教学活动中与教学主体作用时是否适切。换句话说，再好的教学内容，如果其不与教学主体的实际情况相匹配，也达不到促进教学主体发展的效果。在教学实践中容易出现这样一种情况，许多教师过于强调教学内容的高大上，忽略了教学内容与学生甚至是教师自身的契合性，经常出现在教学活动中师生心有余而力不足，最终导致教学效果不佳。对于教学活动来说，最适合教学主体的教学内容才是最正确的教学内容，教学主体在与教学内容的作用上要充分考虑契合度问题，要考虑学生的年龄特点，要考虑适当的教学方法和手段等，特别是要准确把握学生的最近发展区，这正如人们日常的饮食，不一定最有营养的食物才是最好的，关键要看哪些食材，选用何种烹饪方式才最适合进食者，同样，也不是所有的厨师都能烹饪所有的食材，厨师在食材的选择和加工上都要结合自身的实际情况，这样才能烹制出既美味又营养的食物。教学内容的适切性同样是这样的道理，虽然“菜单”是有要求的，但在“食材”“佐料”和“烹饪技法”等的选择和处理上，教师可以与学生充分互动，结合各种因素的实际情况，制作出最适合师生的“菜品”，只有真正做到这一点，才能将正确与合适相结合，真正贯彻落实因材施教的教学规律和原则，将国家规定的教学内容转化为师生发展的成果。

（三）对教学行为的反思

教学行为是教学主体的具体教学活动，是教学主体以完成教学任务为目的，与各类教学活动要素相互作用的具体活动。教学行为在教学实践活动中发挥着关键的作用，没有教学行为，再先进的教学理念和教学材料都无法发挥作用，教学活动也失去了最基本的支撑。这正如在生活中，无论你头脑中存有多少绝妙的食谱，无论你面前有多少充足的、顶级的食材，如果你不去做，或者你缺乏具体去做的行动力和执行力，你都无法将这些食谱和食材转化为一道道美味的菜肴。我们对教学行为的反思，就是对教学主体在教学活动中教学的行动力和执行力的反思。教学行动力和教学执行力是反映师生教学行为的两个关键指标，直接决定着师生教学行为的质量和水平。

教学行动力是指师生开展教学活动的基本能力，而教学执行力则是指师生完成预期教学目标的活动能力。两者既有一致性，也具有一定的差异，一致性表现为两者都是对师生教学行为能力的体现，在性质和方向上是相同的；差异性则表现为教学行动力是表现教学行为的基本能力，主要考量的是师生开展教学活动的基本条件，而教学执行力则是师生具体教学行为的运行状态，其考量的主要是师生开展教学活动的效果状况。打个比方，在某道菜品的烹饪活动中，行动力是厨师做这道菜品的基本能力，即能否做出这道菜品；而执行力则主要衡量厨师烹饪该道菜品的具体过程和结果，即该菜品最终是否得到了满意的呈现。因此，我们对教学行为的反思，是对师生教学基本能力的反思，即师生是否具备开展某项教学活动的能力，不能盲目地开展不切合师生实际的教学活动，这种反思有利于我们更科学地启动或中止具体的教学活动。同时，我们也需要考量具体教学活动的开展过程和结果，通过反思活动过程和结果，审视师生的教学行为是否按预期执行并达到了目的，借此实现对师生后续教学行为的调整和修正，达到改进教学行为、提高教学效果的目的。对教学行为的反思是整个教学反思中的核心环节，因为行为是教学理论转化为教学实践的具体化，是实现师生教学发展的关键，所谓“思想的巨人，行动的矮子”，这样的情况绝对不能发生在教学活动中。只有不断反思并改善师生的教学行为，教学质量才能日益提升。我们需要注意的是，对教学行为的反思绝对不能仅限于自身，也就是说，师生对教学行为的反思不仅包括自己，还包括其他的教学主体。所谓教学相长，师生的教学行为既是单独的，更是整体的，对教学行为的反思既要对自身教学行为的反思，又要对相关的教学主体的教学行为进行反思。正如厨师，其对烹饪行为的反思不仅要考虑自身，也必须考虑食客的喜好和偏爱，具体到教学活动更应如此，因为教师既是教学活动的主体，又是教学活动的主导者，不仅要对自身教学行为负责，还要对学生的教学行为负责。对于小学阶段而言，鉴于小学生主体意识和能力的不足，小学教师对教学行为的反思更应关注小学生教学行为的具体情况，引导并帮助小学生形成反思教学行为的习惯和能力。

（四）对教学主体的反思

对教学主体的反思不等同于教学主体的反思，从某种意义上说，教学反思是教学主体的反思，或者说主要是教学主体的反思，也就是说，教学反思是以教学主体为主，特别是以师生为主的人对教学活动开展情况的反思活动。这种反思活动的对象和内容很多，其中一项即对教学主体的反思，即对教学活动中作为主体的人的反思。这里的人，主要指的是直接参与课堂教学活动的人，即教师和学生，这正是对教学主体反思的主要意蕴。一句话，对教学主体的反思是师生对作为教学主体的师生自身和彼此还有其在教学活动中作为活动主体的反思，是对教学活动中人的主体性的反思。

对教学主体的反思是作为教学主体的师生对自身在教学活动中的活动过程和结果的反思。教学活动根本上是人的活动，教学活动是由师生发起、执行和结束的，因此，对教学主体的反思涉及教学活动的全过程，与对其他教学活动要素和结构的反思都有千丝万缕的关系。在这里，我们只特别强调其中的一个方面，也是对教学主体反思的一个最为重要的内容，即对教学主体在教学活动中主体性发展情况的反思。师生是教学活动的直接主体，也是所有教学主体中最为重要，决定着教学活动性质、方向和结果的主体。师生在教学活动中主体性发展的性质和程度对教学活动发挥着至关重要的作用。因此，教学反思的一个重要内容即是教学主体对其在教学活动中主体性发挥情况的反思，具体到课堂教学活动中，即师生对其在教学活动中主体性发展情况的反思。这种反思在内容上是丰富的，但最重要的无疑是四个方面：其一，在教学活动中的主体地位和作用是什么？其二，在教学活动中的主体性发展情况是否达成了预期？其三，在教学活动中主体活动成功的经验和存在的问题是什么？其四，为更好地发挥主体作用，下一步的改进措施是什么？上述四个方面，要求以师生为主的教学主体要结合具体的教学活动予以反思，以第一个方面的内容为例，总体来说，教学活动中的师生主体地位和关系是学生主体、教师主导，学生主体接受并超越教师主导，但在具体的教学活动中，师生的主体地位，尤其是主体作用的发挥是存在差异的。对教学主体地位和作用的反思，必须结合具体的教学活动，特别是结合具体的教学活动的任务和内容等进行具体的考虑和分析，切不可简单化和一刀切，更不能以偏概全。总之，对教学主体的反思，根本上要落在教学主体的主体性发展情况上，也就是说，师生对教学主体的反思，就是要在教学活动中经常审视师生作为教学活动主体的主体性是否得到了充分的体现，是否在教学活动中得到了应有的促进和发展。对教学主体的反思的目的在于提升教学主体的主体性，特别是自觉性、自由性和创造性，毕竟教学活动是促进人主体性发展的活动，而且教学活动也是人最为复杂的主体性活动。只有不断在教学活动中对教学主体进行反思，才能促进教学主体行为的调整和变革，更好地适应教学活动的需要，不断提升教学活动的质量，并最终真正促进师生主体性的成长和发展。

（五）对教学效果的反思

人的社会活动总是带有目的的，教学活动是一种目的性很强的活动，教学活动总的目的就是促进人和社会的发展。对教学活动的反思离不开对教学效果的反思，教学效果是对教学目的的反映，即反映教学活动对教学目的的达成度。我们需要注意的是，教学效果不等同于教学结果，教学效果不仅注意教学结果，而且还要注重教学过程，是教学过程与教学结果的统一体。这正如人们吃饭，高品质的吃饭除了要吃饱外，还要吃好。吃饱是满足人生存的基本需要，是吃饭的结果；而吃好则是享受吃饭的过程，如吃饭的环境和氛围，饭菜的色、香、味、形等。教学对人的发展同样是过程与结果兼具，因此对教学效果的反思必须考虑过程和结果的辩证统一。

对教学效果的反思反映在教学过程上，要求反思者对教学过程的各个环节的教学预期及其程度进行全面的审视。教学是目的性很强的活动，同时也是复杂且充满变数的活动。对教学效果的反思必须关注教学过程的所有环节及环节间的衔接，这种关注不是形式上的检查，而是以教学主体为聚焦点，审视教学主体在教学各环节及其衔接中的主体性地位和作用按教学预期得以体现及体现的程度。正如前文我们在论述师生主体性时提到的那样，在教学过程中师生做到认知同步、思维共振和情感共鸣以及达到这些标准的程度，这些都是对教学效果进行反思时在教学过程上需要认真审视的。

对教学过程的反思是教学反思之于教学效果的一项非常重要的内容，我们必须摒弃过去在教学反思上重结果甚至唯结果的思想、观念和行为。对于教学效果来说，教学过程具有极强的显示度，不关注教学过程就不可能了解教学效果的全貌，对教学效果的反思就只可能是以管窥豹。这正如我们对一道菜品的评判，如果简单化处理，就是对呈现的菜品观其形、闻其香、尝其味，这种只注重结果的评判方式并不科学和完善。如果是科学全面的评鉴，除了上述的结果评判外，还需从菜品材料的选择和搭配、烹饪工具和手段的选择与使用、烹饪程序的组织和操作等烹饪过程进行评判，这些过程和环节是最终呈现的菜品本身所难以体现和反映的，但它却是决定菜品的关键因素，而且更真实和全面地体现了厨师对烹饪的态度和烹饪的水平。

对教学效果的反思当然也要重视教学的结果。在教学过程和教学结果对教学效果的反映问题上，我们必须避免简单的思维方式，不能非此即彼，要坚持辩证统一的认识和行为。对于教学效果而言，教学结果，即师生的主体性发展在教学活动中的实现程度无疑是极具显示度和说服力的。所谓只重过程、不重结果的思想和行为同样是不可取的。教学活动开展的最终目的必须落实到师生主体性的发展上，尤其是学生的主体性发展结果上。不以这个目的为指向的教学活动都是伪教学活动。事实上，所谓重过程不重结果，过程本身就是一种追求的结果，只不过是表述方式的变化而已。无疑，在反思教学效果问题上，我们也必须既重过程又重结果，二者不可偏废。正如菜品制作与考量一样，无论菜品材料的选择、工具和手段的使用、过程的组织和管理多么科学有效，如果最终呈现的菜品难看、难闻、难吃，甚至其营养结构不科学、不合理或者已经被破坏，这种菜品都不可能被评鉴为真正的美食。

上述关于教学反思的内容不可能囊括教学反思的全部，其只不过是教学反思中一些比较重要的内容和环节而已。事实上，教学主体，尤其是师生对教学活动的反思涉及教学活动的所有内容、环节及其结构和要素间的相互作用等。要想持续不断地推进教学活动，使教学精益求精，各类教学主体，尤其是教师和学生必须结合教学活动不断强化教学反思的理念和行为。

思考题

1. 试述教学反思对提升教学质量具有重要价值和意义。
2. 教学反思的主体有哪些？
3. 试述教学反思的内容有哪些？

第十章

课程与教学改革

学习目标

- 识记课程与教学改革的概念。
- 了解国内外的课程与教学改革的历史沿革。
- 掌握新一轮基础教育课程改革的相关内容。

第一节 课程与教学改革概述

21 世纪是一个追求变革与超越的知识经济时代，知识的创新和应用为显著特征。科学技术的迅猛发展、国际竞争的日趋激烈，均对新时期的人才提出了更高的标准，同时对教育也提出了巨大的挑战。面对严峻的形势，为培养出高质量的创新人才以适应新时期的需要，教育改革势在必行。课程与教学改革处于教育改革的核心，是教育改革的重中之重。因此，优化课程结构、提高教学质量，建立起与时代要求相符合的课程与教学体系，是世界各国面临的共同教育课题，也是我国教育一直在努力的方向。

一、课程与教学改革的含义

要了解课程与教学改革的相关问题，我们有必要先明晰课程与教学改革的含义。

（一）课程改革的含义

改革通常是指改变旧的制度、旧的事物，制定与社会发展要求相适应的新目标、新政策。课程改革是深层次的、根本性的课程变革。

课程改革是以一定理论为基础，按照某种理念对课程进行的持续一段时间的有目的、有计划的改造，它往往涉及学校体制的变化和课程的全面修正等，其核心是价值观念的重大变化或方向调整。课程改革是一项系统的工程，而不是虎头蛇尾的零打碎敲。它包括界定目标、制定计划、设计条件、组织评价等各个方面；它是有计划、有目的的，不是盲目、随意的，课程改革需要遵循教育科学的规律，进行科学的规划、实验等研究工作；它不是简单的课程内容的增删，而是能产生质的飞跃，形成具有新理念的新课程。当然，“新的课程”是否就一定是进步的、有积极意义的，则另当别论。“新”只是相对于被改革的“旧的课程”而言的。

课程改革、课程变革、课程革新是有着较大相关性的三个概念，容易混淆。为了更好地理解课程改革的含义，我们有必要明确这三个概念。

课程变革就是课程的长期演变或变动，是一个比较宽泛的概念。课程改革则更多地指向具体的变革，是指综合性更强、深度更深的变革，是人们有意识地为改进课程某一方面而进行的变革。可以说，课程改革是课程变革的一个方面，是相对来说激进的、短期的、深层的课程变革。课程革新与课程变革相比范围较小，与课程改革相比强度较弱。虽然这三个概念在范围、特性及变动强度等方面各有侧重，但三者在本质上是同一的，都指向一种旨在解决特定课程问题并改善课程实践的经过慎重思虑的、有目的的、有方法的行动。因此，这三个概念在课程研究及实际工作过程中的使用并不是特别严格，常常会有不一致或混用的情况。

（二）教学改革的含义

课程改革的落脚点在于课程实施，而教学是课程实施的基本途径，所以教学改革一直是课程改革的重点。教学改革作为课程改革的重要组成部分，有着自己的特殊性和特定领域。教学改革是指对不合理的教学状况或是教学思想、教学理论进行有计划、有目的的变革或革新，使之不断获得进步与发展，以更好地促进学生身心发展的过程。

一般来说，教学改革具有以下三个特性：

（1）教学改革强调的对象是教学中的一切陈旧的、不合理的方面。从理论上看，包括教学思想、理念的更新；从实践上看，包括教学内容、教学方法、教学手段、教学目标等的改进。

（2）教学改革强调有计划、有目的地进行。它属于有计划变革的范畴，需要科学理论的指导，需要科学地预测、监控和设计，具有复杂性和严密性，而不是盲目随意地进行。

（3）教学改革强调价值导向，与教育理论、教育政策的根本变化密切相关。教学改革较多地体现了政府对教育改革的意志，表现为国家或地方在教育思想、教育政策上的变化。通过改革，使教学获得进步和发展并在质上有新的飞跃，最大限度地实现教育目的。

经济的发展和科技的进步是推动教学改革的重要原因之一。首先，经济结构的调整和对劳动力需求的增加促使教学进行改革。社会分工更加的精细化、新兴行业的出现、技术要求的日益提高，这些对劳动力提出了新的要求，学校教学也须随之改革教学观点、内容、方法和形式等。其次，经济的发展也会产生改革教学的要求。经济的变革使学校教育面临各种挑战，无论是教学思想、教学内容的改革还是教学方法的改革，都迫在眉睫。最后，科技的进步，电子技术、信息技术开始广泛地运用于社会，这对学校教育、教学的意义将是难以估量的。它不仅可以在更高的意义上实现个别教学、因材施教，还能够以立体的、多维的形式传播信息、展现世界。

除此之外，知识的迅速发展也与教学改革密切相关。现代知识积累呈现加速发展的趋势。研究表明，现代人类的科学知识每 10 年增加一倍，人类所有的知识每 25 年增加一倍。知识的加速发展要求学生学会学习、学会求知、学会主动探究、学会解决问题，而非传统的学会识记、学会计算、学会接受标准答案。

二、课程与教学改革的意义

课程与教学是学校教育领域中最核心的两个要素，因而课程与教学改革历来是教育改革中备受瞩目也是最活跃的一部分。20 世纪以来，世界各国都不同程度地进行了课程与教学改革，促进了本国教育的发展，以更好地适应时代的发展，迎接未来的挑战。

（一）课程与教学改革促进课程与教学理论的持续发展

纵观 20 世纪，世界各国进行了多次大规模的课程与教学改革，虽然每次改革都会有一定的改进，但每次改革之后无一例外地都会出现某种程度上的弊端，遗留下一些问题，从而为下一次的课程与教学改革做好了铺垫。课程与教学改革是一个不断否定与不断反复的过程，这种反复往往围绕学校教育是适应社会发展的需要还是适应个体的发展、是以知识传授为主要任务还是以学生发展为本、是以课堂为主要教育场地还是以社会生活为主要教育阵地等问题来展开。

如20世纪初以赫尔巴特为代表的传统教育思想和以杜威为代表的现代教育思想的斗争。这两种教育思想在过去的一个世纪里以不同的表现形式不断反复交替，其影响延续至今。传统教育思想相对来说更加强调系统的知识课程、强调课堂教学、强调严格的训练，学生的个性难以得到充分发展，而且不能很好地适应社会，针对诸多此类弊端进行改革，现代教育思想就占据了上风。然而，现代教育思想在充分发展学生个性的同时却又造成了学生学习质量下降、基础知识不牢固等弊端，只能再次诉诸改革。课程与教学理论便在这种反复不断的变革中不断发展。

（二）课程与教学改革保障教育制度的与时俱进

世界各国教育改革的深入发展一再表明，课程与教学改革在很大程度上与社会经济的迅猛发展和科学技术的突飞猛进息息相关。课程与教学改革被公认为教育改革的“心脏手术”，是一项复杂度很高、难度很大的系统工程，因此各国政府都给予了莫大的关注。比如20世纪50年代，尤其是1957年苏联地球卫星上天后，世界各国都掀起了理科内容现代化的改革热潮。美国次年即颁布《国防教育法》，强调课程现代化，主张按照“学科结构”来设计课程，并加强“新三艺”的教学，力求教学方式的现代化。由此可见，每一次课程与教学改革都是根据社会政治经济和科学技术发展的需要而开展的，通过不断改革和调整课程与教学的目标、结构、内容和形式，使各国教育能跟上时代的步伐，与时俱进。

第二节 国外的课程与教学改革

一、国外课程与教学改革的回顾

20世纪50年代至60年代以来，世界范围内发生了科学和技术、经济和政治、人口和社会结构等方面的一系列重大变革，所有国家都经历了极为迅猛的环境变化。教育制度的发展与变化比过去任何时候都快，种种巨变对课程与教学产生了实实在在的影响，各个国家因此掀起了各种各样的课程与教学改革运动。

（一）20世纪60年代至70年代世界范围内主要国家的课程与教学改革

20世纪50年代后期，各国围绕着保持人力资源和开发创造能力的问题开展了激烈的竞争，使课程面临巨大的挑战。1957年，苏联发射了第一颗人造卫星，世界各国为之震惊并开始纷纷致力于学校教育内容的现代化、科学化运动。因此，1957—1967年掀起了一场发端于美国、波及全球的以“教学内容现代化”为中心的课程改革运动。

这次课程改革汲取了结构主义心理学的观点，主张按照“学科结构”来设计课程，倡导学科主义课程，强调课程现代化，即着重现代科学成就的充分反映，强调基本概念与方法科学的课程设计，还注重培养学生的探究精神。在这场风靡全球的重视科学学科的课程改革运动中，出现了许多体现学科主义课程理论的新课程设计，诸如PSSC物理、BSCS生物、CBA化学等。

（二）20世纪80年代世界范围内主要国家的课程教学改革

1983年，美国高质量教育委员会发表了一份著名的报告，即《国家在危急中：教育改革势在必行》，这份报告的主题聚焦于提高所有学生的学术成就。该报告列举了大量教育质量滑坡的事例，并指出美国的教育正在培养一代科技文盲。针对种种问题，报告提出了一套改革中小学课程的具体方案，强调要加强学术教育并制定了“新基础课程”，即英语、数学、科学、社会研究和计算机科学，指出现代课程的核心便是这五项课程。虽然这次课程改革没有像20世纪50至60年代那样大张旗鼓，也没有编写核心教材，却在持续地推进。随后，美国科学促进会历经四年的潜心研究，于1989年再次推出了另一份比较具有影响力的改革报告《普及科学——美国2061计划》（或译作《全体美国人的科学》）。这项计划试图通过勾画美国教育改革的蓝图引起人们尤其是国家和地方政府对未来教育发展的充分关注，并借此为美国培养出一批能够适应21世纪将要发生的科学技术和社会生活所需要的人才。为此，科学、数学、技术将成为教育的基础。

20世纪80年代，英国针对20世纪60年代至70年代中小学课程存在的课程范围较窄且过于专门化、课程的不平衡性、学校控制课程等问题也开展了新一轮课程改革。在1980年出版的《一种课程观》中，英国皇室督学建议拓宽课程学习内容，并据此提出了八个经验领域：审美和创造、伦理、言语、数学、体能、科学、社会与政治、精神，这八种经验构成了课程的基础。1985年，英国政府白皮书《把学校办得更好》中提出了课程改革的基本原则：中小学课程应是广博的、平衡的、相关的和因材施教。基于此，英国1988年的课程改革明显体现出了广泛和平衡的要求。

日本也于1984年拉开了课程改革的序幕。当年日本政府成立了临时教育审议会，确立了课程改革的基本目标：培养具有丰富心灵和坚强意志的人；培养主动适应社会变化的人；重视作为国民所必需的基础性和基本性素养，并充实个性化教育；加深国际理解，养成尊重本国文化和传统的态度。这次课程改革试图将系统化教学和问题解决学习、分科教学和合科学习、加强基础与注重个性统整起来，重视思考力、创造力的培养和知识、技能的掌握。

综上所述，20世纪80年代新学科主义课程改革运动的特点主要表现在加强基础学科、更新学科内容、提高教学质量等方面，这反映出当时社会对高质量专门人才和提高普遍劳动者文化科技水平的强烈需求。新学科主义课程运动要求加强学校的基础教育和基本训练，“基础”的含义得到了进一步的扩展。它已不仅仅指读、写、算，还包含了信息技术、解决问题的技能以及现代化科学技术在内的各种素养。新学科主义课程运动还强调课程的统合，以符合当代社会变化及知识综合化的要求。

（三）20 世纪 90 年代至今世界范围内主要国家的课程与教学改革

20 世纪 90 年代以后，学校教育所依托的社会背景发生了极大的变化，随着 21 世纪的临近，以高新技术为基础的信息革命浪潮席卷了全球。各国以经济和科技实力为基础展开的综合国力竞争愈演愈烈。新的时代对社会所需的人才提出了新的要求，个性化、自我学习能力、创造性、合作意识等成为对新时期人才的基本素质要求。教育如何应对时代赋予的新挑战这一问题引起了各国的高度重视，因而新一轮课程改革再度成为世界各国教育改革的主旋律。

1. 美国的课程与教学改革

美国在 1990 年以《国家教育目标》改革报告率先拉开了美国在 20 世纪 90 年代基础教育课程改革的帷幕。《国家教育目标》对美国未来教育的发展进行了规划，其中包括增加学生在学习时间、地点、方法上的选择性，规定学生在四年级、八年级和十二年级三个阶段结束时必须在关键的学科，即英语、数学、科学、历史和地理中，显示出应有的能力。同时，还规定教学方法和课程都必须具有更大的灵活性等。

1991 年，《美国 2000 年的美国——一种教育战略》纲领性改革文件的签发，以进一步保障了面向新世纪美国教育目标的实现。该文件要求将英语、数学、自然科学、历史和地理五门学科确定为核心学科，并确定了考核五门核心学科的“新的国家标准”，以此标准对四年级、八年级和十二年级的学生进行全国统一考试。

1993 年，美国国家性教育改革方案《2000 年目标：美国教育法》公布，从而拉开了又一轮中小学课程改革的帷幕。此次改革继承了布什政府的改革宗旨，是一份具有延续性的改革方案。该方案推出了八项国家教育目标，新增了公民和政府、经济、艺术三门课程，使国家界定的核心课程在数量上增至八门，表明了国家对公民素质要求的进一步提高。编定全国性的课程标准是此项改革计划的重中之重，有利于各州提高自己的标准，提升学校教学质量。

1997 年，美国政府在教育改革、课程改善方面提出了新世纪要达到的三大目标以及要采取的十大措施。这三大目标是：每位 8 岁儿童必须入学读书；每位 12 岁少年必须懂计算机；每位 18 岁青年必须能进大学，并且，每位成年人能够获得终身教育的机会。十大措施是指在国家课程标准的制定、优秀的师资、帮助儿童阅读、早期教育与家庭教育、自主择校、特色教育、校舍的改善、普及不少于两年的大学教育、终身教育、教育信息网络的建设十个方面采取必要的和得力的措施，以确保在新世纪到来之时实现三大目标。

2002 年，《不让一个孩子掉队》教育改革法案公布，从而发动了一场涉及全美每一所中小学包括课程与教学在内的声势浩大的教育改革。这项法案旨在提高美国公立中小学的课程教学质量，它要求从 2004—2005 学年开始，全国所有 3—8 年级学生每年必须接受各州政府的阅读和数学统考，各学区必须对每所学校的考试成绩统计，并进行比较。如果一所学校连续两年教学质量低，学生可转学；如果连续 3 年教学质量未达标的，该学校必须支付学生的补习费用；如果连续 5 年不能达标的，将对该校的员工进行调整。所有学校必须在 12 年内使阅读与数学达标的学生达到 100%。各校必须缩短穷人与富人、少数民族与白人学生之间的分数差距。各州必须保证在 4 年内使所有的教师都合格上岗。为有效实施上述改革，该法律授权联邦政府将 2002 年的联邦中小学教育经费预算从 2001 年的 185 亿美元增加到 265 亿美元。自该项法案实施以来，绝大部分就读于美国公立学校的学生的学习成绩得到不断提高，不合格学校的数量也在减少。

2. 英国的课程与教学改革

规定“国家课程”是英国1988年教育改革法案最重大的举措，也是20世纪80年代英国中小学课程改革最重要的内容。但是“国家课程”颁布之后，由于其本身存在不足而使实施工作的开展并不顺利。

1977年5月2日，英国政府对教育给予了极大的关注，紧锣密鼓地开始了面向21世纪的中小学课程改革。1997年10月1日，根据新通过的《1997年教育法》成立了一个统一的具有法令权威性的新机构——课程与资格局，以打破学术教育与职业教育之间的藩篱，促进企业界与教育界在教育、培训、课程建设和资格论证方面的合作与沟通，更有效地推进国家课程的改革，提升全民素质和扩展国民的全面成就。

1998年3月，英国教育大臣给课程与资格局写了一封题为“通过国家课程实现卓越”的信件，该信件分析了改革的背景、解释了改革的原因，更为重要的是提出了对21世纪国家课程的见解，并要求课程与资格局就国家课程的改革进行广泛的咨询。1999年7月，国家课程改革方案出台，从2000年9月起，英国中小学将开始实施新的国家课程。新国家课程以公立学校的适龄儿童为对象，由英语、数学、科学、设计和技术、信息和交流技术、历史、地理、现代外语、艺术和设计、音乐、体育、公民等12门必修学科组成。同时，学校还有义务对学生进行宗教教育、性教育、升学与就业指导、人格培养、社会性的形成及健康教育，将这些作为横跨各门学科的学习主题。此外，社区活动、劳动体验等活动课程也被纳入学校课程体系，诸类课程的统整构成实际的学校课程。此次课程改革特别强调课程的精神价值，并着眼于迎接新世纪挑战的重要问题，为学生的未来生存做准备。

2007—2008学年是英国中小学的新的“改革年”，英国政府颁布了课程改革的正式方案，并拟订于2008年9月开始实施新课程，这是英国对中学课程进行的较大规模的改革。英国于2007年开展的新一轮课程改革加强了课程内容与儿童生活的联系，强调让学校课程适应社会需要，并特别重视儿童的“生活技能”，要求学校将学生培养成能适应知识经济时代需求的人才。

3. 日本的课程与教学改革

1995年4月，日本中央教育审议会接受了“关于面向21世纪我国教育的发展方向”的建议，并于1996年7月发表了第一次审议报告，把在“轻松宽裕”中培养孩子们的“生存力”作为今后教育的根本出发点。为此，课程改革的重点放在以下几个方面：严格精选课程内容，彻底贯彻加强基础知识和基本能力的方针；推进横向的、综合的学习；调整、合并现有教育课程，重新构建未来课程体系；等等。

经过日本中央教育课程审议会的审议，新的课程标准终于出台。文部省于1998年公布了《幼儿园及小学、初中课程标准方案》，1999年4月公布了《高中课程标准方案》。这次课程标准具体修订的内容主要有：大幅度削减教育内容、削减课时，真正给予学生时间上和精神上的“轻松宽裕”，使他们能充分进行独立思考、自主学习；强调因人而异的教学；加强综合学习，增设了一门新课程——综合学习课程，这一变革是新课程方案的最大改革，“综合学习课程”

没有既定的课程内容，它只是让各地根据自己的实际情况，开设一门让学生进行“综合性学习”的课程，扩大科目设置和选修的自由度；增加国际化和信息化方面的内容；加强道德教育。新的中小学课程方案于2002年开始实施。

日本的这次课程改革是20世纪80年代课程改革的继续和深化，它在改革理念上的最大特点是把儿童作为一个自我发展的人，从人性的角度来看待学校教育的职能和教师的作用，这就是“扶助儿童的自我发展”。

二、国外课程与教学改革的发展趋势

随着经济的变迁、社会的发展、科技的进步，各国都在致力于中小学课程的现代化。虽然各国的国情不同，教育体制各异，在课程与教学改革方面表现出了各自的独特性，但是面临着随着新时代而来的同样的问题，世界各国在课程教学改革的总体方向、基本原则、体系结构等方面仍呈现出一些共同的特征或发展趋势，它们代表着世界课程与教学改革的基本方向。

（一）课程与教学目标的发展趋势

总体来说，在面向21世纪的课程与教学改革中，世界各国的基础教育改革都聚焦于学生的发展。一方面，社会经济的发展需要全体国民素质的提高；另一方面，只有将提高全体国民的素质作为立国之根本，才能在日趋激烈的国际竞争中立于不败之地。因此，“以学生发展为本”成为世界各国课程与教学改革的共同目标。除了强调基本知识和基本技能的掌握外，世界各国普遍重视对学生的价值观教育和学生精神、态度及道德的发展。

此外，一些新的课程形态，如日本的综合学习课程也提出了自己的特定目标，即培养学生自主学习、思考、判断和解决问题的能力以及收集信息、归纳调整等学习方法；培养学生主动地、创造性地解决问题的态度等。

（二）课程与教学结构的发展趋势

目前，世界各国进行的基础教育课程与教学结构的调整和变革主要表现为以下几个方面。

1. 课程种类趋于多样化

近些年来，世界各国的课程类型逐渐增多，出现了由单一型走向多样化的趋势。综合课程、活动课程、特色课程等纷纷出现，尤其是综合课程、个性化课程受到了非常广泛的关注。可以说，现在世界范围内几乎已经没有只设置单一学科课程的国家了。绝大多数国家在以学科课程为主的同时，都提高了活动课、综合课、核心课在课程体系中的地位。除了必修课外，不少国家还设置了必要的、多样化的选修课。有些国家还鼓励地方开发适合本地区的地方课程，要求学校根据本校的具体情况设置一定数量的校本课程。

2. 科目结构的合理化与均衡性

许多国家对本国学校课程体系中的具体科目的比重进行了调整，使之更趋于合理、均衡。一些国家在保持传统优势学科的同时，着重加强了旨在培养学生科学素养和实用技能的学科。有的国家则将人文教育的科目比例适当提高，力求使自然科学教育与人文教育趋向协调统一。

3. 课程的综合化

课程之所以呈现综合化的趋势，主要是基于社会发展的需求、个性发展的要求及知识论的变迁等原因。当前综合课程主要表现为三种基本类型：一是学科本位综合课程；二是社会本位课程；三是经验本位课程。从各国课程变革的发展趋势来看，社会本位综合课程和经验本位综合课程日益受到重视。各国在原有基础上都适当引入了一些富有时代感的综合主题，如价值教育、国际理解教育、环境教育等，且课程综合化从幼儿园、小学就已开始，持续整个学龄时期。

（三）课程与教学内容的发展趋势

21世纪是信息时代、知识经济时代，这就要求学习者一方面必须具备基本的信息能力和素养，另一方面其个性必须得到充分的发展。因此，信息技术知识和个人知识是课程与教学内容发展的重要趋势。

身处信息化时代，“信息能力”“计算机素养”是每个公民必备的基本能力。因此，反映信息时代科学技术发展的新科学、新学科、新内容就成为课程与教学内容的重要组成部分，如电脑科学、地球科学、环境科学等。有的国家或地区，从幼儿园就开始进行科学启蒙教育。美国、英国、日本等国则将科学、技术、数学等基础学科作为中小学课程的核心，对其予以强化。

与此同时，各国的课程与教学改革也都意识到了个性充分发展、善于自我导向学习的终身学习者才能真正适应信息时代的需要，因此，各国都比较注重提升学习者的主体性，培养学习者的创新意识，把学习者的“个人知识”视为课程与教学内容的有机构成，呈现出了课程与教学内容改革的另一趋势。

（四）课程与教学实施的发展趋势

随着课程与教学的目标、结构、内容的变革，课程与教学的实施也相应呈现出新的特征，主要表现在以下几个方面。

1. 学生主体作用得到进一步重视，强调师生间的互动

学生是学习的主体，因此在课程与教学的实施过程中要关注学生、尊重学生，激发学生的学习热情，充分发挥其学习的主体作用，以实现学生的自主学习、自主发展。学生主体作用的发挥需要教师改变以往课堂教学权威地位，转换自身角色，与学生平等对话，互教互学，创设平等交流、互动互惠的师生关系，以提升学生学习的积极性和参与度。

2. 学生个性差异得到进一步的关注，着重教学方法的综合运用

传统的课堂教学过分强调统一，强调集体，容易忽视学生的个别差异。而实际上，每个个体都有区别于其他人的独特的体验，有其独特性。因此，课程与教学的实施必须考虑学生个体的情况，因材施教，力求达到个性化教学，让每个学生都能得到最大限度的发展。与此同时，教学方法也应改变以往以讲授为主的单一做法，综合运用讲授法、讨论法、合作教学、课题研究等多种教学方法来进行创造性的教学，充分发展学生的个性和创造性。

3. 现代信息技术将普遍应用于课程与教学的实施过程中

随着科学技术的飞速发展，网络、多媒体等信息设备逐渐渗透到社会生活的方方面面，也引起了教育教学手段的巨大变革。网络教学、虚拟教室、个性化软件等的出现使信息交流的范

围得到无限拓展，提高了教学效率，发展了学生的个性，赋予了教学新的时代特征。可以说在某种程度上信息技术从根本上改变了学生的学习方式，改善了教师的劳动条件和工作方式。因此，以多媒体和网络技术为主体的现代教学技术无疑将是课程与教学实施领域中的一支主力军。

（五）课程与教学管理的发展趋势

随着世界范围内课程改革的演进和课程开发模式的变革，课程与教学的管理也逐渐呈现出新的趋势，主要表现在以下几个方面。

1. 课程决策的权力趋向均权化

一直以来，各国的课程行政管理体制存在两种倾向：集权化（如日本和其他国家强调中央对课程开发的控制）和分权化（如美国、英国、澳大利亚等国强调地方开发课程的自主权）。随着社会民主化进程的推进，这两种体制的弊端也日益显露出来。一些之前实行中央集中统一的“国家课程开发”的国家开始注意到了学校课程开发的意义。如日本在新的课程改革方案中致力于推进学校特色课程的开发。而一些长期实行课程决策分权化的国家则尝试以政府提供巨额资助和制定政策法规等形式来干预课程开发与变革。如法国率先实行国家课程，由中央政府颁布指令性的教学方案与课程标准。于是，未来的课程与教学管理呈现出了三级化的管理趋势，即课程管理权力的分配在中央、地方、学校三者之间趋向均衡。这样既能保证国家统一的基本要求，又能适应不同地区、不同学校的不同办学条件和办学规模的需要。

2. 课程管理的参与人员呈现多元化趋势

目前各国课程与教学管理的参与人员不仅有国家和地方的行政官员、教育行政人员、学科专家、课程论专家、教育学家、教师和学生，而且还包括家长、社区代表、工商企业界人士等。

3. 课程与教学管理日趋规范化、弹性化

世界各国纷纷出台课程改革的方案，并以法律、制度、文件等形式予以规范。如美国的《2000 年目标：美国教育法》、法国的《课程章程》等。还有些国家建立了专门的课程管理机构，如法国的“国家课程委员会”。各国课程与教学管理改革还有一大特点就是富有弹性化，趋于灵活。各国逐渐摒弃整齐划一、僵化的管理体制，开始针对不同层次的学生灵活设置课程，以满足不同年龄、不同层次学生的发展需要，促进所有学生都获得发展。

第三节 我国的课程与教学改革

我国是个人口大国，面对日趋激烈的国际竞争，人口素质的高低决定了我国在国际事务中地位的高低，并直接关系到整个中华民族的繁荣昌盛。承担着人才培养重担的教育教学改革因而显得尤为重要。

一、我国课程与教学改革的回顾

自新中国成立以来，伴随着国家现代化的进程，我国的课程与教学改革大致经历了七个阶段，开展了八次比较大规模的基础教育课程与教材改革。

(一) 1949—1957 年：改造旧课程，建设新中小学课程体系

这一时期总共制定与修改过两次小学教学计划、七次中学教学计划、三次中小学的各科教学大纲，编写了两套中小学通用教材。1949—1952 年的课程教学改革聚焦于对旧课程的改造。1950 年 8 月，教育部颁发了《中学暂行教学计划（草案）》，这是新中国的第一份教学计划，该计划体现了新中国成立初期政治经济建设对课程的要求，也体现了新中国新民主主义教育在学校课程计划中的具体化。1950 年 12 月，人民教育出版社成立，并开始着手编写新中国第一套全国通用的中小学教科书。1952 年 3 月，教育部颁布了《中学教学计划（草案）》，严格规定了政治课的具体学科课程分别为中国革命常识、社会科学基础、共同纲领和时事政策四门课，削减了中学阶段的学习总时数，并对工具科目和文化科目的教学时数的比例做了调整。1952 年 10 月，教育部颁布了新中国成立以来第一份五年一贯制小学的《小学教学计划》，规定小学开设语文、算术、自然、历史、地理、图画、音乐等课程。同年 12 月，教育部还颁布了《中学数学教学大纲（草案）》《中学物理教学大纲（草案）》《中学化学教学大纲（草案）》《中学生物教学大纲（草案）》，制定了比较系统的课程体系，初步完成了对旧课程的改造。

1953—1957 年的课程教学改革开始着眼于建立比较系统的新中国课程体系。1953 年我国开始执行国民经济“一五”计划。从 1954 年起，人民教育出版社开始编写第二套全国通用的中小学教材，这套教材于 1956 年开始使用，根据教育部指示，1957 年对这套教材内容进行了精简。

总体来说，这一时期的课程改革在系统总结新中国成立初期课程设置经验的基础上，更多地着眼于探索和构建比较系统的中小学课程体系，这一体系为中小学课程的进一步发展奠定了重要的基础。

(二) 1958—1965 年：总结经验教训，构建我国的课程模式

这一时期是我国经济发展的重要历史时期。各地响应国家的号召，开始大量缩短学制，精简课程，增加劳动，注重思想教育。1958 年，国务院发布了《关于教育工作的指示》，明确规定“党的教育工作方针，是为无产阶级政治服务，教育与生产劳动相结合”。这一时期的课程改革便是在此教育方针的指导下展开的。

1958 年，教育部颁布了《中学教学计划》，要求各地因地制宜，可在实施新的教学计划时作适当变革，除语文、数学、生产劳动和社会主义教育等科目必须开设外，其他科目可自行根据条件开设。1959 年，中共中央、国务院联合发布了《关于试验改革学制的决定》，各地开始较大规模的学制改革试验，从 1960 年起，出现了小学五年一贯制、中学五年一贯制、中小学十年一贯制、中小学九年一贯制及高中文理分科的初步试验等。但在实施过程当中，出现了不少违背教育规律的做法，如缩短正常教学时间，代之以参加劳动、各地非理性的自编教材运动、随意对课程大砍大并等，使得教学质量受到不同程度的影响。这些问题在 20 世纪 60 年代

初开始得到改革和调整。1960 年下半年开始，人民教育出版社根据缩短学制的指示，开始编写 10 年制中小学教材，这是中华人民共和国成立后的第三套教材。

1963 年，中共中央颁发了《全日制小学暂行工作条例（草案）》和《全日制中学暂行工作条例（草案）》，全面规范了全日制教育课程体系、结构，确定了相对完整的教学管理体制。人民教育出版社从 1961 年开始编写新的 12 年制中小学教材，这是新中国第四套教材，然而随之而来的“文化大革命”使得这套教材没有得以出版。

（三）1966—1976 年：课程发展的倒退期

“文化大革命”十年，教育事业遭到了严重破坏，各地中小学教学秩序混乱，课程建设和教学研究停滞不前。全国统编教材被全面停止使用。

这一时期的课程与教学极力突出“阶级斗争为纲”的政治指导思想，强调工农业生产知识，大搞“工农兵教育”，严重破坏了学科体系和课程结构。

（四）1977—1984 年：恢复中小学课程秩序

1977 年 7 月，邓小平提出编写全国统一通用的中小学教材的建议，教育部于 1978 年颁布了《全日制十年制中小学教学计划试行草案》，统一规定全日制中小学学制十年，小学五年，中学五年。小学开设政治、语文、数学、外语、自然常识、体育、音乐、美术等课程，中学设置政治、语文、数学、外语、物理、化学、地理、历史、生物、农基、生理卫生、体育、音乐、美术 14 门课程。这套课程恢复了基本学科应有的地位，突出了中小学阶段的基础教育性质。人民教育出版社也着手编写相关教材，并于 1980 年出版了新中国成立以来的第五套全国统编中小学教材。

教育工作从 1981 年起进入调整改革的新阶段。1981 年 3 月，教育部颁发了《全日制五年制小学教学计划（修订草案）》，增设了思想品德课，在四、五年级恢复了历史课和地理课。1981 年 4 月，又发布了《全日制六年制重点中学教学计划试行草案》和《全日制五年制中学教学计划试行草案的修订意见》，增加了历史、地理等学科的课时，加强了美术、音乐的教学，并逐渐在高中开设选修课，以劳动技能代替农业基础课，新编增设课程和六年制高中课程的教材。这套课程体系为整顿、恢复教育秩序提供了标准，也适应了当时高考的需要。

（五）1985—1993 年：基础教育课程改革的深化

20 世纪 80 年代中期开始，我国的中小学课程改革以实施九年制义务教育为核心，实现了在课程观念、课程结构体系、课程管理上的重大突破，改革开始向纵深发展。

随着 1985 年 4 月《中华人民共和国义务教育法》的出台及同年 5 月《关于教育体制改革的决定》的颁布，这一时期的课程与教学改革也逐步展开。1986 年 9 月，全国中小学教材审定委员会成立。次月，国家教委公布了《义务教育全日制小学初级中学教学计划（试行草案）》，这份草案突出了新型教育方针的具体要求，设置了门类齐全的学科课程，适当增加了基础学科的教学时数，首次在初中开设选修课，规定选修课时数占全部课时的一部分，并在教学计划中给课外活动留出了固定的、足够的空间。课程管理方面，除了国家统编计划、大纲和教材外，北京、上海、浙江开始编写地方通用计划、大纲和教材。

1988年5月，国家教委在山东召开教材规划会议，正式确立了“一纲多本”和“多纲多本”的课程教材改革方向，初步形成了中小学课程方案和教材体系的多样化格局。在此期间，国家教委组织编写了八套不同特色、风格各异的教材，并从1990年9月起在全国范围内进行较大规模的实验。基于实验过程中发现的问题，1992年8月国家教委颁布《九年制义务教育全日制小学、初级中学课程计划（试行）》和24个学科的教学大纲（试用），这是第一次将以往的“教学计划”改为“课程计划”，并且第一次安排“地方课程”，自1993年秋季起在全国逐步试行。

（六）1994—1997年：适应性的课程调整

1994年6月，为了执行国务院颁布的每周44小时工作制的规定，以实行新工时制为契机，减轻中小学生过重的课业负担，国家教委在多方听取意见、广泛调研和论证的基础上，对我国普通中小学教学计划进行了调整。调整后，义务教育阶段“6·3”学制九年课时总量共减少912节，“5·4”学制九年课时总量共减少946节，高中三年课时总量共减少252节。

这次调整在保持全日制中小学课程计划总体结构不变的前提下，适当调整了各类课程的课时，减少了周课时总量。为保证中小学校的德育工作和教育与生产劳动相结合的教学时间，没有调整小学思想品德、劳动和初中思想政治、劳动技术课的课时，为有利于教学秩序的稳定，各层次各类课程的变动尽可能少，避免造成课时比例大的波动。调减课时的学科有小学语文、数学、社会、自然、音乐和体育，初中语文、数学、英语、历史、地理和体育，高中语文、数学、外语、物理和化学。此外，还适当减少了中小学的活动课的课时以及小学、初中的地方课程的课时。调整后的小学、初中学科教学每周最高时数分别为26和29课时，周活动总量分别在30和33课时以内。

（七）1998—2021年：全面推进素质教育的新时期

1998年，教育部制定了《面向21世纪教育振兴计划》，要求在2000年初步形成现代化基础教育课程框架和课程标准，并改革教育内容和教学方法等，由此拉开了新一轮基础教育课程改革的序幕。1999年6月，党中央召开了改革开放以来的第三次全国教育工作会议，公布了《中共中央 国务院 关于深化教育改革全面推进素质教育的决定》，指明了基础教育课程改革的方向。

2001年，《国务院关于基础教育改革与发展的决定》发布，为了贯彻《中共中央国务院关于深化教育改革全面推进素质教育的决定》和《国务院关于基础教育改革与发展的决定》，通过各方的反复协商、讨论，在充分调查研究的基础上，2001年7月27日教育部颁布了《基础教育课程改革纲要（试行）》，对课程改革的总体目的进行了阐述，提出了基础教育课程改革的基本思路：

提出了基础教育课程改革的具体目标：第一，改变课程过于注重知识传授的倾向，强调形成积极主动的学习态度，使获得基础知识与基本技能的过程同时成为学会学习和形成正确价值观的过程。第二，改变课程结构过于强调学科本位、科目过多和缺乏整合的现状，整体设计九年一贯的课程门类和课时比例，并设置综合课程，以适应不同地区和学生发展的需求，体现课程结构的均衡性、综合性和选择性。第三，改变课程内容“难、繁、偏、旧”和过于注重书本知识的现状，加强课程内容与学生生活、现代社会和科技发展的联系，关注学生的学习兴趣和经验，精选终身学习必备的基础知识和技能。第四，改变课程实施过于强调接受学习、死记硬背、机械训练的现状，倡导学生主动参与、乐于探究、勤于动手，培养学生搜集和处理信息的能力、获取新知识的能力、分析和解决问题的能力以及交流与合作的能力。第五，改变课程评价过分强调甄别与选拔功能的现状，发挥评价促进学生发展、教师提高和改进教学实践的功能。第六，改变课程管理过于集中的状况，实行国家、地方、学校三级课程管理，增强课程对地方、学校及学生的适应性。

（八）2022 年至今：构建新时代基础教育课程教学新体系阶段

2022 年 3 月，教育部印发《义务教育课程方案和课程标准（2022 年版）》，拉开了新一轮基础教育课程改革的序幕。相较于 2001 年的第八次基础教育课程改革，本轮课程改革预示着我国义务教育进入一个崭新时代——核心素养时代。在继承过去 20 年基础教育课程改革经验的基础上，全面强化课程的综合性和实践性成为新一轮义务教育课程改革的重要趋势。

2023 年 5 月，教育部印发《基础教育课程教学改革深化行动方案》，明确了基础教育课程教学改革的行动目标和重点任务。2024 年，基础教育课程教学改革持续推进。2024 年 7 月，教育部办公厅印发的《2024 年义务教育国家课程教学用书目录（根据 2022 年版课程标准修订）》指出，根据 2022 年版义务教育课程标准修订的教材将于 2024 年秋季学期陆续投入使用。

二、基础教育课程教学改革的重点任务

（一）课程方案转化落地规划行动

在课程实施过程中，切实加强国家课程方案向地方、学校课程实施规划的转化工作。坚持因地制宜“一地一计”、因校制宜“一校一策”，把国家统一制定的育人“蓝图”细化为地方和学校的育人“施工图”，明确课程教学改革的具体路线、措施，提出困难问题破解之策。坚持循证决策，健全监测反馈机制，持续优化改进课程实施规划。

1. 制定课程实施的区域规划

省级教育行政部门要切实落实课程建设与管理主体责任，明确地方和学校职责。依据国家课程方案，分别对义务教育国家、地方、校本课程实施和普通高中必修、选择性必修、选修课程实施进行整体规划，注重赋予地方和学校课程实施自主权。全面把握本地区基础教育课程教学改革现状，分析课程教学改革推进过程中的重难点问题，开展广泛深入专业的调查研究，强化严密论证，建立基于证据的决策机制，编制省级义务教育课程实施办法和普通高中课程实施指导意见。

2. 制定课程实施的学校规划

地方各级教育行政部门及专业机构督促指导学校根据培养目标，立足办学理念和学生发展需要，分析资源条件，因校制宜规划学校课程及其实施。学校以促进学生全面而有个性地发展、健康成长为目标，高质量落实国家课程，建设校本课程，将课程理念、原则要求转化为具体的育人实践活动，构建体现学校办学特色的课程育人体系，注重持续优化。义务教育阶段学

校要确保全面落实国家课程，注重与地方课程和校本课程的统筹实施；普通高中保证在开齐开好必修课程的基础上，注重适应学生特长优势和发展需要，提供分层分类、丰富多样的选修课程，形成体现学校办学特色的课程系列。

3. 健全课程实施监测体系

开展国家、省两级课程实施监测，研制监测关键指标，重点监测课程实施状况和学生核心素养发展状况，形成反馈改进机制，为有效推进课程实施提供参考依据。

（二）教学方式变革行动

落实课程方案和课程标准，全面推进教学方式变革，通过实验区实验学校试点先行、示范引领，着力解决重难点问题，通过精品课遴选、教学成果推广应用带动各地各校广泛参与，不断深化教学改革，提高教学质量。

1. 实施教学改革重难点攻坚

教育部遴选一批国家级基础教育教学改革实验区、实验学校，各级教育行政部门结合本地实际，相应设立一批实验区、实验学校，依托专业机构建立指导支持机制，聚焦核心素养导向的教学设计、学科实践（实验教学）、跨学科主题学习、作业设计、考试命题、综合素质评价等教学改革重点难点问题，探索不同发展水平地区和学校有效推进教学改革的实践模式。

2. 扩大精品课遴选规模

以基础教育精品课遴选工作为抓手，引导广大教师深入研究课程教材内容和课堂教学规律，创新教学设计和教学方法，鼓励指导每个教师积极参与各级精品课遴选。组织各级优课展示交流活动，开展教学说课评课，示范带动广大教师变革教与学方式，尊重学生主体地位，发挥教师主导作用，注重启发式、互动式、探究式教学，克服单纯教师讲、学生听、教知识、学知识等现象，引导学生主动思考、积极提问、自主探究。

3. 实施优秀教学成果推广应用计划

全面总结教学成果推广应用示范区的经验成效和应用模式，进一步扩大推广应用范围和项目。实施中西部教学支持计划，遴选一批适用于中西部地区的教学改革成果，加大推广应用力度，促进成果“本土化”落地。

（三）科学素养提升行动

落实党的二十大关于教育、科技、人才三位一体布局战略要求，针对讲得多做得少，学生对科学技术缺乏内在兴趣等问题，深化中小学科学教育改革，强化做中学、用中学、创中学，激发青少年好奇心、想象力、探求欲，提升学生解决实际问题的能力，发展学生科学素养。

1. 加强科学类学科教学

指导地方开齐开足科学课程，通过多种方式补充配齐科学课教师。强化跨学科综合教学，遴选推广一批跨学科综合性、实践性教学优秀案例。加强实验教学，强化学生动手操作实验，将学校实验课开设情况纳入教学视导和日常督导，将实验操作纳入中考。加强科学教育实践活动，遴选一批科技馆、博物馆、研学基地、高科技企业等作为中小学科学教育实践基地，结合科学课程标准，设计相应的科学实践活动，组织学生在实践探究中学习。

2. 持续深入开展科普教育

在国家中小学智慧教育平台，开设科普教育专栏，围绕数学、物理、化学等基础学科和人工智能、航空航天、生命科学等科技前沿领域，建设一批优质线上科普教育资源；持续开展“科学公开课”活动，会同中科院、工程院和高校每年组织30—40位院士专家分主题、分学段录制科普教育公开课；推动中小学定期开展科技节、科技小发明、科普读书、寻找最崇拜的科学家等活动，引导学生树立科学理想，积极开展科学创新实践活动。推动高校实验室、职业院校实训中心、博物馆、科技馆和高科技企业等向普通中小学开放。

3. 加强教学装备配备和使用

根据课程标准，完善相关学科教学装备配置标准，研制中小学实验教学基本目录，推动地方加强中小学实验室建设，支持探索建设学科功能教室、综合实验室、创新实验室、教育创客空间等，鼓励对普通教室进行多功能技术改造，建设复合型综合实验教学环境。开展教学装备配备达标率、使用率监测，保障实验教学正常开展。遴选一批富有特色的高水平科学教育和人工智能教育中小学基地。

（四）教学评价牵引行动

注重核心素养立意的教学评价，发挥评价的导向、诊断、反馈作用，丰富创新评价手段，注重过程性评价，实现以评促教、以评促学，促进学生全面发展。

扫一扫

教学评价牵引行动

1. 提升教师教学评价能力

指导地方和学校建立健全校长、教学管理人员和教研员听课评课制度，明确教学评价要素和要求，充分利用人工智能和大数据技术，加强过程性与增值性评价，注重发挥教学评价的引导、诊断、改进和激励作用。指导各地各校用好教育部委托研制的基础性作业，引导教师提高教学设计和作业设计水平，鼓励科学设计探究性作业和实践性作业，探索设计跨学科综合性作业；推动各地广泛开展优质作业设计展示交流，加强作业设计培训。

2. 改进和完善学生评价

落实《义务教育质量评价指南》《普通高中学校办学质量评价指南》中关于学生评价的相关要求，建设义务教育质量评价指南自评系统，研究制定《中学生综合素质评价实施指南》，指导各地各校对标研判、依标整改，引导广大教师注重过程性、实践性、发展性评价，促进学生全面健康发展。

（五）专业支撑与数字赋能行动

提升教师和教研员的专业化水平，确保高质量落实课程教学改革要求，深入推进教育数字化，促进信息技术与教育教学深度融合。

1. 开展教师需求导向的课程实施能力培训

在各级教师培训中，开展教师评价能力、数字化素养、科学教育等方面的专项培训，针对农村地区、民族地区、薄弱学校的实际需要组织专项培训，切实提高教师教育教学能力。持续向教师征集问题和优秀课例，采取“教师出题、专家答疑”“众人出题、能者答题”的思路，滚动开发和遴选基础教育课程教材培训课程，依托国家中小学智慧教育平台组织开展国家级示范培训，确保基层一线教师全覆盖。积极推进人工智能、大数据、第五代移动通信技术（5G）等新技术与教师队伍建设的融合，加快形成新技术助推教师队伍建设的新路径和新模式。

2. 强化教研专业引领

加强教研队伍建设，严格落实准入标准，完善教研员遴选配备办法和退出机制，建立一支专兼结合的高素质专业化创新型教研队伍。推进教研方式创新，在国家中小学智慧教育平台开通在线教研栏目，定期组织开展全国性和区域性教研活动，为教师日常教研提供平台，增强教学案例展示和研讨交流。建设基础教育学科教研基地，建立区域教研联盟，加强协同教研。推动各地各校建立自下而上选择教研的机制，问需于校、问需于师，常态化有效开展区域教研和校本教研，引导广大教师在参与教研过程中不断提升教学能力。建立健全各级教研员培训交流机制，不断提升教研员服务课程教学改革的能力。鼓励探索建立学校正高级教师到教研机构轮换交流任职机制。

3. 推进数字化赋能教学质量提升

充分利用数字化赋能基础教育，推动数字化在拓展教学时空、共享优质资源、优化课程内容与教学过程、优化学生学习方式、精准开展教学评价等方面广泛应用，促进教学更好地适应知识创新、素养形成发展等新要求，构建数字化背景下的新型教与学模式，助力提高教学效率和质量。建好用好国家中小学智慧教育平台，丰富各类优质教育教学资源，引导教师在日常教学中有效常态化应用。全面总结“基于教学改革，融合信息技术的新型教与学模式”实验区经验，推出一批数字化应用的典型案例。

思考题

1. 试述课程与教学改革的必要性和可能性。
2. 结合国内外课程与教学改革的实际，了解课程与教学改革的多种模式。
3. 梳理我国课程与教学改革发展的历史脉络。
4. 谈谈对我国当前基础教育课程改革的看法。

参考文献

1. 钟启泉，汪霞，王文静．课程与教学论［M］．上海：华东师范大学出版社，2008.
2. 张华．课程与教学论［M］．上海：上海教育出版社，2003.
3. 黄甫全．课程与教学论学程［M］．北京：人民教育出版社，2006.
4. 蒋蓉，李金国．小学课程与教学论［M］．北京：北京师范大学出版社，2013.
5. 汪霞．小学课程与教学论［M］．上海：华东师范大学出版社，2011.
6. 钟启泉．课程论［M］．北京：教育科学出版社，2007.
7. 王策三．教学论稿［M］．北京：人民教育出版社，2005.
8. 黄甫全，王本陆．现代教学论学程［M］．北京：教育科学出版社，2003.
9. 李龙．教学设计［M］．北京：高等教育出版社，2010.
10. 李朝晖．教学论［M］．北京：清华大学出版社，2016.
11. 李森，陈晓端．课程与教学论［M］．北京：北京师范大学出版社，2015.
12. 刘伟．教学利益论［M］．福州：福建教育出版社，2015.
13. 曾小平．小学数学课程与教学论［M］．北京：人民教育出版社，2015.
14. 赞科夫．论小学教学［M］．孙为，译．武汉：长江文艺出版社，2017.
15. 蒋蓉，李金国．小学课程与教学论［M］．北京：北京师范大学出版社，2018.
16. 宋汪洋，冯素恒，张校铭．语文课程与教学论［M］．沈阳：辽宁大学出版社，2020.